파이썬을 활용한 지리공간 분석 마스터하기

파이썬을 활용한 지리공간 분석 마스터하기

GeoDjango, CARTOframes, MapboxGL-Jupyter를 활용한 GIS 프로세싱

폴 크릭커드 · 에릭 반 리스 · 사일러스 톰스 지음   김동호 옮김

i!i
에이콘

에이콘출판의 기틀을 마련하신 故 정완재 선생님 (1935-2004)

| 지은이 소개 |

폴 크릭커드 Paul Crickard

Leaflet JavaScript 모듈에 관한 책을 저술했다. 15년 넘게 프로그래밍을 해왔고 7년 동안 지리정보시스템Geographical Information Systems과 지리공간 프로그래밍에 주력했다. 건축회사에서 3년간 기획자로 일하면서 GIS와 BIMBuilding Information Modeling 및 CAD를 결합했다. 현재 뉴멕시코에 있는 제2사법재판소에서 CIO를 맡고 있다.

> 사랑과 지지를 보내준 아름다운 아내 욜란다와 아빠의 시간을 허락해준 마일즈와 이바나에게 감사한다. 나의 모든 실수를 잡아 책을 세련되게 만든 편집자에게 고맙다. 그리고 공동 저자인 사일러스 톰스와 에릭 반 리스에게. 위대한 두 사람과 함께 일하게 돼 기뻤다. 나를 이 책의 일원으로 초대해줘서 감사하다.

에릭 반 리스 Eric van Rees

네덜란드에서 인문지리학을 공부할 때 GIS를 처음 접했다. 이후 9년 동안 『GeoInformatics』의 편집장, 국제 GIS, 측량 및 지도 발행인, 『GIS Magazine』의 기고 편집장을 지냈다. 임기 동안 많은 지리공간 사용자 회의, 무역 박람회, 산업 회의를 방문했다. 지도 산업의 소프트웨어 튜토리얼, 기술 블로그, 혁신적인 새로운 사용 사례와 같은 기술 콘텐츠 제작에 주력하고 있다.

> 아내 레지나가 내게 도움을 준 것에 감사하고 싶다. 이 책을 쓰는 동안 도와준 공동 저자 폴 크릭커드와 사일러스 톰스에게 감사한다. 또한 자신의 웹사이트에 기술적인 내용을 쓸 수 있는 기회를 주고 이 책에 기여하도록 영감을 준 에릭 핌플러에게 고마움을 전한다.

5

사일러스 톰스^{Silas Toms}

사일러스 톰스^{Silas Toms}

캘리포니아 출신의 지리학자 겸 지리공간 개발자다. 지난 10년 동안 지리공간 분석을 위한 파이썬 프로그래밍의 전문가가 돼 ArcPy 사용에 관한 두 권의 책을 출간했다. 현재 Loki Intelligent Corporation의 대표로 ETL 자동화 툴, 대화형 웹 맵, 엔터프라이즈 GIS, 기업 및 정부를 위한 위치 데이터를 개발하고 있다. BayGeo에서 GIS 프로그래밍에 관한 강의를 하고 'Mappyist Hour' 팟캐스트를 공동 운영하고 있다.

모린 스튜어트의 사랑과 지원에 감사한다. 나의 좋은 친구 로웨나 해리스, 사차 셸림, 다라 오베어, 샘 오클리, 칼라 킹, 토드 바, 미셸 토니스에게 감사한다. 또한 BayGeo, HSU & SFSU 지리학부서와 내 모든 학생들에게 감사한다. 폴과 에릭에게 큰 감사를 드린다. 데본과 자 자에게 행운을 빈다!

6

| 기술 감수자 소개 |

칼라 킹 Karla King

위성사진과 머신러닝 스타트업의 솔루션 엔지니어다. 데카르트연구소에 입사하기 전에에는 베이 지역 작은 지리공간 회사에서 일했고, 자율주행 차량을 위한 지도를 만드는 소프트웨어를 개발하고 구글 어스 엔진의 기술 문서를 작성했다. 온두라스에 있는 구름 숲의 상태를 원격 감지하는 일을 시작했다.

| 옮긴이 소개 |

김동호(hipsterhaack@gmail.com)

PC 통신 시절부터 인터넷으로 전환되는 시점까지 개발자로서 패러다임의 흥망성쇠를 겪으며 10년이 넘는 시간을 보냈다. 돌아보니 C부터 시작해 인기 있던 스크립트 언어들까지 참으로 넓고도 얄팍한 삶을 살아왔다는 생각이 든다. 지금은 개발자로서의 시간을 보내고 있지 않지만, 혹시 대박의 기회가 생기지 않을까 하는 생각에 여전히 곁눈질만 하고 있는 게으른 직장인이다. 개발 환경은 점점 편해지고, 툴의 생산성은 점점 높아져감에 혹시나 하면서 말이다.

| 옮긴이의 말 |

GIS(지리정보시스템), 지리공간 데이터 분석은 오래된 분야이고 관련 분야에 종사하는 전문가들의 영역이었다. 지리공간 데이터 분석은 모빌리티 서비스가 많이 생겨나고 빅데이터 열풍과 파이썬 같은 범용적인 도구들의 지원으로 데이터 분석에 관심이 있는 일반적인 사람들의 영역으로 확장되고 있다.

데이터를 통해 사회 문제를 해결하려는 시빅해킹^{Civic Hacking} 운동과 케글에서 해결하려는 수많은 오프라인 문제들은 결국 위치 기반 데이터 분석에서부터 시작된다.

많은 빅데이터는 오프라인의 특정 위치 기반으로 만들어진다. 스마트폰을 사용하는 장소에서 만들어지는 데이터가 모든 데이터의 기반이 되는 시대다. 그게 집일수도, 학교일수도, 혹은 내가 자주 가는 어떤 곳일 수도 있다. 지리공간 데이터 분석이 중요해지는 이유이기도 하다.

이 책은 지리공간 데이터를 분석할 때 사용할 수 있는 다양한 도구와 방법을 예제를 통해 보여준다. 깊지는 않지만 각 툴들의 장단점과 어떤 경우에 사용하는지에 대한 안내서에 가깝다. 이후 공부를 좀 더 깊게 할 필요가 있을 때 어떤 분야를 파고들지 결정할 수 있는 좋은 지침서가 될 것이다.

전 세계적으로 코로나-19 관련 초유의 사태로 겪어보지 못한 시간들을 보내고 있다. 공적 마스크 판매, 확진자 동선 파악과 같은 지도 기반 서비스, 공간데이터 기반의 시빅해킹에 시민들의 참여가 자연스럽게 많아지는 동시에 필요한 시점이기도 하다.

독자 모두 건강한 시간들을 보내면서 오프라인 공간에서의 데이터 분석을 통해 이 사회의 문제를 어떻게 바라볼 것인가를 생각하며 보내도 좋을 것 같다.

사회적 거리두기로 모두가 힘겨운 이때 책을 마무리하게 돼 뜻깊다. 내 가족을 포함해 모든 분들이 슬기롭게 이 상황을 헤쳐 나가길 바란다.

차례

13장   지리공간 REST API   373

| 들어가며 |

시간이 흐르면서 파이썬은 공간 데이터를 읽고 변환하고 분석하며 시각화하는 많은 패키지를 가진 공간 분석을 위한 프로그래밍 언어가 됐다. 이렇게 많은 패키지를 이용할 수 있게 되면서, 학생과 경험 있는 전문가를 위해 파이썬 3를 사용한 필수 지리공간 파이썬 라이브러리를 포함하는 참고 서적을 만드는 일은 의미가 있다.

이 책은 사람들이 머신러닝, 사물인터넷IoT 같은 지리공간 데이터로 작업하는 방식을 새로운 기술이 변화시키고 있는 흥미로운 순간에 나왔다. 데이터 과학은 지리공간 데이터가 끊임없이 사용되는 분야다. 이는 CARTOframes나 MapboxGL과 같은 새로운 파이썬 라이브러리가 포함되는 것을 설명해주며 주피터Jupyter 역시 이런 새로운 트렌드에 포함된다. 그와 동시에 웹과 클라우드 기반의 GIS가 점점 새로운 표준이 되고 있다. 이것은 인터랙티브 지리공간 웹 맵과 REST API가 소개된 이 책의 2장에 반영돼 있다.

이 새로운 라이브러리는 수년 동안 필수가 된 오래된 많은 라이브러리와 결합돼 있으며 Shapely, Rasterio, GeoPandas와 같이 오늘날까지도 매우 인기가 있다. 이 분야를 처음 접하는 독자에게는 인기 라이브러리를 적절히 소개하고 실제 데이터를 사용하는 코드 예제를 통해 관점을 파악하고 구문을 비교한다.

마지막으로 이 책은 파이썬 2에서 3.x로의 전환을 보여준다. 이 책에서 다루는 모든 라이브러리는 파이썬 3.x로 작성됐으므로 이 책에서 권장하는 파이썬 코딩 환경인 주피터 노트북을 사용해 모든 라이브러리에 접근할 수 있다.

▌ 이 책의 대상 독자

위치 정보와 파이썬으로 작업하는 모든 사람을 위한 책이다. 파이썬 3로 구축된 GIS 데이터 관리, 분석 기법, 코드 라이브러리를 다루는 학생, 개발자, 지리공간 전문가 모두 이 책을 활용할 수 있다.

▌ 이 책의 구성

1장, 패키지 설치와 관리 코드 라이브러리를 설치, 관리하는 방법을 설명한다.

2장, 지리공간 코드 라이브러리 소개 지리공간 데이터를 처리하고 분석하는 데 사용되는 주요 코드 라이브러리를 다룬다.

3장, 지리공간 데이터베이스 소개 데이터 저장과 분석에 사용되는 지리공간 데이터베이스를 소개한다.

4장, 데이터 타입, 저장 공간 및 변환 GIS 내에 존재하는 다양한 데이터 타입(벡터와 래스터)에 초점을 맞춘다.

5장, 벡터 데이터 분석 Shapely, OGR, GeoPandas 같은 벡터 데이터를 분석하고 처리하는 데 사용되는 파이썬 라이브러리를 다룬다.

6장, 래스터 데이터 처리 지리공간 분석을 수행하기 위해 GDAL 및 Rasterio를 사용해 래스터 데이터셋을 처리하는 방법을 살펴본다.

7장, 지오데이터베이스를 사용한 지오프로세싱 공간 SQL을 사용해 공간 칼럼을 포함하는 데이터베이스 테이블로 지오프로세싱을 수행하는 방법을 보여준다.

8장, QGIS 분석 자동화 PyQGIS를 사용해 QGIS 매핑 제품군 내에서 분석을 자동화하는 방법을 알려준다.

9장, ArcGIS API 및 ArcGIS 온라인   파이썬 3를 사용해 Esri의 클라우드 플랫폼인 ArcGIS 온라인에서 활용 가능한 파이썬 ArcGIS API를 소개한다.

10장, GPU 데이터베이스와 지오프로세싱   파이썬 툴을 사용해 클라우드 기반 데이터와 상호 작용해 데이터를 검색하고 처리하는 부분을 다룬다.

11장, Flask와 GeoAlchemy2   Flask 파이썬 웹프레임워크와 GeoAlchemy ORM을 사용해 공간 데이터 쿼리를 수행하는 방법을 설명한다.

12장, GeoDjango   공간 데이터 쿼리를 수행하기 위해 Django 파이썬 웹 프레임워크와 GeoDjango ORM을 사용하는 방법을 다룬다.

13장, 지리공간 REST API   지리공간 데이터를 위한 REST API를 개발하는 방법을 다룬다.

14장, 클라우드 지오데이터베이스 분석 및 시각화   CARTOframes 파이썬 패키지를 소개하고 CARTO 지도, 분석 및 데이터 서비스를 데이터 과학 워크플로우에 통합하는 방법을 소개한다.

15장, Cartography 클라우드 지도 제작 자동화   주피터 노트북을 위한 새로운 위치 데이터 시각화 라이브러리를 다룬다.

16장, 하둡으로 파이썬 지오프로세싱   분산 서버를 이용한 지리공간 분석 수행 방법을 설명한다.

▌ 이 책의 활용 방법

독자가 파이썬 언어에 관한 기본적인 이해가 있고 파이썬 라이브러리를 설치할 수 있으며 파이썬 스크립트를 작성하고 실행하는 방법을 알고 있다고 가정한다. 처음 여섯 개 장은 지리공간 데이터 분석에 관한 사전 지식 없이도 쉽게 이해할 수 있다. 그러나 이후

장에서는 공간 데이터베이스, 빅데이터 플랫폼, 데이터 과학, 웹 API 및 파이썬 웹 프레임워크에 관한 약간의 지식이 필요하다.

예제 코드 다운로드

이 책의 예제 코드는 에이콘출판사의 도서정보 페이지 http://www.acornpub.co.kr/book/geospatial-python에서 다운로드할 수 있다. 또한 다음의 깃허브 링크 https://github.com/PacktPublishing/Mastering-Geospatial-Analysis-with-Python에서도 동일한 코드를 다운로드할 수 있다. 코드가 갱신될 경우 깃허브 저장소도 갱신된다.

컬러 이미지 다운로드

이 책에서 사용된 스크린샷/도면의 컬러 이미지를 PDF 파일로 제공한다. 파일은 에이콘출판사의 도서정보 페이지 http://www.acornpub.co.kr/book/geospatial-python에서 다운로드할 수 있다.

▌ 편집 규약

독자의 이해를 돕고자 다루는 정보에 따라 글꼴 스타일을 다르게 적용했다.

코드 블록은 다음과 같이 설정한다.

```
cursor.execute("SELECT * from art_pieces")
data=cursor.fetchall()
data
```

코드 블록의 특정 부분을 강조하고자 해당 줄이나 항목을 굵게 표시했다.

```
from pymapd import connect
connection = connect(user="mapd", password= "{password}", host="{my.host.com}",
dbname="mapd")
cursor = connection.cursor()
sql_statement = """SELECT name FROM county;"""
cursor.execute(sql_statement)
```

명령행 입력 또는 출력은 다음과 같이 작성된다.

```
conda install -c conda-forge geos
```

화면에 나타난 단어나 메뉴 또는 대화창에 나온 단어는 다음과 같이 표시한다. "EC2 Dashboard에서 쌍을 생성하려면 아래로 스크롤한 후 왼쪽 패널에 있는 NETWORK & SECURITY 그룹에서 Key Pairs를 선택한다."

 주의 사항이나 중요한 내용은 이와 같이 나타낸다.

 유용한 팁이나 요령은 이와 같이 나타낸다.

▌ 고객 지원

독자 의견은 언제나 환영한다. 이 책과 관련해 궁금한 점이 있다면 이메일 제목에 책 제목을 적어서 questions@packtpub.com으로 보내면 된다. 한국어판에 관한 질문은 에이콘출판사 편집 팀(editor@acornpub.co.kr)이나 옮긴이의 이메일로 문의하길 바란다.

오탈자

이 책의 정확성을 위해 모든 노력을 기울였음에도 실수가 있을 수 있다. 오류를 발견하고 전달해준다면 매우 감사할 것이다. https://www.packtpub.com/submiterrata에서 해당하는 도서명을 선택한 다음 정오표 제출 양식 링크를 클릭해 상세 정보를 입력하면 된다.

한국어판의 정오표는 에이콘출판사의 도서정보 페이지 http://www.acornpub.co.kr/book/geospatial-python에서 찾아볼 수 있다.

저작권 침해

인터넷상에서 어떤 형태로든 당사 저작물의 불법적 사본을 발견한 경우, 해당 자료의 링크 또는 웹사이트 이름을 제공해주면 감사하겠다. 해당 자료의 링크를 포함해 copyright@packtpub.com으로 이메일을 보내주기 바란다.

패키지 설치와 관리

이 책은 파이썬 3에서 지리공간 데이터 관리와 분석을 위한 중요한 코드 라이브러리에 초점을 둔다. 파이썬 2에 관한 지원이 거의 끝나 가고 있기 때문에 빠르게 파이썬 3로 전환했다.

새로운 버전의 파이썬은 새로운 구조와 문법에 중요한 차이가 있다. 이는 개발자들이 이전 코드에 새로운 문법을 적용해야 함을 의미한다.

머신러닝, 데이터 과학, 빅데이터와 같은 분야는 오늘날 공간 정보 데이터의 관리, 분석, 표현 방식을 바꿔 놓았다. 모든 영역에서 파이썬 3는 빠르게 새로운 표준이 됐다. 공간 정보 커뮤니티가 파이썬 3를 사용하기 시작한 또 다른 이유다.

공간 정보 커뮤니티는 파이썬 3에서 사용할 수 없거나 제대로 동작하지 않는 많은 의존성이 있기 때문에 오랫동안 파이썬 2를 사용하고 있었다. 하지만 현재 파이썬 3는 성숙하고 안정적이며 공간 정보 커뮤니티는 파이썬을 사용해 새로운 라이브러리와 도구들을 만들어냈다.

이 책은 개발자들이 파이썬 3로 작성된 공간 정보에 관련된 오픈소스, 상용 모듈을 이해하는 데 도움을 주고자 작성됐다. 또한 지리공간 데이터 관리 및 데이터 분석을 위한 라이브러리와 도구도 제공한다.

1장에서는 이 책에서 사용할 코드 라이브러리를 설치하고 관리하는 방법을 설명한다. 다루는 주제는 다음과 같다.

- 아나콘다 설치하기
- 아나콘다 내비게이터, 클라우드, conda, pip를 사용해 파이썬 패키지 관리하기
- 아나콘다, conda, virtualenv를 사용해 가상 환경 관리하기
- 주피터 노트북 실행하기

▌ 아나콘다 소개

아나콘다^{Anaconda}는 대규모 데이터 처리, 예측 분석, 과학적 컴퓨팅을 위한 파이썬 언어의 프리미움^{freemium} 오픈소스 배포판이며, 패키지 관리와 배포의 단순함을 목표로 한다. 또한 450만 명이 사용하는 세계에서 가장 인기 있는 파이썬 데이터 과학 플랫폼으로 1,000개 이상의 데이터 과학 패키지를 갖추고 있다. 아나콘다와 함께 설치되는 패키지 매니저 conda와 혼동하지 말자.

이 책에서는 파이썬과 라이브러리, 라이브러리 관리 도구, 파이썬 환경 관리자 및 코드를 작성하고, 편집하고 실행하기 위한 주피터 노트북 같은 애플리케이션 등 필요한 모든 것을 제공하는 아나콘다를 설치해 사용하길 추천한다.

공식 파이썬 사이트(https://www.python.org/downloads)를 통해 파이썬을 설치하거나 아나콘다를 대안으로 사용할 수도 있고, 나중에 다룰 pip와 같은 다른 패키지 매니저와 결합된 IDE를 사용할 수도 있다. 이 책은 파이썬 3.6 버전 사용을 추천한다.

아나콘다를 사용해 파이썬 설치하기

윈도우, 맥OS, 리눅스에서 사용 가능한 아나콘다의 최신 버전은 아나콘다 홈페이지(https://www.anaconda.com/distribution/)에서 다운로드할 수 있다. 이 책을 쓰는 시점의 최신 버전은 2017년 10월에 릴리스된 아나콘다 5.0.1이며 32비트, 64비트 버전을 사용할 수 있다. 해당 페이지에서 각 OS별 설치를 위한 광범위한 다운로드 지침, 아나콘다 사용법, 치트시트, FAQ를 설명하는 30분짜리 튜토리얼도 제공한다(번역 시점의 아나콘다 버전은 2020.02이다).

또한 미니콘다라는 경량화 버전도 있는데, 이 버전은 파이썬과 conda 패키지 관리자로 설치하며 아나콘다 https://conda.io/miniconda.html의 표준 설치와 함께 제공되는 1,000개 이상의 소프트웨어 패키지는 제외된다. 사용하려면 파이썬 3.7 버전을 다운로드한다.

아나콘다는 파이썬 3.6.2 버전을 기본으로 설치한다. 이 책의 모든 장에서는 파이썬 3.6을 사용하므로 3.6 이상이면 어떤 버전도 좋다(번역 시점의 파이썬 버전은 3.7이다).

아나콘다는 주피터 노트북, 다양한 파이썬 콘솔 및 IDE 등 수많은 애플리케이션을 포함한 1,000개 이상의 파이썬 패키지를 제공한다. 설치 후 항상 파이썬 3.6 버전만 사용해야만 하는게 아님을 기억하자. 아나콘다 내비게이터(패키지 설치와 환경을 관리하는 GUI 도구)를 사용하면 가상 환경 내에서 파이썬 3.5 혹은 2.7을 선택할 수 있다. 다양한 프로젝트에서 서로 다른 파이썬 버전으로 바꿀 수 있는 유연성이 있다.

설치하려면 시스템 사양에 따라 32비트 또는 64비트 아나콘다 설치 프로그램을 다운로드한다. 설치를 실행하고 안내에 따라 로컬 시스템에 아나콘다를 설치한다.

▌ 주피터 노트북 실행하기

주피터 노트북은 (Esri, 파이썬용 새로운 ArcGIS API를 포함한) 많은 회사에서 채택한 참신한 아이디어다. 오픈소스 프로젝트(이전의 대화식 코드 환경인 IPython을 기반으로 한다)로 관리되는 주피터는 교육 및 상업용 제품 모두를 위한 환상적인 도구다.

다른 장에서 볼 수 있듯이 코드를 스크립트로 실행할 수 있지만 주피터 노트북을 사용하면 코딩이 훨씬 더 재미있을 것이다.

코딩 노트북 아이디어는 코딩을 상호작용하도록 만드는 것이다. 파이썬 터미널에서 직접 실행된 코드의 출력 결과와 조합하고, 저장 가능한 노트북은 코드를 공유하고 비교하는 도구가 된다. 각 섹션은 나중에 편집하거나 특정 데모를 위해 컴포넌트를 분리해서 저장할 수도 있다.

 다음 링크에서 주피터 노트북 관련 문서를 확인할 수 있다.

http://jupyter.org/documentation

노트북 실행하기

노트북을 사용하기 위해 로컬 서버로 실행하려면 가상 환경을 활성화하고 jupyter notebook 명령어를 입력한다.

```
C:\PythonGeospatial3>cartoenv\Scripts\activate
(cartoenv) C:\PythonGeospatial3>jupyter notebook
[I 17:30:46.338 NotebookApp] Serving notebooks from local directory:
C:\PythonGeospatial3
[I 17:30:46.338 NotebookApp] 0 active kernels
[I 17:30:46.339 NotebookApp] The Jupyter Notebook is running at:
[I 17:30:46.339 NotebookApp]
http://localhost:8888/?token=5376ed8c704d0ead295a3c0464e52664e367094a9e74f70e
```

```
[I 17:30:46.339 NotebookApp] Use Control-C to stop this server and shut
down all kernels (twice to skip confirmation).
[C 17:30:46.344 NotebookApp]
    Copy/paste this URL into your browser when you connect for the first time,
    to login with a token:
http://localhost:8888/?token=5376ed8c704d0ead295a3c0464e52664e367094a9e74f70e
[I 17:30:46.450 NotebookApp] Accepting one-time-token-authenticated
connection from ::1
[I 17:30:49.490 NotebookApp] Kernel started: 802159ef-3215-4b23-b77f-4715e574f09b
[I 17:30:50.532 NotebookApp] Adapting to protocol v5.1 for kernel
802159ef-3215-4b23-b77f-4715e574f09b
```

노트북을 실행할 서버가 실행되는데 이 로컬 서버는 브라우저를 사용해 http://localho st:8888로 이동해 포트 8888을 통해 접근할 수 있다. 시작할 때 탭이 자동으로 열린다.

로그아웃되면 다음 예처럼 노트북 명령을 전달할 때 생성된 텍스트에 제공된 토큰을 사 용해 다시 로그인한다.

```
http://localhost:8888/?token=5376ed8c704d0ead295a3c0464e52664e367094a9e74f70e
```

새 노트북 만들기

새로운 노트북을 생성하려면 오른쪽 상단의 New 버튼을 클릭하고 Python 3를 선택하면
새로운 탭으로 노트북이 열린다.

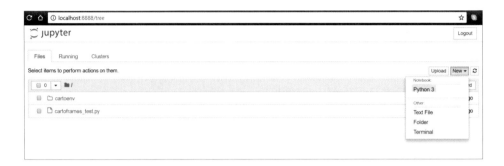

코드 추가하기

주피터 노트북에서 코드는 In 섹션에 추가된다. 코드는 라인 단위로 추가되며, 변수와
임포트 모듈은 메모리에 저장되거나 스크립트처럼 블록이나 여러 라인 단위로 추가할
수 있다.

In 섹션을 편집해 반복 실행하거나, 기존 섹션을 남겨두고 새 섹션을 시작할 수도 있다.
이는 대화식 출력과 함께 스크립팅했던 기록이 생성된다.

다음은 유용한 키보드 단축키들이 나열된 주피터 노트북의 GIST 링크다.
https://gist.github.com/kidpixo/f4318f8c8143adee5b40

▍ 파이썬 패키지 관리

아나콘다를 설치한 다음 서로 다른 파이썬 패키지를 관리하는 방법에 관해 이야기할 시간이다. 아나콘다는 아나콘다 내비게이터, 아나콘다 클라우드, conda 패키지 매니저 같은 몇 가지 옵션을 제공한다.

아나콘다 내비게이터로 패키지 관리

아나콘다를 설치하면 내부에 다양한 애플리케이션이 있는 폴더가 보인다. 그중 하나가 GUI를 제공하는 아나콘다 내비게이터다. 프로젝트, 패키지, 설정 등을 관리하기 위한 환경인 윈도우 파일 탐색기와 비교할 수 있다. 환경environment은 설치된 파이썬과 패키지 모음을 말한다.

virtualenv를 사용하는 방법과 유사하지만 명령프롬프트 대신 GUI를 사용한다는 점에 주목한다(virtualenv는 뒤에 자세하게 다룬다).

아나콘다 내비게이터를 연 후에 화면의 왼쪽에 있는 Environments 탭을 클릭하면 기존 설정과 포함된 패키지에 관한 개요가 제공된다.

150개 이상의 사전 설치된 파이썬 패키지를 제공하는 root라고 부르는 미리 정의된 사용 가능한 환경이 있다. 화면 아래쪽의 Create 버튼을 클릭해 새로운 환경을 만들 수 있다.

pip를 포함한 5개의 기본 파이썬 패키지를 자동으로 설치할 수 있고, 패키지 관리를 자유롭게 할 수 있다. 아나콘다 내비게이터의 흥미로운 점은 새로운 환경마다 원하는 파이썬 버전을 선택할 수 있고 Miniconda가 아닌 기본 아나콘다 버전을 설치하면 로컬에서 사용할 수 있는 1,000개 이상의 패키지 목록 중에서 설치할 수 있다.

이 목록은 Channel 버튼 옆의 드롭다운 메뉴에서 Not Insalled 옵션을 선택해 사용할 수 있다. Search Package 검색필드에서 쉽게 검색하고 Enter를 눌러 패키지를 선택할 수 있다. 원하는 환경에 맞는 패키지를 선택하고 설치한다. 설치 후 패키지가 환경에 이름별로 나열된다. 패키지 이름 옆에 체크 표시가 있는 녹색상자를 클릭하면 업그레이드 혹은 삭제하거나 특정 버전의 설치를 위한 패키지를 선택할 수 있다.

패키지 설치 후에 선택한 환경 내부의 화살표 버튼을 클릭해 터미널을 열거나 주피터 노트북을 실행하거나 다른 아나콘다 애플리케이션 작업을 시작할 수 있다. 아나콘다 내비게이터에서 제공된 옵션 대신 IDE를 사용하고 싶다면, 아나콘다에서 사용 중인 python.exe 파일을 IDE 오른쪽으로 리디렉션한다. 이 파일은 일반적으로 아나콘다 기본 설치 경로인 다음 경로에서 찾을 수 있다.

```
C:\Users\<UserName>\Anaconda3\python.exe.
```

아나콘다 클라우드에서 온라인 패키지 검색하기

로컬 목록에서 사용 가능한 파이썬 패키지를 찾을 수 없는 경우 아나콘다 클라우드를 사용할 수 있다. 이 애플리케이션은 아나콘다 3의 일부이며 패키지, 노트북 및 환경을 다른 사용자와 공유하기 위해 아나콘다 클라우드 애플리케이션을 사용할 수 있다. 아나콘다 클라우드 데스크톱 아이콘을 클릭하면 사용자 등록을 위한 인터넷 화면이 열린다. 아나콘다 클라우드는 자신의 작업을 위한 온라인 개인 저장소를 만들 수 있는 깃허브와 비슷하다. 이 저장소는 채널channels이라고 부른다.

사용자 계정을 생성하면 아나콘다 내비게이터 내부에서 아나콘다 클라우드를 사용할 수 있다. 아나콘다 클라우드 사용자 계정을 만든 후 아나콘다 내비게이터를 열고 화면 오른쪽 위에서 아나콘다 클라우드에 로그인한다. 이제 개인 패키지 저장소에 패키지와 파일을 업로드하고 기존 파일과 패키지도 검색할 수 있다.

conda로 파이썬 패키지 관리하기

패키지 관리에 아나콘다 내비게이터를 사용하는 것 이외에도, 바이너리 패키지 관리자 conda를 사용해서 명령행에서 사용해 패키지 설치를 관리할 수 있다. conda는 패키지와 관련 의존성을 빠르게 설치하고 실행하고 업데이트한다. conda는 쉽게 생성, 저장, 로드하고 사용자의 컴퓨터 환경을 변경한다. conda를 설치하는 가장 좋은 방법은 아나콘다나 미니콘다 설치를 통해서 설치하는 것이다.

세 번째 옵션은 PyPI^{Pyon Package Index}를 통해 별도로 설치하는 것이지만 최신 버전이 아닐 수 있으므로 이 옵션은 권장하지 않는다. conda를 직접적으로 사용해서 패키지를 설치하는 것은 pip 구문과 유사하다. 하지만 conda는 깃^{Git} 서버에서 직접 패키지를 설치할 수 없다는 걸 아는 게 좋다.

개발 중인 많은 패키지의 최신 버전은 conda를 통해 다운로드할 수 없다는 뜻이다. 또한 conda는 pip처럼 PyPI에서 사용 가능한 모든 패키지를 포함하지 않으므로 아나콘다 내비게이터로 새로운 환경을 만들 때 항상 pip에 접근할 수 있다(더 진행하면 pip에 실행할 수 있다).

conda가 설치돼 있다면 다음과 같이 터미널에서 명령어를 입력해서 확인할 수 있다.

```
>> conda -version
```

conda가 설치돼 있다면 설치된 버전 번호를 볼 수 있다. 터미널에서 다음 명령어를 통해 선택한 패키지를 설치할 수 있다.

```
>> conda install <package-name>
```

이미 설치된 패키지를 사용 가능한 최신 버전으로 업데이트하는 방법은 다음과 같다.

```
>> conda update <package-name>
```

특정 버전의 패키지를 설치하려면 다음과 같이 버전 번호를 지정한다.

```
>> conda install <package-name>=1.2.0
```

--all 인수를 사용해 간단하게 모든 패키지를 업데이트할 수 있다.

```
>> conda update --all
```

패키지 제거 역시 동일하다.

```
>> conda remove <package-name>
```

자세한 conda 문서는 다음 링크에서 확인할 수 있다.

https://conda.io/docs/index.html

pip로 파이썬 패키지 관리하기

앞서 말했듯이 아나콘다 사용자들은 항상 모든 새로운 환경에서 pip를 사용할 수 있으며, 루트 폴더는 미니콘다를 포함한 아나콘다의 모든 버전이 미리 설치돼 제공된다. pip는 파이썬으로 작성된 소프트웨어 패키지를 설치하고 관리하는 데 사용되는 파이썬 패키지 매니저인 만큼 아나콘다 내비게이터와 클라우드와는 반대로 명령행에서 실행된다.

Anaconda 혹은 유사한 것을 사용하지 않기로 결정하고 python.org 사이트에서 기본 파이썬 설치를 사용할 경우, 패키지 관리자로 easy_install이나 pip를 사용할 수 있다. pip는 파이썬 3의 easy_install에 비해 개선된 것으로 생각하고, 여기서는 pip에 관해서만 이야기할 것이다. 2장에서는 파이썬 패키지 관리를 위해 pip, conda, 아나콘다 내비게이터 혹은 클라우드를 사용할 것을 추천한다.

선택적으로 아나콘다를 설치할 때 사용자 변수 목록에 3가지 환경변수가 추가된다. 터미널을 열 수 있다면 이를 통해 어떤 시스템 위치에서도 pip와 같은 명령에 접근할 수 있다. 시스템에 pip가 설치돼 있는지 확인하려면 터미널을 열고 다음을 입력한다.

```
>> pip
```

오류 메시지가 없다면 pip가 제대로 설치됐음을 말하며, pip를 사용해 PyPI에서 선택한 패키지를 설치할 수 있다.

```
>> pip install <package-name>
```

아나콘다 사용자의 경우 pip 명령 파일이 다음 경로에 있어야 한다.

```
C:\Users\<User Name>\Anaconda3\Scripts\pip.exe.
```

시스템에서 pip를 사용할 수 없는 경우 다음 링크를 참고해 pip를 설치할 수 있다.

https://pip.pypa.io/en/latest/installing

pip를 사용해 패키지 업그레이드 및 제거하기

아나콘다 클라우드는 설치된 특정 패키지 버전 번호를 자동으로 표시하는 반면, 기본 파이썬을 설치한 사용자는 pip 명령어를 통해 표시할 수 있다.

```
>> import pandas
>> pandas.__version__  # output will be a version number, for example: u'0.18.1'
```

예를 들어 사용할 새 버전이 있는 경우 패키지 업그레이드는 다음과 같이 한다.

```
>> pip install -U pandas==0.21.0
```

사용 가능한 최신 버전으로 업그레이드하려면 다음과 같이 한다.

```
>> pip install -U pandas
```

패키지 제거는 다음 명령을 사용해 할 수 있다.

```
>> pip uninstall <package name>
```

▌ 파이썬 가상 환경

일반적으로 파이썬을 사용하기 위해 권장하는 것은 프로젝트 기반 접근법이다. 이는 각 프로젝트가 필요한 패키지 및 상호 의존성과 함께 별도의 파이썬 버전을 사용한다는 것을 의미한다. 이 접근 방식은 다른 파이썬 버전과 설치된 패키지 버전 간에 전환할 수 있는 유연성을 제공한다. 이 방법을 따르지 않는다면 패키지를 업데이트하거나 새 패키지를 설치할 때마다 의존성도 업데이트돼 다른 설정이 생성됨을 의미한다. 예를 들어 변경으로 인해 코드가 제대로 실행되지 않거나 패키지 간에 서로 올바르게 통신하지 않는 문제를 일으킬 수 있다.

이 책은 파이썬 3에 초점을 맞추고 있지만, 다른 파이썬 버전으로 바꿀 필요는 없다. 하지만 다른 프로젝트에 다른 버전의 같은 패키지를 사용하는 것을 상상할 수 있을 것이다. 아나콘다 이전에 이 프로젝트 기반 접근법은 분리된 파이썬 환경을 만들기 위한 도구인 virtualenv를 사용해야 했다. 이러한 접근 방식은 아나콘다에서 훨씬 쉬워졌는데,

아나콘다는 같은 접근 방식을 제공하지만 좀 더 단순화됐다. 두 가지 선택 사항은 진행하면서 자세히 다룬다.

아나콘다를 사용한 가상 환경

앞서 언급한 대로 아나콘다 내비게이터에는 **환경**Environments 탭이 있다. 클릭하면 로컬 파일시스템에서 사용자가 만든 모든 환경 개요가 나타난다. 환경을 쉽게 생성, 가져오거나 삭제할 수 있고, 선호하는 파이썬 버전을 지정하고 이런 환경 내에서 버전 번호별 패키지를 설치할 수 있다. 모든 새로운 환경은 pip와 같은 다수의 파이썬 패키지를 자동으로 설치하게 된다. 거기서부터 자유롭게 더 많은 패키지를 설치할 수 있다. 이러한 환경은 virtualenv 툴을 사용해 생성한 것과 동일한 가상 환경이다. 터미널을 열거나 python.exe를 실행해 작업을 시작할 수 있다.

아나콘다는 모든 환경을 별도의 루트 폴더에 저장해 모든 가상 환경을 한 곳에 저장한다. 아나콘다 내비게이터의 각 환경은 루트 환경까지 가상 환경으로 취급된다는 점에 유의하자.

conda로 환경 관리하기

아나콘다와 미니콘다 모두 가상 환경을 관리할 수 있는 conda 패키지 관리자를 제공한다. 터미널을 열고 다음 명령어를 입력하면 시스템에서 사용 가능한 환경 목록이 보인다.

```
>> conda info -e
```

파이썬 2.7 기반으로 가상 환경을 생성하려면 다음 명령어를 사용한다.

```
>> conda create -n python3packt python=2.7
```

다음과 같이 환경을 활성화한다.

```
>> activate python3packt
```

하나 명령으로 여러 개의 패키지를 설치할 수 있다.

```
>> conda install -n python3packt <package-name1> <package-name2>
```

conda 명령어를 바로 호출한다.

다음과 같이 환경을 비활성화한다.

```
>> deactivate
```

conda의 환경 관리에 관해서는 다음 링크에서 더 자세히 찾을 수 있다.

https://conda.io/docs/user-guide/tasks/manage-environments.html

virtualenv 사용하기

아나콘다를 사용하지 않으려면 먼저 virtualenv를 설치해야 한다. 다음 명령을 사용해 설치한다.

```
>> pip install virtualenv
```

다음으로 virtualenv 명령어를 사용해 가상 환경을 생성할 수 있다. 예는 다음과 같다.

```
>> virtualenv python3packt
```

생성한 이름의 디렉터리로 이동한다.

```
>> cd python3packt
```

그다음 activate 명령어를 사용해 가상 환경을 활성화한다.

```
>> activate
```

이제 가상 환경을 사용할 준비가 됐다. pip install을 사용해 명시적으로 패키지를 설치하고 여러분의 코드에서 사용한다. deactivate 명령어를 사용해 가상 환경 사용을 멈출 수 있다.

```
>> deactivate
```

여러 버전의 파이썬이 설치돼 있다면 -p 옵션을 사용해 원하는 파이썬 버전과 python.exe 경로를 사용할 수 있다. 예는 다음과 같다.

```
>> -p python2.7
```

다음과 같이 할 수도 있다.

```
>> -p c:\python34\python.exe
```

이번 단계는 가상 환경을 생성하고 필요한 패키지를 설치 전에 수행한다. virtualenv에 관한 더 자세한 정보는 http://virtualenv.readthedocs.io/en/stable에서 확인한다.

▌ 요약

1장에서는 사용될 코드 라이브러리를 설치하고 관리하는 방법에 관해 이야기했다. 패키지 관리와 배치를 단순화하는 것을 목표로 하는 파이썬 프로그래밍 언어의 프리미엄 오픈소스 배포인 아나콘다를 주로 사용한다. 아나콘다를 설치하는 방법과 아나콘다 내비게이터, 아나콘다 클라우드, conda, pip 등을 사용한 파이썬 패키지 관리 옵션을 이야기했다. 마지막으로 가상 환경과 아나콘다, conda, virtualenv를 사용해 가상 환경을 관리하는 방법에 관해 이야기했다.

이 책에서는 동작하는 파이썬 환경뿐만 아니라 지역 파이썬 패키지의 대규모 리포지터리, 주피터 노트북 애플리케이션, conda 패키지 매니저, 아나콘다 내비게이터, 클라우드를 설치하게 되는 아나콘다 3 버전을 권장한다. 2장에서는 지리공간 데이터를 처리하고 분석할 때 사용하는 주요 코드 라이브러리를 소개한다.

02

지리공간 코드 라이브러리 소개

2장에서는 지리공간 데이터를 처리하고 분석할 때 사용하는 주요 라이브러리를 소개한다. 각 라이브러리의 특징과 서로 어떤 관계가 있는지, 어떻게 설치하는지, 추가적인 참고 문서 위치 및 일반적인 사용 사례를 배운다. 이 책은 사용자가 파이썬의 최신 버전(2.7 이상)을 설치했다고 가정하고 파이썬 설치는 다루지 않는다. 다음으로 이 모든 패키지가 어떻게 서로 어울리는지, 이 책의 나머지 부분에서 어떻게 다룰지 이야기한다.

2장에서 다루는 라이브러리는 다음과 같다.

- GDAL/OGR
- GEOS
- Shapely
- Fiona

- Python Shapefile Library(pyshp)
- pyproj
- Rasterio
- GeoPandas

GDAL과 OGR 라이브러리

GDAL/OGR 라이브러리는 일반적으로 GDAL과 함께 다운로드되는 두 개의 분리된 라이브러리가 합쳐져 있는 라이브러리다. 즉, GDAL 패키지를 설치하면 OGR 기능에도 액세스할 수 있으며, 이 패키지를 함께 다루는 이유다. GDAL을 먼저 다루는 이유는 다른 패키지가 GDAL 이후에 작성됐기 때문에 시간순으로 먼저 다룬다. 2장에서 다루는 패키지 중 일부는 GDAL의 기능을 확장하거나 그 안에서 사용한다. GDAL은 프랭크 워머댐Frank Warmerdam이 1990년대에 개발했고 2000년 6월 처음 릴리스했다. 후에 GDAL의 개발 과정은 OSGeoOpen Source Geospatial Foundation로 이관됐다.

기술적으로 GDAL 패키지는 패키지 자체가 C와 C++로 쓰여졌기 때문에 일반적인 파이썬 패키지와는 조금 다르다. 즉, 파이썬에서 사용하기 위해서는 GDAL과 관련된 파이썬 바인딩을 컴파일해야 한다는 뜻이다. 하지만 conda나 Anaconda를 사용하면 쉽게 사용할 수 있다. C/C++ 로 개발됐기 때문에 온라인 GDAL 문서는 C++ 버전의 라이브러리로 작성됐다.

이는 파이썬 개발자들에게 어려울 수 있지만, 많은 기능이 문서화돼 있고 내장된 pydoc 유틸리티나 파이썬 내의 도움말 기능을 사용할 수 있다. 이런 이력으로 파이썬에서 GDAL로 작업하는 것은 순수 파이썬이 아니라 C++로 작업하는 느낌이 많이 든다. 예를 들어 OGR의 명명 규칙은 소문자 대신 함수에 대문자를 사용하기 때문에 파이썬과 다르다.

이러한 차이점은 2장에서 다루는 Rasterio 및 Shapely와 같은 다른 파이썬 라이브러리에 관한 선택을 설명한다. 이 라이브러리는 파이썬 개발자의 관점에서 작성됐지만 동일한 GDAL 기능을 제공한다. GDAL은 래스터 데이터를 위한 거대하고 널리 사용되는 데이터 라이브러리다. 다양한 래스터 파일 포맷의 읽기와 쓰기를 지원하며, 최신 버전은 최대 200개의 서로 다른 파일 형식을 지원한다. 이로 인해 지리공간 데이터 관리 및 분석에 없어서는 안 된다. 다른 파이썬 라이브러리와 함께 사용되는 GDAL은 몇 가지 강력한 원격 감지 기능을 가능하게 한다. 이는 또한 산업 표준이며 상업 및 오픈소스 GIS 소프트웨어에도 존재한다.

OGR 라이브러리는 벡터포맷의 지리공간 데이터를 읽고 쓰는 데 사용되며, 다양한 포맷의 데이터 읽기와 쓰기를 지원한다. OGR은 다양한 벡터 데이터 형식을 관리할 수 있도록 일관된 모델을 사용한다. 5장, '벡터 데이터 분석'에서 벡터 데이터로 작업할 때 이 모델에 관해 설명한다. OGR을 사용해 벡터 재투영, 벡터 데이터 포맷 변환, 벡터 속성 데이터 필터링 등을 수행할 수 있다.

GDAL/OGR 라이브러리는 파이썬 프로그래머에게 유용할 뿐만 아니라 많은 GIS 공급업체와 오픈소스 프로젝트에서도 사용된다. 집필 당시 최신 GDAL 버전은 2018년 3월에 출시된 2.2.4이다(현재 버전은 2020년 1월에 출시된 3.0.4이다).

GDAL 설치하기

파이썬용 GDAL 설치는 상당히 복잡해서 시스템 설정과 경로 변수를 손대야 했다. GDAL을 다양한 방법으로 설치할 수 있지만, 아나콘다 3나 conda를 사용하는 것이 시작하기에 가장 빠르고 쉬운 방법이기 때문에 추천한다. 다른 옵션은 pip install을 사용하거나 http://gdal.org 또는 타마스 제커스^{Tamas Szekeres}가 관리하는 윈도우 바이너리 (http://www.gisinternals.com/release.php)와 같은 온라인 저장소를 사용하는 것이다.

그러나 여기에 설명된 옵션보다 약간 더 복잡할 수 있다. GDAL을 설치할 때의 문제점은 라이브러리의 특정 버전(C 언어로 제공되며 로컬 파이썬 파일과 별도의 시스템 디렉터리에 설치됨)이 포함된 특정 파이썬 버전이 있으므로 파이썬에서 사용하기 위해서는 컴파일돼야 한다는 것이다.

또한 파이썬용 GDAL은 설치와 함께 제공되는 일부 추가 파이썬 라이브러리에 의존한다. 동일한 컴퓨터에서 여러 버전의 GDAL을 사용할 수 있지만, 여기에서 권장하는 방식은 아나콘다 3, conda 또는 pip 설치를 사용해 가상 환경에 설치하는 것이다. 이렇게 하면 시스템 설정이 추가 경로 변수를 제거하거나 작업이 작동하지 않는다.

아나콘다 3로 GDAL 설치하기

아나콘다 3를 사용 중인 경우, GDAL을 설치하는 가장 쉬운 방법은 아나콘다 내비게이터를 통해 가상 환경을 만들어 기본 버전으로 파이썬 3.6을 선택하는 것이다. 그런 다음 설치되지 않은 파이썬 패키지 목록에서 gdal을 선택하면 gdal 버전 2.1.0이 설치된다.

설치 후 파이썬 셸을 통해 다음 명령을 입력해 모든 것이 정상인지 확인할 수 있다.

```
>> import gdal
>> import ogr
```

GDAL의 버전 번호는 다음과 같이 확인한다.

```
>> gdal.VersionInfo() # returns '2010300'
```

GDAL 버전 2.1.3이 실행되고 있음을 의미한다.

conda로 GDAL 설치하기

conda를 사용해 GDAL을 설치하면 원하는 파이썬 버전을 선택할 수 있는 유연성이 아나콘다 3보다 더 높아진다. 터미널을 열면 conda search gdal 명령을 사용해 사용 가능한 gdal 버전 목록과 해당 파이썬 버전 목록을 출력할 수 있다. 각 패키지의 의존성을 확인하려면 conda info gdal을 입력한다. GDAL의 특정 버전은 특정 패키지 버전에 따라 달라지는데, NumPy와 같이 이미 설치된 경우 문제가 될 수 있다. 그런 다음 예를 들어 제공되는 파이썬 버전과 함께 GDAL 및 해당 의존성을 설치하고 실행하기 위한 가상 환경을 생성할 수 있다.

```
(C:\Users\<UserName> conda create -n myenv python=3.4
(C:\Users\<UserName> activate myenv # for Windows only. macOS and Linux
users type "source activate myenv"
(C:\Users\<UserName> conda install gdal=2.1.0
```

진행 여부를 묻는 질문을 받게 되면 y를 입력하고 Enter를 누르면 추가 패키지셋이 설치된다. 이것들은 의존성이라고 하며, GDAL이 기능하기 위해 필요한 패키지다. 알다시피 conda는 conda search gdal을 입력할 때 최신 GDAL 버전 2.2.2를 나열하지 않는다. 1장, '패키지 설치 및 관리'에서 conda는 다른 방법으로 사용할 수 있는 최신 패키지 테스트 버전을 항상 갖고 있지는 않다고 언급했음을 기억하자. 이 경우는 그런 경우 중 하나다.

pip로 GDAL 설치하기

PyPI도 GDAL을 제공하는데, 이는 pip를 사용해 컴퓨터에 설치할 수 있음을 의미한다. 설치는 앞에서 설명한 conda 설치 절차와 유사하지만, 이번에는 pip install 명령을 사용한다.

다시, 윈도우를 사용하는 경우 시스템 환경 설정에서 경로 변수를 생성해야 하는 루트 설치 대신 GDAL을 설치할 때 가상 환경을 사용하는 것이 좋다.

pip로 GDAL 두 번째 버전 설치하기

윈도우 시스템이 있고 이미 시스템에 GDAL 버전이 있지만 pip를 사용해 추가 버전을 설치하려면 다음 링크에서 선택한 GDAL 버전을 설치한 다음 활성화된 가상 환경에서 다음 명령을 실행해 올바르게 설치한다.

GDAL 다운로드 저장소는 다음과 같다.

https://www.lfd.uci.edu/~gohlke/pythonlibs/#gdal

```
>> pip install path\to\GDAL-2.1.3-cp27-cp27m-win32.whl
```

다운로드된 GDAL 저장소의 이름은 GDAL-2.1.3-cp27m-win32.whl이다.

추천할 만한 다른 GDAL 리소스

GDAL/OGR 파이썬 API의 문서들은 다음 링크에서 볼 수 있다.

http://gdal.org/python/

GDAL 홈페이지(http://gdal.org)에서 개발자와 사용자를 위한 다양한 문서와 다운로드 링크를 제공한다.

▌ GEOS

GEOS^{Geometry Engine Open Source}는 JTS^{Java Topology Suite}의 서브셋과 선택된 기능의 C/C++ 포트다. GEOS는 JTS의 완전한 기능을 C++로 포함하는 것을 목표로 한다. 파이썬을 포함한 여러 플랫폼에서 컴파일할 수 있다. 나중에 알게 되겠지만, Shapely 라이브러리는 GEOS 라이브러리의 기능을 사용한다. 실제로 PostGIS와 QGIS를 포함해 많은 애플리케이션이 GEOS를 이용한다. 12장에서 다루는 GeoDjango도 여러 지리공간 라이브러리 중에 GDAL은 물론 GEOS를 사용한다.

GEOS는 GDAL과 함께 컴파일해서 OGR의 모든 기능을 제공한다. JTS는 Java로 작성된 오픈소스 지리공간 지오메트리 라이브러리다. 지오메트리 모델, 지오메트릭 함수, 공간 구조 및 알고리즘, i/o 기능이 포함된 다양한 기능을 제공한다.

GEOS를 사용하면 within, contains 같은 지리공간 함수, union, intersection 등의 많은 지리공간 연산, 공간 인덱싱, OGC의 WKT 및 WKB 입력/출력, C/C++ API 및 스레드 안전성과 같은 기능을 사용할 수 있다.

GEOS 설치하기

GEOS는 pip install, conda, 아나콘다 3를 사용해 설치할 수 있다.

```
>> conda install -c conda-forge geos
>> pip install geos
```

GEOS 설치에 관한 자세한 정보와 다른 문서는 다음 링크를 참고한다.

https://trac.osgeo.org/geos/

Shapely

Shapely는 평면 형상의 처리와 분석을 위한 파이썬 패키지로 GEOS 라이브러리(PostGIS 의 엔진) 및 JTS 포트의 기능을 사용한다. Shapely는 데이터 포맷이나 좌표계와 관련이 없지만 패키지와 쉽게 통합될 수 있다. Shapely는 지오메트리 분석만 다루며 지리공간 파일을 읽고 쓸 수 있는 기능은 없다. Fiona와 Rasterio 개발에 참여한 숀 길리스[Sean Gillies]가 개발했다.

Shapely는 shapely.geometry 모듈 내에 포인트, 멀티포인트, 라인스트링, 멀티라인스트링, 멀티폴리곤, 폴리곤, 다원형 및 지오메트리컬렉션을 클래스로 구현한 8가지 기본 지오메트리 타입을 지원한다. 이러한 지오메트리를 표현하는 것 외에도, Shapely를 사용해 여러 가지 메서드와 속성을 통해 지오메트리를 처리하고 분석할 수 있다.

Shapely는 지오메트리를 다루면서 주로 OGR과 같은 클래스와 메서드를 갖고 있다.

Shapely와 OGR의 차이점은 Shapely가 더 파이써닉하고 매우 직관적인 인터페이스를 갖고 있고, 더 잘 최적화됐으며, 잘 만들어진 문서를 갖고 있다는 것이다. Shapely는 순수 파이썬을 쓰는 반면, GEOS는 파이썬 내에서 C++를 쓴다. 데이터 관리와 분석에 사용되는 용어인 데이터 먼징munging의 경우 C++보다는 순수 파이썬으로 쓰는 것이 더 낫다. 따라서 이러한 라이브러리가 만들어진 이유가 설명된다.

Shapely에 관한 자세한 내용은 https://shapely.readthedocs.io/en/latest/를 참조한다. 또한 이 페이지는 다른 플랫폼에서 Shapely를 설치하는 방법과 GEOS에 의존하는 다른 모듈과의 호환성을 위해 소스에서 Shapely를 빌드하는 방법에 관한 자세한 정보를 담고 있다. 이는 Shapely를 설치하려면 NumPy와 GEOS를 업그레이드해야 함을 의미한다.

Shapely 설치하기

pip install, conda, 아나콘다 3를 이용해 Shapely를 설치할 수 있다.

```
>> pip install shapely
>> conda install -c scitools shapely
```

윈도우 사용자들은 또한 http://www.lfd.uci.edu/~gohlke/pythonlibs/#shapely에서 wheel을 구할 수 있다. wheel은 특수하게 포맷된 파일 이름과 .whl 확장자가 있는 ZIP 형식 아카이브를 포함하는 파이썬용 기본 패키지 포맷이다. Shapely 1.6은 2.6 이상의 파이썬 버전과 3.3 이상의 GEOS 버전이 필요하다.

Shapely 설치 및 사용에 관한 자세한 내용은 https://pypi.python.org/pypi/Shapely
를 참조한다.

▌ Fiona

Fiona는 OGR API로 데이터 포맷을 읽고 쓰는 데 사용한다. OGR 대신 사용하는 주된
이유는 OGR보다 파이썬에 가까울 뿐만 아니라 더 신뢰할 수 있고 오류 발생률이 낮기
때문이다. 벡터 데이터에 관한 공간 정보를 표현하기 위해 WKT와 WKB라는 두 개의
마크업 언어를 사용한다.

따라서 Shapely 같은 다른 파이썬 라이브러리와 잘 결합될 수 있고, 입력과 출력에
Fiona를 사용해 Shapely를 사용해 지리공간 데이터를 만들고 처리할 수 있다.

Fiona는 파이썬과 호환돼 추천하지만 몇 가지 단점이 있음을 알아야 한다. 벡터 데이터
를 복사할 때 C 포인터 대신 파이썬 오브젝트를 사용하기 때문에 OGR보다 신뢰성이
높지만, 이는 또한 더 많은 메모리를 사용하므로 성능에 영향을 준다.

Fiona 설치하기

Fiona 설치에 아나콘다 3, conda, pip install을 사용할 수 있다.

```
>> conda install -c conda-forge fiona
>> conda install -c conda-forge/label/broken fiona
>> pip install fiona
```

Fiona는 파이썬 2.6, 2.7, 3.3 또는 3.4와 GDAL/OGR 1.8+가 필요하다. Fiona는 six,
cligj, munch, argparse 및 ordereddict(뒤의 두 개 모듈은 Python 2.7+에서 표준이다) 모
듈에 의존성이 있다. 자세한 다운로드 정보는 Fiona의 README 페이지(https://fiona.
readthedocs.io/en/latest/README.html)를 참조한다.

pyshp 파이썬 쉐이프파일 라이브러리

pyshp^{Python shapefile library}는 순수 파이썬 라이브러리로서 쉐이프파일을 읽고 쓰는 데 사용한다. pyshp 라이브러리의 유일한 목적은 파이썬 표준 라이브러리를 사용해 쉐이프 파일로 작업하는 것이다. 지오메트리 연산에는 사용할 수 없다. 쉐이프파일만 사용한다면 이 파일 전용 라이브러리는 GDAL을 사용하는 것보다 간단하다.

pyshp 설치하기

pip install, conda, 아나콘다 3를 사용해 pyshp를 설치할 수 있다.

```
>> pip install pyshp
>> conda install pyshp
```

PyPI에 관한 더 많은 문서는 다음 링크를 참고한다.

https://pypi.python.org/pypi/pyshp/1.2.3

pyshp에 관련된 소스코드는 다음 링크를 참고한다.

https://github.com/GeospatialPython/pyshp

pyproj

pyproj는 도표 변환과 측지 연산을 수행하는 파이썬 패키지다. PROJ.4 함수에 파이썬 인터페이스를 제공하기 위한 Cython 래퍼로, 파이썬에서 기존 C 코드 라이브러리에 접근할 수 있다는 의미다. PROJ.4는 여러 좌표계 중에서 데이터를 변환하는 투영 라이브러리로, GDAL과 OGR에서도 이용할 수 있다. PROJ.4가 여전히 인기 있고 널리 쓰이는 이유는 두 가지다.

- 첫째, 매우 다양한 좌표계를 지원하기 때문이다.
- 둘째, 다음에 다룰 두 개의 파이썬 라이브러리 Rasterio, GeoPandas 모두 pyproj를 사용하고 이를 위해 제공하는 경로 때문에 PROJ.4 기능을 내부적으로 사용한다.

PROJ.4를 패키지와 함께 사용하는 대신 별도로 사용하는 것의 차이점은 GDAL은 개별 포인트를 재투영할 수 있다는 것이고, PROJ.4를 사용하는 패키지는 이 기능을 제공하지 않는다는 것이다. pyproj 패키지는 Proj 클래스와 Geod 클래스를 제공한다. Proj 클래스는 투영 연산을 수행하고, Geod 클래스는 측지 연산을 수행한다.

pyproj 설치하기

pip install, conda, 아나콘다 3를 사용해 pyproj를 설치한다.

```
>> conda install -c conda-forge pyproj
>> pip install pyproj
```

pyproj에 관한 더 많은 정보는 다음 링크를 참고한다.

https://pyproj4.github.io/pyproj/stable/

PROJ.4에 관한 더 자세한 정보는 다음 링크를 참고한다.

http://proj4.org/

▌ Rasterio

Rasterio는 래스터 데이터를 위한 GDAL 및 NumPy 기반 파이썬 라이브러리로서 파이썬 언어 타입, 프로토콜, 관용구를 사용해 C 대신 파이썬 개발자를 염두에 두고 개발됐다. Rasterio는 파이썬 프로그래머가 GIS 데이터에 좀 더 쉽게 접근할 수 있게 하는 것을 목표로 하고 있으며 GIS 분석가들이 파이썬의 중요한 표준을 배우도록 돕는다. Rasterio는 GIS보다는 파이썬의 개념에 의존한다.

Rasterio는 웹사이트와 애플리케이션을 위한 맞춤형 온라인 지도 제공업체 맵박스의 위성 팀에서 제공하는 오픈소스 프로젝트다. 이 라이브러리 이름은 Ras-te-rio가 아니라 Raster-i-o로 발음해야 한다. Rasterio가 탄생한 것은 위성 사진으로 보기 좋은 베이스 맵을 만들려는 Mapbox Cloudless Atlas 프로젝트의 결과다. 소프트웨어 요구 사항 가운데 하나는 오픈소스 소프트웨어와 편리한 다차원 배열 문법이 있는 고급 언어를 사용하는 것이었다. GDAL은 검증된 알고리즘과 드라이버를 제공하지만, GDAL의 파이썬 바인딩으로 개발하면 C++와 많이 유사하다.

따라서 Rasterio는 맨 위는 파이썬 패키지로 설계됐으며, 가운데에는 Cython을 사용한 확장 모듈이 있고, 아래쪽에는 GDAL 공유 라이브러리가 있다. 래스터 라이브러리의 다른 요구 사항은 데이터 파일에서 NumPy의 ndarray를 읽고 쓸 수 있고, C 또는 C++ 대신 파이썬 타입, 프로토콜 및 관용구를 사용해 프로그래머가 두 가지 언어로 코딩하지 않도록 하는 것이었다.

지오레퍼런싱의 경우 Rasterio가 pyproj를 따른다. 읽기와 쓰기 외에도 몇 가지 기능이 추가됐는데, 그중 하나가 특징 모듈이다. 지리공간 데이터의 재투영은 rasterio.warp 모듈을 사용해 할 수 있다.

Rasterio 프로젝트 홈페이지 링크는 다음과 같다.

https://github.com/mapbox/rasterio

Rasterio 의존성

앞에서 말한 바와 같이 Rasterio에서 GDAL을 사용하는데, 이는 그 의존성 중 하나라는 뜻이다. 파이썬 패키지 의존성은 affine, cligj, click, enum34, numpy이다.

Rasterio에 관한 문서는 https://rasterio.readthedocs.io/en/latest/에서 확인할 수 있다.

Rasterio 설치

윈도우 시스템에 Rasterio를 설치하려면 rasterio 및 GDAL 바이너리를 다운로드하고 실행한다.

```
>> pip install -U pip
>> pip install GDAL-1.11.2-cp27-none-win32.whl
>> pip install rasterio-0.24.0-cp27-none-win32.whl
```

conda를 사용하면 다음과 같이 rasterio를 설치할 수 있다.

```
>> conda config --add channels conda-forge # conda-forge 채널 활성화
>> conda install rasterio
```

conda-forge는 패키지를 설치할 수 있는 추가 채널이다.

다양한 플랫폼에 관한 자세한 설치 지침은 다음 링크에서 확인할 수 있다.

https://rasterio.readthedocs.io/en/latest/installation.html

▌ GeoPandas

GeoPandas는 벡터 데이터 작업을 위한 파이썬 라이브러리다. SciPy 스택의 일부인 pandas 라이브러리에 기반을 두고 있다. SciPy는 데이터 검사와 분석을 위한 인기 있는 라이브러리지만, 안타깝게도 공간 데이터를 읽을 수 없다. GeoPandas는 판다스 데이터 객체를 출발점으로 삼아 이 틈을 메우기 위해 만들어졌다. 이 라이브러리는 지리학적 파이썬 패키지의 기능도 추가했다.

GeoPandas는 pandas 시리즈 객체를 기반으로 하는 GeoSeries 객체와 DataFrame 객체를 기반으로 하는 GeoDataFrame이라는 두 개의 데이터 객체를 제공하지만 각 행에 관해 지오메트리 열을 추가한다. GeoSeries 및 GeoDataFrame 객체는 공간 데이터베이스와 유사하게 공간 데이터 처리에 사용할 수 있다.

거의 모든 벡터 데이터 포맷에 관한 읽기 및 쓰기 기능이 제공된다. 또한 Series와 DataFrame 객체는 모두 pandas 데이터 객체의 하위 클래스이기 때문에 .loc 또는 .iloc와 같은 동일한 속성을 사용해 데이터를 선택하거나 부분적으로 사용할 수 있다.

GeoPandas는 주피터 노트북과 같은 새로운 도구의 기능을 꽤 잘 활용하는 라이브러리인 반면, GDAL은 파이썬 코드를 통해 벡터 내부의 데이터 기록과 래스터 데이터셋과 상호작용할 수 있게 해준다. GeoPandas는 화면에서 모든 레코드를 함께 볼 수 있도록 GeoDataFrame에 모든 레코드를 로드해 시각적으로 접근한다.

데이터 플로팅도 마찬가지다. 개발자들이 현재 주피터 노트북에서 이용할 수 있는 광범위한 데이터 시각화 기능이 없는 IDE에 의존하고 있었기 때문에 이러한 파이썬 2에서는 이러한 기능이 부족했다.

GeoPandas 설치

GeoPandas를 설치하는 방법은 다양하다. pip install, conda install, 아나콘다 3 또는 깃허브를 사용할 수 있다. 터미널 창을 사용해 다음과 같이 설치한다.

```
>> pip install geopandas
>> conda install -c conda-forge geopandas
```

자세한 설치 정보는 다음 링크를 참고한다.

http://geopandas.org/install.html

PyPI를 통해 사용 가능한 GeoPandas는 다음 링크를 참고한다.

https://pypi.python.org/pypi/geopandas/0.3.0

아나콘다 클라우드를 통해 사용 가능한 GeoPandas는 다음 링크를 참고한다.

https://anaconda.org/IOOS/geopandas

GeoPandas 의존성

GeoPandas는 파이썬 라이브러리 pandas, Shapely, Fiona, pyproj, NumPy,six에 의존성이 있다. 이 라이브러리는 GeoPandas를 설치할 때 업데이트되거나 설치된다.

Geopandas 관련 문서는 다음 링크를 참고한다.

http://geopandas.org

▌ 함께 사용하는 방법

지리공간 데이터를 처리하고 분석하기 위해 가장 중요한 오픈소스 패키지의 개요를 제공했다. 이제 문제는 언제 어떤 패키지를 사용할 것인가, 왜 사용할 것인가가 된다. GDAL, OGR, GEOS는 지리공간 처리와 분석에 꼭 필요하지만, 파이썬으로 작성되지 않았기 때문에 파이썬 개발자를 위한 파이썬 바이너리가 필요하다. Fiona, Shapely, pyproj는 이런 문제를 해결하기 위해 개발됐고, 새로운 Rasterio 라이브러리가 됐다. 좀 더 파이써닉한 접근을 위해, 새로운 패키지는 파이썬 바이너리가 있는 오래된 C++ 패키지에 비해 선호된다.

그러나 이 모든 패키지는 모두 널리 사용되고 있기 때문에 패키지의 기원과 역사를 아는 것이 좋다. 3장에서는 지리공간 데이터베이스에 관해 이야기하며, 2장에서 얻은 정보를 바탕으로 한다.

5장, '벡터 데이터 분석과 래스터 데이터 처리'와 6장, '래스터 데이터 처리'는 이 라이브러리를 사용해 래스터 및 벡터 데이터 처리의 세부 사항을 자세히 다루면서 여기서 이야기한 라이브러리를 구체적으로 다룰 것이다.

이 시점에서 프로세싱과 분석을 위해 가장 중요한 패키지의 개요와 역사 그리고 그것들이 서로 어떻게 관련되는지에 관한 전체적인 개요를 알아야 한다. 또한 특정 사용 사례에 관해 어떤 옵션을 사용할 수 있는지, 왜 어떤 패키지는 다른 패키지보다 더 나은지 알아야 한다.

그러나 프로그래밍에서 흔히 그렇듯이 한 가지 특정 문제에 관한 여러 가지 해결책이 있을 수 있다. 예를 들어 쉐이프파일을 다룰 때 선호도와 당면한 문제에 따라 pyshp, GDAL, Shapely 또는 GeoPandas를 사용할 수 있다.

▍ 요약

2장에서는 지리공간 데이터를 처리하고 분석하는 데 사용하는 주요 코드 라이브러리를 소개했다. 각 라이브러리의 특징, 서로 연관되거나 구별하는 방법, 설치 방법, 추가 문서를 찾을 수 있는 위치 및 일반적인 사용 사례에 관해 배웠다.

GDAL은 OGR과 GDAL이라는 두 개의 개별 라이브러리를 포함하는 주요 라이브러리다. 많은 다른 라이브러리 및 소프트웨어 애플리케이션은 기본적으로 GDAL 기능을 사용하며, 예로는 1장에서 모두 다뤘던 Fiona와 Rasterio가 있다. 이 라이브러리는 GDAL과 OGR을 좀 더 파이써닉한 방식으로 쉽게 작업하기 위해 만들어졌다.

3장에서는 공간 데이터베이스를 소개할 것이다. 데이터 저장 및 분석에 사용하며 종류로는 SpatiaLite와 PostGIS가 있다. 또한 여러 파이썬 라이브러리를 사용해 이러한 데이터베이스에 연결하는 방법도 배운다.

03

지리공간 데이터베이스 소개

2장에서는 파이썬 환경을 설정하는 방법을 배웠으며 파이썬을 사용해 지리공간 데이터로 작업하는 데 사용할 수 있는 다양한 라이브러리에 관해 배웠다. 3장에서는 데이터를 사용해 작업을 시작한다. 데이터베이스는 대량의 데이터를 저장하는 가장 대중적인 방법 중 하나이고, 가장 인기 있는 오픈소스 데이터베이스 중 하나는 PostgreSQL이다. PostGIS는 지리적 객체 추가 및 공간적으로 레코드를 쿼리하는 기능을 추가해서 PostgreSQL을 확장한다. PostgreSQL과 PostGIS를 결합하면 강력한 지리공간 데이터 저장소를 만들 수 있다.

지리공간 데이터베이스는 위치 또는 위치별로 데이터베이스의 다른 특징에 관한 데이터를 쿼리할 수 있도록 해 기본적인 관계형 데이터베이스 쿼리를 개선한다. 특징 간 측정, 특징 간 거리 및 투영 간 변환과 같은 지리공간 연산을 수행할 수도 있다. 지리공간 데이터베이스의 또 다른 특징은 버퍼, 통합 또는 클립 연산을 통해 기존 기능에서 새로운 지오메트리를 만드는 기능이다.

3장은 지오데이터베이스의 기본을 다룬다. 배울 내용은 다음과 같다.

- PostgreSQL과 PostGIS 설치 방법
- pyscopg2를 설치하고 데이터베이스 연결하는 방법
- 데이터베이스에 데이터를 추가하는 방법
- 기본 공간 쿼리 수행 방법
- 길이 및 영역을 쿼리하는 방법
- 폴리곤 내의 포인트를 쿼리하는 방법

7장, '지오데이터베이스로 지오프로세싱'에서 다시 지리공간 데이터베이스로 돌아와 더 발전된 작업과 데이터 표시 방법을 배운다.

▌ 윈도우에 PostgreSQL, PostGIS 설치하기

PostgreSQL을 설치하면서 PostGIS를 설치하거나 PostgreSQL을 설치한 후에 PostgreSQL에서 제공하는 Stack Builder를 사용해 PostGIS를 추가할 수 있다. Stack Builder를 사용하면 원하는 버전의 PostgreSQL을 다운로드할 수 있고 한 번의 클릭으로 올바른 PostGIS 버전을 얻을 수 있다.

PostgreSQL 10을 설치할 때, Stack Builder에는 PostGIS가 포함되지 않았지만 이 책의 출간 시점에는 추가돼 있을 것이다. Stack Builder가 어떻게 작동하는지 보여주기 위해 이전 PostgreSQL 복사본을 사용했기 때문에 화면과 다른 PostGIS 버전이 표시될 수 있다. PostgreSQL은 다음 링크에서 다운로드할 수 있다.

https://www.postgresql.org/download/

계속 진행하면서 PostgreSQL을 설치하고 Stack Builder를 사용해 PostGIS와 데이터 베이스를 추가한다. 실행 파일을 다운로드한 후 더블클릭해 실행한다. 다음과 같이 설치 마법사가 나타난다.

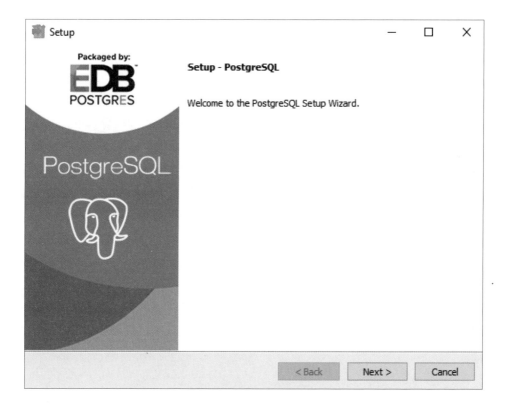

PostgreSQL을 설치할 위치를 선택할 수 있지만 다른 곳에 설치할 특별한 이유가 없는 한 기본값으로 두는 것이 가장 좋다.

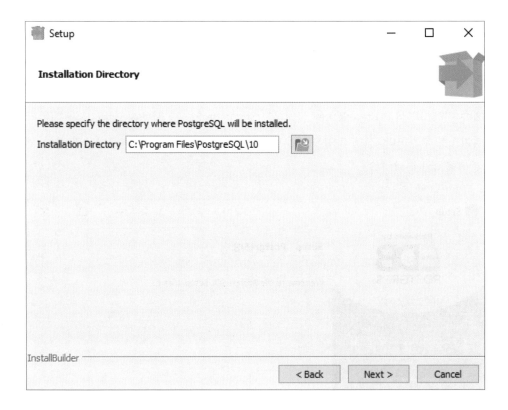

다시 말하지만, 데이터를 PostgreSQL과 동일한 루트 폴더인 기본 위치에 저장하는 것이 가장 좋다.

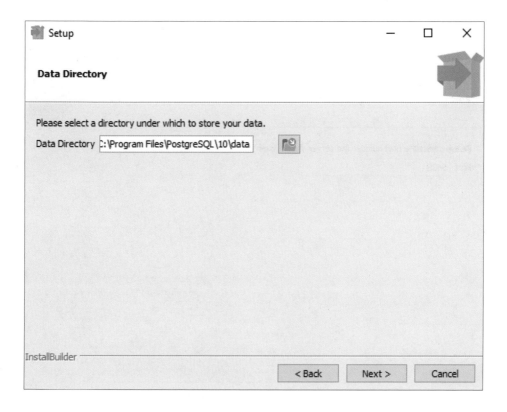

PostgreSQL을 실행할 포트를 선택한다. 애플리케이션에서 PostgreSQL을 이 포트에서 찾으므로 변경하는 것은 위험 부담이 있다. 고급 사용자는 설치 후 .config 파일에서 포트 채널을 재구성할 수 있다.

70

Locale을 선택하거나 기본값을 선택한다. 여기에선 English, United States를 선택했다.

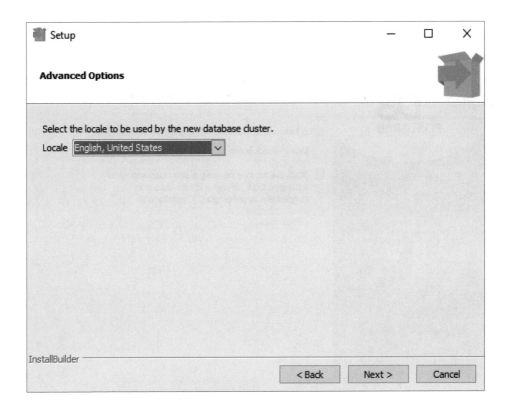

다음으로 Stack Builder를 실행할 수 있는 옵션이 제공되며, 여기에서 PostGIS를 설치할 수 있다. 설치를 시작하려면 Finish를 선택한다. 새 시스템이라면 몇 분이면 설치된다.

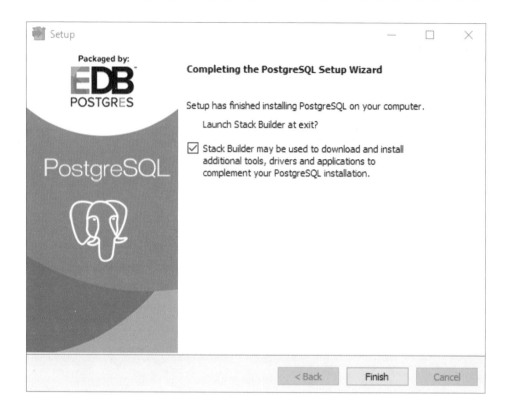

PostgreSQL 설치가 완료됐으며 이제 Stack Builder를 설정한다. Spatial Extensions 아래에서 적절한 버전의 PostGIS 32 또는 64비트 중 올바른 버전을 선택한다. 번들로 pgRouting과 같은 다른 패키지를 포함하고 있음을 주목하자.

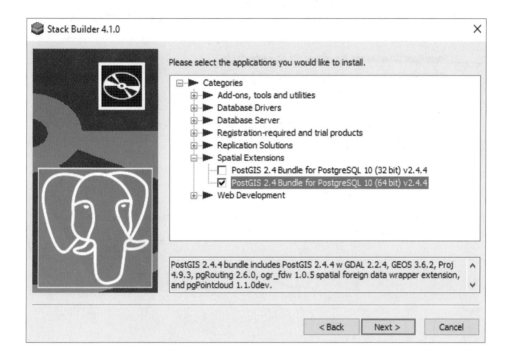

이제 PostGIS 설치 마법사가 시작된다. 라이선스 조건에 동의해야 한다.

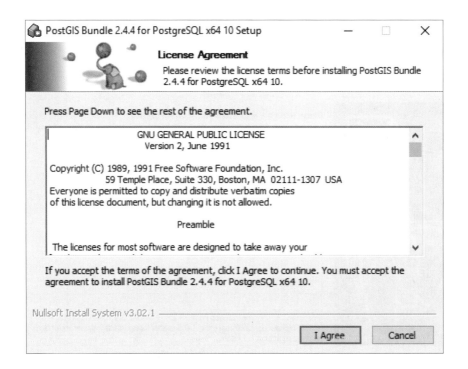

언제든 데이터베이스를 만들 수 있지만, 3장에서는 Create spatial database 체크박스를
선택하고 지금 처리하는 것이 가장 좋다. 그러면 데이터베이스가 설정되고 PostGIS가
설치돼 사용할 준비가 된다.

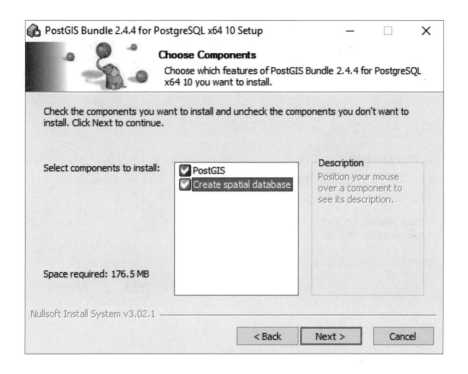

PostGIS는 PostgreSQL이 설치된 곳에 설치를 시도한다.

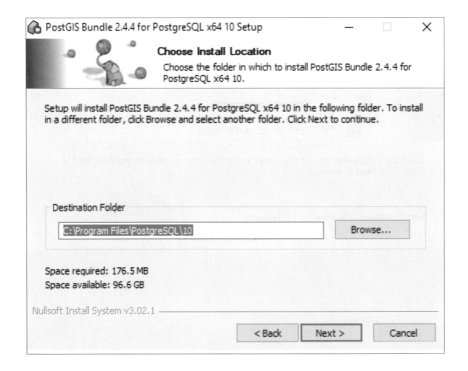

데이터베이스의 사용자 이름, 암호 및 포트를 입력한다. 3장의 예제에서 사용자 이름은 postgres, 비밀번호는 postgres를 사용한다. 다른 사용자 이름과 암호 조합을 선택한 경우 이를 기억해둔다. 실제 제품에서는 기본 사용자 이름과 암호는 잘 알려져 있으므로 사용하지 않는 것이 가장 좋다. 그렇지 않으면 해커들의 쉬운 표적이 된다.

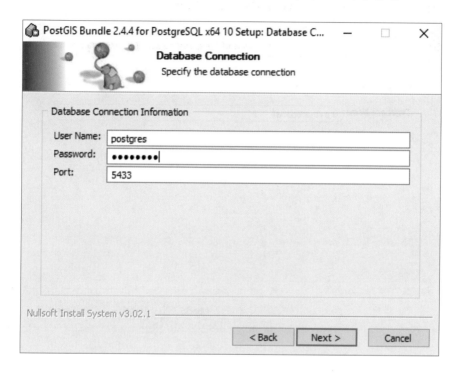

데이터베이스 이름을 입력한다. 살펴볼 예제는 데이터베이스 이름으로 pythonspatial
을 사용할 것이다. 초기 연결에만 이름을 사용한다. 이 예제의 SQL 쿼리는 테이블 이
름을 사용한다.

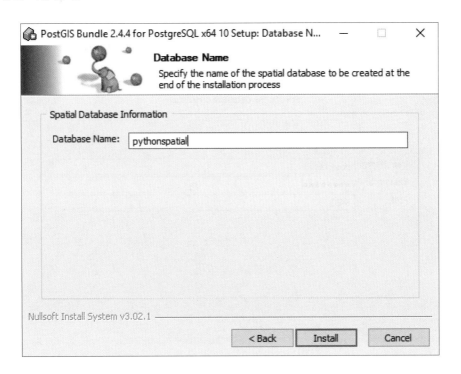

▌맥에 PostgreSQL, PostGIS 설치하기

맥에서 PostgreSQL 및 PostGIS를 설치하려면 Postgres.app을 사용할 수 있다. http://
postgresapp.com/에서 파일을 다운로드할 수 있다. 파일을 다운로드한 후 애플리케
이션 폴더로 이동해 더블클릭한다. Initialize를 클릭한다. localhost:5432에 서버가 있
을 것이다. 사용자 이름과 데이터베이스 이름은 Mac 사용자와 동일하다. 비밀번호는
없다. 그런 다음 psql 명령을 사용해 새 데이터베이스를 생성하고 PostGIS를 사용하도
록 활성화한다.

▌ 파이썬으로 PostgreSQL, PostGIS 작업하기

파이썬에서 PostgreSQL 데이터베이스에 연결하고 작업하려면, psycopg2 같은 라이브러리가 필요하다. 공식 libpq 클라이언트 라이브러리를 감싸는 래퍼를 제공한다. 이 절에서는 라이브러리를 설치하는 방법, 데이터베이스에 연결하는 방법, 테이블을 추가하고 기본 공간 정보 쿼리를 수행하는 방법을 다룰 것이다.

psycopg2로 PostgreSQL 연결하기

pscycopg2는 PostgreSQL과 함께 사용하는 가장 인기 있는 파이썬 라이브러리다. Python DB API 2.0 사양을 완벽하게 구현하고 파이썬 3와 함께 작동한다. 다음 절에서는 라이브러리를 설치하고, 연결을 만들고, 쿼리를 실행하고, 결과를 읽는 방법을 배운다. 전체 문서는 다음 링크를 참고한다.

https://www.psycopg.org/docs/

psycopg2 설치하기

대부분의 Python 라이브러리를 설치하려면 콘솔을 열고 입력해야 한다.

```
pip install psycopg2
```

만약 이 명령이 안 되면, 아나콘다 파이썬 배포본을 사용해서 conda 명령을 사용한다.

```
conda install -c anaconda psycopg2
```

대부분의 Python 라이브러리는 다음 명령으로 다운로드하고 설치할 수 있다.

```
python setup.py install
```

psycopg2는 C 컴파일러보다 진화된 프로그램이기 때문에, 파이썬 헤더 파일, libpq 헤더 파일, pg_config 프로그램이 필요하다. 소스에서 psycopg2를 설치하는 경우, 지침이 있는 링크는 다음 힌트 상자에 있다.

 소스로부터 psycopg2를 설치하기 위한 지침은 다음 링크를 참고한다.
https://www.psycopg.org/docs/install.html#build-prerequisites

데이터베이스에 연결하고 테이블 생성하기

PostGIS를 설치할 때 데이터베이스를 생성했다. 예제에서 이 데이터베이스를 사용할 것이다. PostGIS를 설치하는 동안 데이터베이스를 생성하지 않았다면, 다음과 같이 터미널(윈도우에서 명령 프롬프트)과 명령을 사용할 수 있다.

```
createdb -U postgres pythonspatial
psql -U postgres -d pythonspatial -c "CREATE EXTENSION postgis;"
```

경로를 바꿀 필요가 있을 수 있다. 윈도우에서는 다음과 같은 명령을 사용한다.

```
set PATH=%PATH%;C:\Program Files\PostgreSQL\10\bin
```

데이터베이스에 연결하려면 다음 코드를 사용한다.

```
import psycopg2
connection = psycopg2.connect(database="pythonspatial",user="postgres",
password="postgres")
cursor = connection.cursor()

cursor.execute("CREATE TABLE art_pieces (id SERIAL PRIMARY KEY,
code VARCHAR(255), location GEOMETRY)")
connection.commit()
```

앞에서 언급한 코드는 psycopg2를 임포트하면서 시작한다. 그다음 connect() 함수를 사용하고 데이터베이스 이름, 사용자 및 암호에 관한 매개변수를 전달해 연결한다. 그다음 데이터베이스와 통신할 수 있는 cursor를 만든다. cursor의 execute() 메서드를 사용해 SQL문을 문자열로 전달해 테이블을 만들 수 있다.

이 코드는 SERIAL 타입의 id를 가진 art_pieces 테이블을 만들고 PRIMARY KEY로 만들고, 길이가 255인 VARCHAR 타입의 code, GEOMETRY 타입의 location을 만드는 SQL 명령을 실행한다. SERIAL PRIMARY KEY는 PostgreSQL에 자동으로 증가하는 고유 식별자가 필요함을 알려준다.

BIGSERIAL 타입을 사용할 수도 있다. 다른 타입은 GEOMETRY 타입의 location이다. 이는 레코드의 지리적 부분을 저장하는 열이다. 마지막으로 commit()을 사용해 변경 내용을 저장한다. 완료되면 close()할 수도 있지만, 계속 진행할 것이다.

테이블에 데이터 추가하기

이전 절에서는 테이블을 만들었다. 이번 절에서는 공개된 데이터 사이트에서 데이터를 가져와 다음 절에서 쿼리할 수 있도록 테이블에 추가한다.

대부분의 도시는 개방형 데이터 웹사이트와 포털을 갖고 있다. 앨버커키시는 공간 데이터가 있는 여러 ArcServer가 있다. 다음 코드는 파이썬 라이브러리 requests를 사용해 공공 예술 데이터를 수집한 다음 psycopg2를 사용해 PostgreSQL 데이터베이스 pythonspatial로 전송한다.

```
import requests
url='http://coagisweb.cabq.gov/arcgis/rest/services/public/PublicArt/
MapServer/0/query'
params={"where":"1=1","outFields":"*","outSR":"4326","f":"json"}
r=requests.get(url,params=params)
data=r.json()
data["features"][0]
```

앞에서 언급한 코드는 ArcServer에 관한 URL을 사용해 WGS^{World Geodetic System} 84(outSR: 4326)에서 모든 데이터(where:1=1)와 모든 필드(outfields:*)를 요청하는 쿼리 결과를 가져와 JSON(f:json)으로 반환한다.

 ArcServer는 ESRI에서 만든 GIS 서버다. API를 사용해 GIS 데이터를 서비스하고 JSON을 반환하는 방법을 제공한다. 많은 정부 기관은 ArcServer를 사용해 데이터를 제공하는 개방형 데이터 포털이 있다.

결과는 data 변수에 로드된다. 각 레코드는 배열(data["features"][n])에 있다. 단일 레코드 data["features"][0]는 다음과 같다.

```
{'attributes': {'ADDRESS': '4440 Osuna NE',
 'ARTIST': 'David Anderson',
 'ART_CODE': '101',
 'IMAGE_URL': 'http://www.flickr.com/photos/abqpublicart/6831137393/',
 'JPG_URL': 'http://farm8.staticflickr.com/7153/6831137393_fa38634fd7_m.jpg',
 'LOCATION': 'Osuna Median bet.Jefferson/ W.Frontage Rd',
 'OBJECTID': 951737,
 'TITLE': 'Almond Blossom/Astronomy',
 'TYPE': 'public sculpture',
 'X': -106.5918383,
 'Y': 35.1555,
 'YEAR': '1986'},
 'geometry': {'x': -106.59183830022498, 'y': 35.155500000061544}}
```

data를 사용해 ART_CODE에 코드를 넣고 각 포인트에 관해 WKT를 만들어 feature 배열을 반복한다.

 WKT에 관한 자세한 내용은 위키피디아를 참고한다.
https://en.wikipedia.org/wiki/Well-known_text

데이터를 입력하는 방법은 다음 코드와 같다.

```
for a in data["features"]:
    code=a["attributes"]["ART_CODE"]
    wkt="POINT("+str(a["geometry"]["x"])+" "+str(a["geometry"]["y"])+")"
    if a["geometry"]["x"]=='NaN':
        pass
    else:
        cursor.execute("INSERT INTO art_pieces (code, location) VALUES ({},
        ST_GeomFromText('{}'))".format(code, wkt))
connection.commit()
```

앞의 코드는 각 피처를 반복한다. code에 ART_CODE를 할당한 후 WKT(Point(-106.5918 35.1555))를 만들어 wkt에 할당한다. 이 코드는 ART_CODE를 사용해 데이터베이스에 다른 속성을 로드하는 방법을 보여준다.

데이터는 대부분 깨끗하고 완벽하지 않다. 이 데이터도 예외가 아니다. x 좌표가 없어도 충돌하지 않도록, 누락된 데이터를 건너뛰기 위해 if, else문을 추가했다. 이 개념은 오류 처리 방법이며, requests를 사용할 때 모범 사례다. else문은 데이터가 삽입되는 곳이다. cursor.execute() 사용하면 SQL 쿼리를 실행할 수 있다.

이 쿼리는 code와 location 필드와 함께 데이터베이스에 art_pieces를 삽입한다. code의 첫 번째 값은 플레이스홀더 {}이다. 두 번째 값은 WKT로 지오메트리로 저장한 location 이다. 이 때문에 ST_GeomFromText() 함수와 플레이스홀더 {}를 사용해 삽입한다.

format()은 변수를 전달해 플레이스홀더 code,wkt를 채우는 메서드다. 다음 코드는 플레이스홀더를 채우는 쿼리다.

```
INSERT INTO art_pieces (code, location) VALUES (101, ST_GeomFromText('Point(-106.5918
35.1555)'))
```

앞에서 언급한 코드에서 WKT를 연결 문자열로 생성했다. 이 방법은 Shapely 라이브러리를 사용해 더 깔끔하고 파이썬답게 할 수 있다.

Shapely

다음과 같이 Shapely를 설치한다.

```
pip install shapely
```

혹은 conda를 사용할 수도 있다.

```
conda install -c scitools shapely
```

Shapely로 더 쉽게 지오메트리를 만들고 코드는 더 깔끔하다. 이전 코드에서 포인트의 WKT 표현을 만들려고 문자열을 연결했다. Shapely를 사용해 포인트를 만든 다음 WKT로 변환할 수 있다. 방법은 다음 코드와 같다.

```
from shapely.geometry import Point, MultiPoint

thepoints=[]

for a in data["features"]:
    code=a["attributes"]["ART_CODE"]
    p=Point(float(a["geometry"]["x"]),float(a["geometry"]["y"]))
    thepoints.append(p)
    if a["geometry"]["x"]=='NaN':
        pass
    else:
        cursor.execute("INSERT INTO art_pieces (code, location) VALUES ('{}',
                ST_GeomFromText('{}'))".format(code, p.wkt))
connection.commit()
```

이 코드는 Point와 MultiPoint를 shapely.geometry에서 임포트한다. 강조된 코드라인이 나올 때까지 코드는 이전 버전과 동일하다. 포인트를 만들려면 Point(x, y)를 사용한다. 주피터 노트북에 이미지 그리기 위해 모든 포인트를 thepoints 배열 속에 넣는다. 마지막으로 SQL문에 p.wkt를 ST_GeomFromText()로 전달한다.

주피터 노트북에서는 지오메트리를 저장하는 변수의 이름을 입력하는 것만으로 Shapely 지오메트리를 출력할 수 있다. art 포인트는 thepoints 변수에 있다. MultiPoint 는 포인트의 배열을 사용해 만들 수 있으며, 결과를 출력하면 다음과 같은 이미지를 그린다.

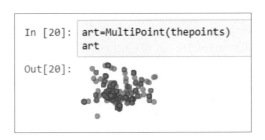

데이터 쿼리하기

테이블을 만들고 코드, 위치 열을 추가한 다음 다른 소스의 데이터를 사용해 테이블을 채운다. 이제 데이터를 쿼리해 데이터베이스에서 가져오는 방법을 배운다. 사용 가능한 공간 SQL 쿼리가 있지만, 데이터를 비공간적으로 활성화된 데이터베이스처럼 선택하면 항상 다음과 같이 사용한다.

```
SELECT * FROM table
```

다음 코드는 일반 SELECT all 쿼리의 결과를 보여준다.

```
cursor.execute("SELECT * from art_pieces")
data=cursor.fetchall()
data
```

결과는 다음과 같다.

```
[(1, '101', '010100000025FFBFADE0A55AC06A658B6CE7934140'), (2, '102', '0101000000CC4E16
E181AA5AC0D99F67B3EA8B4140'), .......,]
```

첫 번째 열 숫자 1, 2, n은 id(SERIAL PRIMARY KEY)이다. 다음 열은 code, 마지막 열은 지오
메트리 값이다. 임의의 숫자와 문자로 보이는 문자열은 WKB^well-known binary^이다. WKB
를 변환하려면 shapely를 사용한다. 다음 코드는 WKB를 shapely 포인트로 변환한 다
음 WKT를 출력한다.

```
from shapely.wkb import loads
aPoint=loads(data[0][2],hex=True)
aPoint.wkt
```

이 코드는 shapely.wkb에서 load() 메서드를 가져온다. hex 파라미터를 추가하고 True로
만들지 않으면 오류가 발생한다. 첫 번째 레코드의 지오그래피 열을 얻으려면 [0]번째
레코드의 [2]번째 칼럼을 표현하는 data[0][2]를 사용한다. 이제 shapely 포인트가 생
겼으니 type(aPoint)을 이용해 검증할 수 있고, aPoint.wkt를 이용해 WKT로 출력할 수
있다. 결과는 다음과 같다.

```
POINT (-106.591838300225 35.15550000006154)
```

만약 PostgreSQL에서 16진수 없이 WKB로 데이터를 반환하길 원하면, ST_AsBinary()
를 사용한다. 코드는 다음과 같다.

```
cursor.execute("SELECT id,code,ST_AsBinary(location) from art_pieces")
data=cursor.fetchall()
data[0][2]
from shapely.wkb import loads
```

```
pNoHex=loads(bytes(data[0][2]))
pNoHex.wkt
```

이 코드는 ST_AsBinary()로 location을 감싼다. 결과를 shapely Point로 로드하려면 bytes()를 사용해야 한다. 그다음 pNoHex.wkt를 사용해 WKT를 볼 수 있다. 앞의 예와 동일한 포인트다. 바이너리는 유용하지만 데이터를 쿼리해 지오메트리를 WKT로 다시 얻을 수도 있다.

```
cursor.execute("SELECT code, ST_AsText(location) from art_pieces")
data = cursor.fetchone()
```

이 코드는 ST_AsText(geometry column)를 사용해 데이터를 WKT로 반환한다. ST_AsText()를 사용해 언제든 지오메트리가 포함된 열을 반환할 수 있다. 이 코드는 fetchall() 대신 fetchone()을 사용해 단일 레코드를 가져온다. 단일 레코드 값은 다음과 같다.

```
('101', 'POINT(-106.591838300225 35.1555000000615)')
```

loads()를 사용해 WKT를 shapely Point로 로드할 수 있지만, 이전 WKB를 사용했을 때처럼 먼저 가져와야 한다.

```
from shapely.wkt import loads
pb=loads(data[1])
pb.coords[:]
```

이 코드는 shapely에서 load를 임포트하지만 이번에는 wkb가 아니라 shapely.wkt를 사용한다. 그렇지 않으면 이전 예제와 같은 방식으로 데이터를 로드한다. pb.coords[:]를 사용해 shapely Point 좌표를 보거나, pb.x와 pb.y를 사용해 개별적으로 볼 수 있다.

pb.coords[:]의 결과는 좌표쌍으로 다음과 같다.

```
[(-106.591838300225, 35.1555000000615)]
```

CRS 변경하기

데이터베이스의 데이터는 WGS 84$^{World\ Geodetic\ System\ 84}$, 위도 및 경도를 사용하고 있다. EPSG 3857의 데이터가 필요하면 어떻게 할까? 쿼리에서 ST_Transform()을 사용해 공간 참조를 변경할 수 있다. 다음 코드는 PostGIS 함수를 사용하는 방법이다.

```
cursor.execute("SELECT UpdateGeometrySRID('art_pieces','location',4326)")
cursor.execute("SELECT Find_SRID('public','art_pieces','location')")
cursor.fetchall()
```

이 코드는 데이터베이스에 2개의 쿼리를 생성한다.

- 첫째, UpdateGeometrySRID()를 사용해 테이블의 지오메트리 열에 공간 참조 시스템 식별자를 할당한다. SRID에 관한 참조 없이 테이블에 포인트를 넣었기 때문에 이 작업이 필요하다. 따라서 다른 좌표 참조 시스템을 사용해 결과를 다시 얻으려고 하면, 데이터베이스는 좌표 변환 방법을 알지 못한다.
- 둘째로, 코드는 데이터베이스를 쿼리해 Find_SRID()를 사용해 테이블의 지오메트리 열에 SRID가 무엇인지 알려준다. 추가된 지오메트리 열이 없는 경우 함수는 실패한다.

이제 테이블의 열에 SRID가 설정돼 있으므로 데이터를 쿼리하고 변환할 수 있다.

```
cursor.execute("SELECT code, ST_AsTexT(ST_Transform(location,3857)) from art_pieces")
cursor.fetchone()
```

이전 코드는 art_pieces에서 텍스트로 기본 code, location을 가져오지만, 현재는 ST_Transform 메서드가 있다. 이 메서드는 지오메트리가 있는 열과 데이터를 다시 보내려는 SRID를 가져온다. 이제 (-106.59, 35.155)의 아트[art] 부분은 3857을 이용해 반환되며, 변환된 좌표는 다음과 같이 표시된다.

```
('101', 'POINT(-11865749.1623 4185033.1034)')
```

버퍼

공간 데이터베이스를 사용하면 공간 데이터를 저장할 수 있지만 데이터에 관한 작업을 수행하고 다른 지오메트리를 가져올 수도 있다. 이 작업 가운데 가장 흔한 것은 버퍼다. 포인트 테이블이 있지만 ST_Buffer()를 사용하면 데이터베이스는 지정된 반지름을 가진 포인트 주변에 폴리곤을 반환한다. 방법은 다음 코드와 같다.

```
cursor.execute("SELECT ST_AsText(ST_Buffer(a.location,25.00,'quad_segs=2')) from pieces
a WHERE a.code='101'")

cursor.fetchall()
```

이 코드는 아트 코드 필드가 101과 동일한 테이블의 레코드를 선택하고, location 주변에 반지름 25의 버퍼를 선택한다. 그 결과는 폴리곤이 되며, 다음과 같다.

 지오그래피를 사용할 때 버퍼가 크거나 두 개의 UTM 영역 사이거나 날짜선을 넘는 경우 예기치 않게 동작할 수 있다.

```
'POLYGON((-106.591563918525 35.1555036055616,-106.591568334295 35.1554595740463,-
106.59158312469 35.1554170960907,...,-106.591570047094
35.155547498531,-106.591563918525 35.1555036055616))'
```

다음 코드를 사용해 폴리곤을 shapely에 로드하면 주피터 노트북에 폴리곤이 그려진다.

```
from shapely.geometry import Polygon
from shapely.wkt import loads
buff=loads(data[0][0])
buff
```

ST_Buffer에서 shapely 폴리곤으로 반환된 버퍼는 다음과 같이 표시된다.

또 원의 1/4을 그리기 위해 사용한 세그먼트 수에 관한 파라미터를 ST_Buffer에 전달할 수 있다. 원을 네 개의 사분면으로 나누면 quad_segs 매개변수가 각 사분면에 그만큼의 세그먼트를 그린다. quad_seg 값 1은 회전된 정사각형을 그리며, 다음과 같다.

반면 quad_seg 값 2는 다음과 같은 8각형을 그릴 수 있다.

90

거리와 주변

이전 절에서는 데이터베이스 버퍼에 포인트를 지정하고 폴리곤을 반환했다. 이번 절에서는 두 포인트 사이의 거리에 관해 데이터베이스에 쿼리하는 방법을 배운다. 그리고 데이터베이스를 쿼리하고 그것이 지정된 포인트로부터의 거리에 기반한 레코드를 반환한다. 거리에 관련된 PostGIS 함수는 ST_Distance(a,b)이다. a와 b를 지오메트리 또는 지오그래피로 전달할 수 있다. geography 결과는 미터 단위로 반환된다. 다음 코드는 데이터베이스에서 두 포인트 사이의 거리를 구한다.

```
cursor.execute("SELECT ST_Distance(a.location::geography,b.location::geography) FROM
art_pieces a, art_pieces b where a.name='101' AND b.name='102'")
dist=cursor.fetchall()
dist
```

이전 코드는 ST_Distance()에 관한 SQL 쿼리를 실행하고, location의 a, b열을 전달하며, 코드는 101과 102이다. ::geography는 PostGIS의 지오메트리를 지오그래피로 캐스팅하는 방법이다. 서로 얼마나 멀리 떨어져 있는가? 9,560.45428363미터 떨어져 있다.

 TIP 마일 단위로 변환하면 dist[0]*0.00062137, 즉 5.940마일 떨어져 있다.

이전 예제에서는 데이터베이스의 두 포인트를 사용했지만, 다음 코드와 같이 하드코딩된 포인트를 전달할 수도 있다.

```
cursor.execute("SELECT ST_Distance(a.location::geography, ST_
GeometryFromText('POINT(-106.5 35.1)')::geography)
FROM art_pieces a where a.name='101'")

cursor.fetchall()
```

이전 코드와 동일하지만 이번에는 하드코딩된 WKT 포인트 b(code=102)로 바꾼다. 쿼리 결과로 포인트 간의 떨어진 거리는 10,391.40637117미터다. 그리고 이전의 예와 같이 다음 코드처럼 포인트의 WKT를 shapely를 사용해서 전달할 수도 있다.

```python
from shapely.geometry import Point
p=Point(-106.5,35.1)
cursor.execute("SELECT ST_Distance(a.location::geography,
                ST_GeometryFromText('{}')::geography)
                FROM art_pieces a where
a.name='101'".format(p.wkt))
cursor.fetchall()
```

이전 코드는 shapely에 포인트를 생성하고 format(p.wkt)을 사용해 WKT를 {} 플레이스홀더에 전달한다. 두 포인트 사이의 거리를 얻을 수 있지만, 만약 다른 포인트로부터 한 포인트 이상의 거리가 필요할 때 어떻게 해야 할까. 이를 위해서는 a.location을 제거하고 location을 첫 번째 포인트로 사용한다. 다음 코드는 지정된 포인트로부터 5개의 포인트와의 거리를 반환한다.

```python
cursor.execute("SELECT code, ST_Distance(location::geography,
                ST_GeometryFromText('POINT(-106.591838300225
                35.1555000000615)')::geography)
                as d from art_pieces LIMIT 5")
cursor.fetchall()
```

결과는 거리를 미터 단위로 나타낸 데이터처럼 보인다.

```python
[('101', 0.0),
 ('102', 9560.45428362),
 ('104', 4741.8711304),
 ('105', 9871.8424894),
 ('106', 7907.8263995)]
```

데이터베이스에서 테이블의 처음 5개 포인트를 지정된 지점으로부터 코드와 거리로 반환했다. LIMIT를 제거하면 모든 포인트를 얻을 수 있다. ORDER BY 절과 KNN 연산자(<->)를 추가하면 이 쿼리를 확장해 지정된 지점에 가장 가까운 5개의 포인트를 얻을 수 있다. 다음 코드를 살펴보자.

```
cursor.execute("SELECT code, ST_Distance(location::geography,
        ST_GeometryFromText('POINT(-106.591838300225
        35.1555000000615)')::geography) as d from art_pieces
        ORDER BY location<-
        >ST_GeometryFromText('POINT(-106.591838300225
        35.1555000000615)') LIMIT 5")
cursor.fetchall()
```

이 코드의 핵심 요소는 KNN[k-nearest neighbor] 기호 <->이다. 이를 사용해 두 지오메트리 사이의 거리를 반환한다. ORDER BY location<->ST_GeometryFromText()를 사용해 두 개의 지오메트리를 지정한다. LIMIT를 5로 설정했기 때문에, 데이터베이스는 원점을 포함해 지정된 한곳에서 가장 가까운 5개의 포인트를 반환한다. 결과는 다음 포인트들과 유사하다.

```
[('101', 0.0),
 ('614', 1398.08905864),
 ('492', 2384.97632735),
 ('570', 3473.81914218),
 ('147', 3485.71207698)]
```

코드 값이 101에서 106 사이가 아니거나 데이터베이스상의 처음 5개가 아니며, 거리가 0.0에서 증가한다는 점에 주목한다. 가장 가까운 지점인 코드 101은 조회에서 지정한 포인트이기 때문에 0.0m 떨어져 있다.

데이터베이스에서의 선

3장의 첫 절은 포인트 처리에 초점을 맞췄다. 이제 관심을 선으로 돌릴 것이다. 다음 예에서는 새 테이블을 만들고 세 줄을 삽입한다. 실행할 코드는 다음과 같다.

```
from shapely.geometry import LineString
from shapely.geometry import MultiLineString

connection = psycopg2.connect(database="pythonspatial",user="postgres",
    password="postgres")

cursor = c.cursor()
cursor.execute("CREATE TABLE lines (id SERIAL PRIMARY KEY, location GEOMETRY)")
thelines=[] thelines.append(LineString([(-106.635585,35.086972),(-106.621294,35
.124997)])) thelines.append(LineString([(-106.498309,35.140108),(-106.497010,35
.069488)])) thelines.append(LineString([(-106.663878,35.106459),(-106.586506,35
.103979)]))
mls=MultiLineString([((-106.635585,35.086972),(-106.621294,35.12499 7)),((-
106.498309,35.140108),(-106.497010,35.069488)),((-106.663878 ,35.106459),(-
106.586506,35.103979))])
for a in thelines:
    cursor.execute("INSERT INTO lines (location) VALUES
    (ST_GeomFromText('{}'))".format(a.wkt))
connection.commit()
```

이 코드에 익숙해야 한다. 파이썬 공간 데이터베이스에 연결해 커서를 얻은 다음, id와 지오메트리 타입의 위치가 있는 테이블을 생성한다. shapely에서 LineString과 Multiline을 가져와야 주피터 노트북에 선을 그릴 수 있다. lines 배열을 생성하고 커서를 사용해 테이블에 각 선을 삽입한다. 변경 사항을 commit()한다.

행이 데이터베이스에 추가됐는지 확인하려면 다음 코드를 실행한다.

```
cursor.execute("SELECT id, ST_AsTexT(location) from lines")
data=cursor.fetchall()
data
```

이 코드는 새 테이블에서 기본 select 구문을 실행한다. 결과에는 다음과 같이 3개의 레코드가 있어야 한다.

```
[(1, 'LINESTRING(-106.635585 35.086972,-106.621294 35.124997)'),
 (2, 'LINESTRING(-106.498309 35.140108,-106.49701 35.069488)'),
 (3, 'LINESTRING(-106.663878 35.106459,-106.586506 35.103979)')]
```

mls 변수(이전 코드의 다중 행을 포함하는 변수)를 출력하면 다음 이미지와 같은 선을 볼 수 있다.

이제 데이터베이스 테이블에 몇 개의 선이 있으니 측정을 통해 교차하는지 확인할 수 있다.

선의 길이

포인트는 길이가 없고 교차하면 동일한 좌표를 갖는다. 그러나 선은 길이가 있고 선을 만드는 데 사용되는 두 포인트 사이에서 테이블에 지정되지 않은 포인트가 교차할 수 있다.

다음 코드는 모든 선의 길이를 반환한다.

```
cu.execute("SELECT id, ST_Length(location::geography) FROM lines ") cu.fetchall()
```

이 코드는 ST_Length 함수를 사용한다. 이 함수는 지오메트리와 지오그래피를 모두 수용한다. 이 예에서는 ::geography를 미터를 반환되도록 변환하는 데 사용했다.

결과는 다음과 같다.

```
[(1, 4415.21026808109),
 (2, 7835.65405408195),
 (3, 7059.45840502359)]
```

이전 쿼리에 ORDER BY 절을 추가하면 데이터베이스는 최단에서 최장까지 선을 반환한다. 추가된 코드는 다음과 같다.

```
cu.execute("SELECT id, ST_Length(location::geography)
FROM lines ORDER BY ST_Length(location::geography)")
cu.fetchall()
```

ORDER BY를 추가하면 다음과 같이 2와 3의 위치가 바뀐다.

```
[(1, 4415.21026808109),
 (3, 7059.45840502359),
 (2, 7835.65405408195)]
```

선 교차하기

선의 길이를 알고, 주피터 노트북에 선을 그리면 선 1과 3이 교차한다는 것을 알 수 있다. PostGIS에서, ST_Intersects() 함수에 지오메트리나 지오그래피 중 하나를 전달해서 사용할 수 있다. 데이터베이스는 true 또는 false를 반환한다. 다음 코드는 선 1과 3에 관해 쿼리를 실행하고 true를 반환한다.

```
cu.execute("SELECT ST_Intersects(l.location::geography,ll.location::geometry)
FROM lines l, lines ll WHERE l.id=1 AND ll.id=3")
cu.fetchall()
```

이전 코드는 선 1과 선 3이 교차하기 때문에 true를 반환하지만 어디에서 교차할까? ST_Intersection()을 사용하면 두 선이 만나는 포인트를 반환한다.

```
cu.execute("SELECT ST_AsText(ST_Intersection(l.location::geography,
                 ll.location::geometry)) FROM lines l, lines ll
   WHERE l.id=1 AND ll.id=3")
cu.fetchall()
```

ST_Intersections를 ST_Intersection으로 바꾸면 두 선 사이의 교차점을 얻을 수 있다. 교차점은 다음과 같다.

```
[('POINT(-106.628684465508 35.1053370957485)',)]
```

폴리곤

PostGIS를 이용해 폴리곤을 저장할 수도 있다. 다음 코드는 단일 폴리곤으로 새 테이블을 만든다.

```
from shapely.geometry import Polygon

connection = psycopg2.connect(database="pythonspatial",user="postgres",
password="postgres")
cursor = conectionn.cursor()
cursor.execute("CREATE TABLE poly (id SERIAL PRIMARY KEY, location GEOMETRY)") a=Polyg
on([(-106.936763,35.958191),(-106.944385,35.239293),
   (-106.452396,35.281908),(-106.407844,35.948708)])
cursor.execute("INSERT INTO poly (location)
     VALUES (ST_GeomFromText('{}'))".format(a.wkt))
connection.commit()
```

이 코드는 포인트 및 선 예제와 거의 동일하다. 데이터베이스에 연결하고 커서를 가져온다. 테이블을 만들려면 execute()를 사용한다. shapely를 임포트하고 지오메트리를 생성한 다음 테이블에 삽입한다. 마지막으로 변경 사항을 commit()한다.

앞의 예들은 데이터베이스에서 모든 것을 가져와 주피터 노트북에 지오메트리를 그렸다. 다음 코드는 이 단계를 건너뛰고 대신 폴리곤 영역을 반환한다.

```
cur.execute("SELECT id, ST_Area(location::geography) from poly")
cur.fetchall()
```

ST_Area()와 지오그래피로 캐스팅된 지오메트리를 사용하면 이전 코드는 다음과 같은 제곱미터 값을 반환한다.

```
[(1, 3550790242.52023)]
```

이제 테이블에 폴리곤이 있으니, 폴리곤 안에서 포인트를 찾는 방법을 배운다.

폴리곤 내부의 포인트

가장 흔한 문제 중 하나는 포인트가 폴리곤 안에 있는지를 결정하는 것이다. PostGIS로 이 문제를 해결하려면 ST_Contains 또는 ST_Intersects를 사용할 수 있다. St_Contains는 두 개의 지오메트리를 취하며 첫 번째가 두 번째를 포함하는지를 결정한다.

 순서가 중요하고 a는 b를 포함하고 이는 b, a를 사용하는 ST_Within과는 정반대다.

ST_Contains를 사용하면 지오메트리 b의 어떤 부분도 지오메트리 a를 벗어날 수 없다. 다음 코드는 PIP[point in polygon] 문제를 해결한다.

```
isin=Point(-106.558743,35.318618)
cur.execute("SELECT
ST_Contains(polygon.location,ST_GeomFromText('{}'))
     FROM poly polygon WHERE
polygon.id=1".format(isin.wkt))
cur.fetchall()
```

이 코드는 포인트를 생성한 다음 ST_Contains(폴리곤, 포인트)를 사용하고 True를 반환한
다. 포인트는 폴리곤 내에 있다. 다른 유효한 지오메트리와 함께 ST_Contains를 사용할
수 있다. True가 되려면 전체 지오메트리를 포함해야 함을 기억한다.

포인트가 폴리곤 내에 있는지를 결정하는 또 다른 방법은 ST_Intersects를 사용하는 것
이다. ST_Intersects는 폴리곤 내에 포인트 또는 다른 지오메트리가 있거나, 겹치거나
닿으면 true를 반환한다. ST_intersects는 지오메트리나 지오그래피를 가질 수 있다.

다음 코드는 ST_Intersects를 사용해 PIP를 실행한다.

```
isin=Point(-106.558743,35.318618)
cur.execute("SELECT ST_Intersects(ST_GeomFromText('{}')::geography,polygon.location::ge
ometry)
                    FROM poly polygon WHERE polygon.id=1".format(isin.wkt))
cur.fetchall()
```

이 코드는 ST_Contains 함수를 사용하며 지오메트리를 사용한 예제와 다르다. 또한 True
를 반환한다. 폴리곤과 선을 사용할 때, 선의 일부가 폴리곤에 닿아 있거나 내부에 있는
경우 ST_Intersects는 True를 반환한다. 이는 ST_Contains와 다르다. ST_Intersection을
사용하면 교차점을 나타내는 지오메트리를 얻을 수 있다. 앞의 lines 예에서는 포인트
이다. 다음에 보게 될 폴리곤과 선의 경우 선이 될 것이다. 다음 코드는 ST_Intersection
을 사용해 폴리곤과 교차하는 LineString을 얻는다.

```
isin=LineString([(-106.55,35.31),(-106.40,35.94)])
cur.execute("SELECT ST_AsText(ST_Intersection(polygon.location,ST_GeomFromText('{}')))
                FROM poly polygon WHERE polygon.id=1".format(isin.wkt))
cur.fetchall()
```

이 코드는 앞의 예와 거의 동일하다. 단, intersects 대신 intersection을 사용했다. 그 결과는 LINESTRING이다.

```
[('LINESTRING(-106.55 35.31,-106.411712640251 35.8908069109443)',)]
```

▌ 요약

3장에서는 PostgreSQL, PostGIS뿐만 아니라 psycogp2, Shapely 설치까지 다뤘다. 그 다음 공간 데이터베이스로 작업할 때 사용하는 주요 기능에 관해 개략적으로 설명했다. 이제 데이터베이스에 연결하고, 데이터를 삽입하는 쿼리를 실행하고, 데이터를 가져오는 방법에 익숙해졌다. 또한 새로운 지오메트리와 거리 및 지오메트리 영역을 반환하는 기능도 다뤘다.

이러한 기능이 어떻게 작동하는지 이해하려면 PostGIS 문서를 읽고 해당 기능에 관한 SQL문을 작성하는 데 익숙해야 한다.

4장에서는 GIS의 주요 데이터 타입과 파이썬 코드 라이브러리를 사용해 지리공간 데이터를 읽고 쓰는 방법을 배운다. 데이터 타입 간 변환 방법과 지리공간 데이터베이스와 원격 데이터 소스에서 데이터를 업로드하고 다운로드하는 방법을 익힌다.

데이터 타입, 저장 공간 및 변환

4장에서는 GIS 내에 존재하는 다양한 데이터 타입을 중점적으로 다루며, GIS의 주요 데이터 타입에 관한 개요와 이전에 적용된 파이썬 코드 라이브러리를 사용해 지리공간 데이터를 읽고 쓰는 방법을 설명한다. 다양한 지리공간 데이터 타입을 읽고 쓰는 것 외에도 이런 라이브러리를 사용해 다른 데이터 타입 간에 파일 변환을 수행하는 방법과 지리공간 데이터베이스와 원격 소스에서 데이터를 다운로드하는 방법을 배운다.

4장에서는 벡터, 래스터 데이터 타입을 다룬다.

- Shapefiles
- GeoJSON
- KML

- GeoPackages
- GeoTIFF

2장, '지리공간 코드 라이브러리 소개'에서 다룬 파이썬 지리공간 데이터 라이브러리를 사용해 다음 파일 처리도 다룬다.

- 기존 파일 열기
- 서로 다른 속성(공간, 비공간) 읽고 나타내기
- 다른 포맷에 새로운 지리공간데이터 생성하고 쓰기
- 파일 포맷 변경하기
- 지리공간 데이터 다운로드하기

데이터를 읽고 쓰기 위한 몇 가지를 코딩하기 전에 가장 많이 사용하는 GIS 데이터 타입에 관한 개요를 제공할 것이다. 다음으로 지리공간 데이터를 읽고, 쓰고, 다운로드하고, 변환하기 위해 다양한 파이썬 라이브러리를 사용하는 방법을 설명하는 몇 가지 예를 사용한다. 먼저 지리공간 데이터가 나타내는 것과 벡터와 래스터 데이터의 차이점에 관한 설명부터 시작한다.

█ 래스터, 벡터 데이터

가장 많이 사용하는 GIS 데이터 타입 중 일부를 살펴보기 전에 지리적 데이터가 나타내는 정보 유형에 관해 약간의 배경지식이 필요하다. 이 책 앞부분에서는 래스터 데이터와 벡터 데이터의 구분을 언급했다. 모든 GIS 데이터는 하나 또는 다른 것으로 구성되지만 벡터와 래스터의 조합도 가능하다.

사용할 데이터 타입을 결정할 때 데이터로 표현할 지리 정보의 규모와 타입을 고려한다. 그러면 파이썬 데이터 라이브러리로 어떤 것을 사용할지 결정하게 된다. 다음 예에서 알 수 있듯이 특정 파이썬 라이브러리에 관한 선택도 개인의 선호도에 따라 달라질 수 있으며 동일한 작업을 수행하는 다양한 방법이 있다.

지리공간 세계에서 래스터 데이터는 항공 형상 또는 위성 데이터의 형태로 제공되며, 각 픽셀은 다른 색이나 색조에 해당하는 값을 갖는다. 래스터 데이터는 세계 각지의 다양한 온도 구역을 구분하는 것과 같은 거대하게 연결된 영역에 사용된다. 다른 인기 있는 응용 분야로는 고도, 녹지, 강수량 지도 등이 있다.

래스터는 벡터 맵을 만들 때 입력으로 사용될 수 있다. 일례로 도로나 건물과 같은 물체를 구별할 수 있다(예: 구글 맵으로 이동할 때 표준 맵 뷰). 벡터 데이터 자체는 행정 경계와 같은 지리적 공간에서 특징을 구별하기 위한 포인트, 선, 폴리곤으로 구성된다. 이는 연관 데이터 모델에 설명된 서로 공간적 관계가 있는 개별 포인트로 구성된다. 벡터는 확대하면 할수록 같은 선명도를 유지하지만, 래스터 데이터는 더 거칠어 보인다.

이제 지리적 데이터가 무엇을 표현하는지 알았으니 벡터 및 래스터 데이터에 가장 많이 사용하는 지리공간 데이터 포맷을 논의해보자.

쉐이프파일

쉐이프파일은 오늘날 지리적 벡터 데이터에 가장 자주 사용되는 데이터 포맷일 것이다. 이 파일 포맷은 Esri와 다른 GIS 소프트웨어 제품 간의 데이터 상호 운용성을 위한 공개 규격에 기초해 Esri에 의해 개발됐다. 비록 많은 다른 파일 포맷이 쉐이프파일을 대체하기 위해 도입됐지만, 널리 사용되는 파일 포맷으로 남아 있다. 오늘날 파이썬의 많은 서드파티 프로그래밍 모듈은 쉐이프파일을 읽고 쓰기 위해 존재한다.

쉐이프파일이라는 이름은 이 파일과 관련된 파일이 하나뿐임을 의미하지만, 실제로 하나의 쉐이프파일이 올바르게 작동하려면 동일한 디렉터리에 저장돼야 하는 3개 이상의 파일을 필요로 한다.

- 특징 지오메트리가 있는 .shp 파일
- 지오메트리 특징을 앞뒤로 빠르게 찾을 수 있게 위치 인덱스가 있는 .shx 파일
- 각 쉐이프의 열 속성을 가진 .dbf 파일

쉐이프파일은 고유한 구조를 갖고 있다. 주 파일(.shp)은 단일 고정 길이 헤더로 구성되고 하나 이상의 가변 길이 레코드로 구성된 지오메트리 데이터를 포함한다.

GeoJSON

GeoJSON은 JSON 기반의 파일 포맷으로 단시간에 인기를 끌었다. GeoJSON은 지리적 특징을 키-값 쌍으로 저장하기 위해 JavaScript 객체 표기법(JSON)인 개방형 데이터 표준을 사용한다. 파일을 쉽게 읽을 수 있고 간단한 텍스트 편집기를 사용해 만들 수 있으며 현재는 공간 데이터베이스, 오픈 데이터 플랫폼 및 상용 GIS 소프트웨어에서 흔히 볼 수 있다. GeoJSON을 사용하면 포인트, 선, 폴리곤과 같은 다양한 유형의 지리공간 벡터 데이터를 사용할 수 있다. GeoJSON은 파일 이름 확장자로 .json 또는 .geojson을 사용한다. 이는 파일 이름이 GeoJSON 파일이 되기 위해 꼭 .geojson일 필요는 없음을 의미한다.

KML

KML^{Keyhole Markup Language}은 포맷을 개발한 회사를 말한다. Google 어스, Esri ArcGIS Explorer, Adobe Photoshop 및 AutoCAD와 같은 다양한 애플리케이션을 사용해 시각화할 수 있는 지리적 데이터를 저장하는 데 사용할 수 있다. KML은 XML을 기반으로 하며, 중첩 구조와 속성이 있는 태그 기반 구조를 사용한다. KML 파일은 확장자가 .kmz로 압축된 KML 파일인 KMZ 파일로 배포되는 경우가 많다. KML은 기준 시스템에 관해 1984년 WGS84(세계지구좌표시스템)에 의해 정의된 경도, 위도 및 고도 좌표를 사용한다.

GeoPackage

개방형 공간 정보 컨소시엄^{OGC, Open Geospatial Consortium}의 GeoPackage(GPKG)는 벡터와 래스터 데이터를 모두 지원하는 지리 정보 시스템을 위한 개방형 데이터 포맷이다. 이 포맷은 2014년 OGC에 의해 정의돼 발표됐으며, 이후 다양한 정부, 상용 및 오픈소스 단체로부터 폭넓은 지지를 받았다. GeoPackage 데이터 형식은 모바일 사용자를 염두에 두고 개발됐다. 이를 통해 클라우드 저장소와 USB 드라이브에서 빠르게 공유할 수 있으며, 연결되지 않은 모바일 애플리케이션에서 활용된다. GeoPackage 파일은 데이터와 메타데이터 테이블을 결합한 확장 SQLite 3 데이터베이스 파일(*.gpkg)로 만들어 졌다.

▍래스터 데이터 포맷

다음은 오늘날 지리 정보에 사용되는 가장 인기 있는 래스터 데이터 포맷이다.

- ECW: 일반적으로 항공 및 위성 사진용으로 압축된 이미지 포맷이다. 영상에서 화질 대비를 유지하면서 압축률이 높은 것으로 알려져 있다.
- Esri grid: 래스터 파일에 속성 데이터를 추가한 파일 포맷이다. 정수 및 부동소수점 그리드로 사용할 수 있다.
- GeoTIFF: GIS 및 위성 원격 탐사 애플리케이션을 위한 업계 이미지 표준 파일이다. 거의 모든 GIS와 이미지 처리 소프트웨어 패키지는 GeoTIFF 호환성을 갖고 있다.
- JPEG 2000: 손실 없는 압축과 무손실 압축을 모두 허용하는 오픈소스 압축 래스터 포맷이다. 일반적으로 JP2 파일 확장자를 가진다. 20:1의 압축비가 가능한데, MrSID 형식과 비슷하다.
- MrSID^{Multi-Resolution Seamless Image Database}:손실 압축과 무손실 압축을 모두 허용하는 압축 웨이블릿 포맷이다. LizardTech의 독점적인 MrSID 포맷은 압축이 필

요한 정형 촬영에 일반적으로 사용된다. MrSID 이미지는 SID의 확장자를 갖고 있고 SDW 파일 확장자를 가진 월드 파일과 함께 쓰인다.

GeoPandas로 벡터 데이터 읽고 쓰기

실습 시간이다. 먼저 GeoPandas 라이브러리를 사용해 GeoJSON 형식의 벡터 데이터를 읽고 쓰는 것으로 시작하고, 모든 예제들은 아나콘다 3와 함께 미리 설치한 주피터 노트북에서 실행 가능한 애플리케이션이다. 2장, '지리공간 코드 라이브러리 소개'에서 모든 지리공간 파이썬 라이브러리를 설치했다면 시작해도 좋다. 그렇지 않다면, 설치를 먼저 한다.

서로 다른 의존성과 버전 설정으로 인해 Python 라이브러리의 다른 조합을 위한 가상 환경을 생성할 수 있다. 새 주피터 노트북과 브라우저 창을 열고 http://www.naturalearthdata.com/downloads/로 이동해 편리한 위치에서 Natural Earth 퀵스타트킷을 다운로드한다. 2장의 나머지 부분에서 다른 지리적 데이터 파일들과 함께 이 데이터 일부를 사용한다.

먼저 GeoPandas 라이브러리에 액세스할 수 있는 주피터 노트북에 다음 코드를 입력하고 다음 코드를 실행한다.

```
In: import geopandas as gpd
df = gpd.read_file(r'C:\data\gdal\NE\10m_cultural \ne_10m_admin_0_boundary_lines_land.shp')
df.head()
```

결과는 다음과 같다.

	featurecla	name	comment	adm0_usa	adm0_left	adm0_right	adm0_a3_l	adm0_a3_r	sov_a3_l	sov_a3_r	type	labelrank	scalerank	min_zoom	mir
0	Indefinite (please verify)	None	None	1	Canada	United States of America	CAN	USA	Wat	US1	Water Indicator	2	1	2.0	
1	International boundary (verify)	None	None	1	Sweden	Norway	SWE	NOR	SWE	NOR	Water Indicator	2	1	0.0	
2	International boundary (verify)	None	None	1	Denmark	Germany	DNK	DEU	DN1	DEU	Water Indicator	5	1	0.0	
3	International boundary (verify)	None	None	1	Singapore	Malaysia	SGP	MYS	SGP	MYS	Water Indicator	3	1	0.0	
4	International boundary (verify)	None	None	1	Uruguay	Argentina	URY	ARG	URY	ARG	Water Indicator	2	1	0.0	

이 코드는 첫 번째 줄에서 GeoPandas 라이브러리를 임포트하면서 이름을 짧게 해 나중에 사용할 때 마다 공간을 절약한다. 두 번째 줄은 디스크의 데이터를 읽는데, 이 경우 육지 경계선이 있는 쉐이프파일을 읽는다. 행과 열이 있는 엑셀 테이블과 유사한 2D 객체를 가리키는 pandas 데이터프레임 변수에 할당된다. GeoPandas는 pandas의 서브 클래스로 비슷한 데이터 구조지만 이름은 다르다. GeoPandas의 데이터프레임은 GeoDataFrame이라고 한다.

세 번째 줄은 첫 다섯 줄로 제한된 속성 테이블을 출력한다. 코드를 실행한 후, 별도 셀의 출력에 참조된 쉐이프파일의 속성 데이터가 나열된다. FID 열에 이름이 없고 지오메트리 열이 마지막 열로 추가된 것을 알 수 있다.

read_postgis() 명령을 사용해서 데이터를 읽을 수 있고 PostGIS 데이터베이스를 통해 데이터를 읽을 수도 있다. 다음으로 주피터 노트북에 있는 데이터를 표시할 것이다.

```
In: %matplotlib inline df.plot(color='black')
```

이 코드 결과는 다음과 같다.

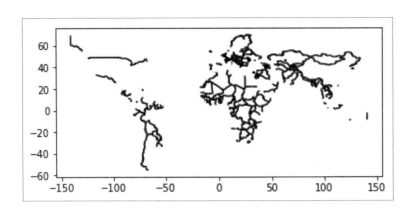

첫 번째 줄은 이른바 매직 명령어(%)로, 주피터 노트북 안에서만 사용되며 주피터 노트북의 셀 내부에서 matplotlib 라이브러리의 플롯 기능을 이용하라고 지시한다. 이렇게 하면 IDE 작업과는 반대로 지도 데이터를 직접 표시할 수 있다. 두 번째 줄에는 데이터 프레임을 검은색(기본 색상은 파란색)으로 표시하라고 명시했다. 결과는 검은 선으로 보이는 육지 경계만 있는 세계지도와 비슷하다.

다음으로 GeoPandas 데이터 객체의 몇 가지 속성을 살펴보자.

```
In: df.geom_type.head()

Out: 0 LineString
     1 LineString
     2 MultiLineString
     3 LineString
     4 LineString
     dtype: object
```

이 결과는 속성 테이블의 처음 5개의 항목이 라인 문자열과 여러 라인 문자열로 이뤄져 있다는 것을 말해준다. 모든 항목을 출력하려면 .head() 없이 동일한 코드 행을 사용한다.

```
In: df.crs
Out: {'init': 'epsg:4326'}
```

crs 속성은 데이터프레임의 좌표 참조 시스템CRS, coordinate reference system을 말한다. 이 경우 국제 석유 및 가스 생산자 협회IOGP, International Association of Oil and Gas Producers가 정의한 코드인 epsg:4326을 참조한다. EPSG에 관한 자세한 내용은 www.spatialreference.org을 살펴보기 바란다. CRS는 공간 데이터셋에 관한 필수 정보를 제공한다. EPSG 4326은 지구 표준 좌표계인 WGS 1984로도 알려져 있다.

다음과 같이 CRS를 메르카토르 투영으로 변경해 더 수직으로 확장된 이미지를 표시할 수 있다.

```
In: merc = df.to_crs({'init': 'epsg:3395'})
    merc.plot(color='black')
```

이 코드 결과는 다음과 같다.

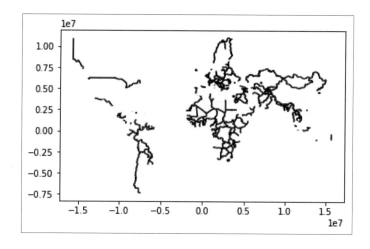

데이터프레임의 쉐이프파일 데이터를 json으로 변환한다고 가정해 보자. GeoPandas
는 한 줄의 코드로 이 작업을 수행하며, 출력은 새로운 셀에 표시된다.

```
In: df.to_json()
```

이전 명령은 데이터를 새 포맷으로 변환했지만 새 파일에 쓰지는 않았다. 새로운
Geojson 파일에 데이터프레임을 쓰는 방법은 다음과 같다.

```
In: df.to_file(driver='GeoJSON',filename=r'C:\data\world.geojson')
```

공간 데이터를 가진 JSON 파일은 별도의 .geojson 파일 확장자가 분리돼도 GeoJson
파일이다. JSON 파일 확장자로 혼동하지 않는다. 파일 변환을 위해 GeoPandas는
Fiona 라이브러리에 의존한다. 사용 가능한 모든 드라이버(운영체제와 장치가 서로 통신하
기 위한 소프트웨어 컴포넌트)를 나열하려면 다음 명령을 사용한다.

```
In: import fiona; fiona.supported_drivers
```

▌ GR로 벡터 데이터 읽고 쓰기

이제 벡터를 읽고 쓰기 위해 OGR로 돌아가 같은 작업을 수행하기 위한 OGR과
GeoPandas 기능을 비교한다. 진행하면서 언급된 지침을 따르려면 MTBS 산불 데이
터 https://edcintl.cr.usgs.gov/downloads/sciweb1/shared/MTBS_Fire/data/com
posite_data/fod_pt_shapefile/mtbs_fod_pts_data.zip를 다운로드해 PC에 저장한다.
여기서 분석할 파일은 mtbs_fod_pts_20170501 쉐이프파일의 속성 테이블로, 20,340
개의 행과 30개의 열이 있다.

먼저 터미널 창에서 벡터 데이터를 설명하는 데 사용하는 ogrinfo 명령으로 시작한다. 파이썬 명령은 아니지만, 간단한 접두사(사용된 명령 앞에 느낌표 추가)로 주피터 노트북에서 쉽게 실행할 수 있기 때문에 여기에 포함시킨다. 예를 들면 Fiona 드라이버 명령과 유사한 다음 명령을 실행한다.

```
In: !ogrinfo --formats
```

이 명령은 일반 옵션 --formats를 사용해 ogrinfo가 접근할 수 있는 사용 가능한 포맷을 나열한다. 그 결과는 또한 GDAL/OGR 포맷만 읽거나 열 수 있는지, 또는 그 포맷으로 새로운 레이어를 쓸 수 있는지 알려준다.

결과에서 볼 수 있듯이 OGR에는 지원하는 파일 포맷이 많다. 목록에 있는 Esri 쉐이프파일을 보면 (rw+v)의 추가는 OGR이 Esri 쉐이프파일에 관해 읽기, 쓰기, 업데이트(생성을 의미) 및 가상 포맷을 지원함을 의미한다.

```
In: !ogrinfo -so "pts" mtbs_fod_pts_20170501
```

이전 명령은 데이터 소스의 모든 계층에 관한 요약 정보를 나열하며, 이 경우 "pts"라고 하는 폴더의 모든 쉐이프파일이다. -so의 추가는 요약 옵션을 의미한다. 이 명령어는 CRS와 같은 GeoPandas에서 본 것과 유사한 정보가 나열돼 있음을 알 수 있다. 동일한 코드 라인이지만 -so가 없으면 모든 특징과 속성이 출력돼 처리하는 데 시간이 걸린다.

이는 GeoPandas에서 GeoDataFrame을 생성하는 것과 유사하지만, 모든 속성 정보는 테이블 형식을 보존하는 대신 새 줄에서 특징별로 출력된다.

```
In: !ogrinfo "pts" mtbs_fod_pts_20170501
```

이 쉐이프파일을 GeoJSON 파일로 변환하려면 다음 명령을 사용한다.

```
In: !ogr2ogr -f "GeoJSON" "C:\data\output.json"
    "C:\data\mtbs_fod_pts_data\mtbs_fod_pts_20170501.shp"
```

-f 접두사는 포맷을 의미하며, 그다음은 출력 드라이버 이름, 출력 파일 이름, 위치 및 입력 파일을 나타낸다. 예를 들어 잘못된 기능이 있는 경우처럼 파일 변환을 수행하는 동안 오류 경고를 받을 수 있지만 출력 파일은 기록된다.

OGR은 또한 KML 파일을 읽고 쓰는 기능도 있다. 이 KML 샘플 파일(https://developers. google.com/kml/documentation/KML_Samples.kml)을 다운로드하고 다음 코드를 실행해 내용을 읽어본다.

```
In:    !ogrinfo "C:\Users\UserName\Downloads\KML_Samples.kml" -summary

Out:  Had to open data source read-only.INFO: Open of
      `C:\Users\UserName\Downloads\KML_Samples.kml' using driver
      `KML' successful.
         1: Placemarks (3D Point)
         2: Highlighted Icon (3D Point)
         3: Paths (3D Line String)
         4: Google Campus (3D Polygon)
         5: Extruded Polygon (3D Polygon)
         6: Absolute and Relative (3D Polygon)
```

OGR에 관한 파이썬다운 접근 방법을 위해 OGR을 사용해 데이터를 읽고 쓰는 방법에 관한 몇 가지 예를 살펴본다.

다음 코드는 OGR을 사용해 산불 쉐이프파일의 30개 필드 이름을 모두 나열한다.

```
In: from osgeo import ogr
    source = ogr.Open(r"C:\data\mtbs_fod_pts_data\
    mtbs_fod_pts_20170501.shp")
```

```
    layer = source.GetLayer()
    schema = []
    ldefn = layer.GetLayerDefn()
    for n in range(ldefn.GetFieldCount()):
        fdefn = ldefn.GetFieldDefn(n)
        schema.append(fdefn.name)
    print(schema)

Out: ['FIRE_ID', 'FIRENAME', 'ASMNT_TYPE', 'PRE_ID', 'POST_ID', 'ND_T',
    'IG_T', 'LOW_T',
    'MOD_T', 'HIGH_T', 'FIRE_YEAR', 'FIRE_MON', 'FIRE_DAY', 'LAT',
    'LONG', 'WRS_PATH',
    'WRS_ROW', 'P_ACRES', 'R_ACRES', 'STATE', 'ADMIN', 'MTBS_ZONE',
    'GACC',
    'HUC4_CODE','HUC4_NAME', 'Version', 'RevCode', 'RelDate',
    'Fire_Type']
```

앞의 코드에서 알 수 있듯이, 작은 코드를 사용해 모든 속성 데이터를 하나의 GeoDataFrame에 직접 로드하는 GeoPandas를 사용하는 것보다 조금 더 복잡하다. OGR을 사용하면 계층 정의에서 참조하고 빈 목록에 추가하는 개별 특징을 반복해야 한다. 그러나 먼저 GetLayer 함수를 사용해야 한다. 이는 OGR이 읽는 파일 포맷에 자동으로 적용되지 않는 자체 데이터 모델이 있기 때문이다.

이제 모든 필드 이름이 있기 때문에 상태 필드와 같은 개별 특징들을 반복할 수 있다.

```
In: from osgeo import ogr
    import os
    shapefile = r"C:\data\mtbs_fod_pts_data\mtbs_fod_pts_20170501.shp"
    driver = ogr.GetDriverByName("ESRI Shapefile")
    dataSource = driver.Open(shapefile, 0)
    layer = dataSource.GetLayer()
    for feature in layer:
        print(feature.GetField("STATE"))
```

마지막 셀의 출력으로 미루어 보아 분명히 많은 특징들이 있지만 정확히 몇 개일까? 총 특징의 개수는 다음과 같이 출력할 수 있다.

```
In: import os
    from osgeo import ogr
    daShapefile = r"C:\data\mtbs_fod_pts_data\ mtbs_fod_pts_20170501.shp"
    driver = ogr.GetDriverByName("ESRI Shapefile")
    dataSource = driver.Open(daShapefile, 0)
    layer = dataSource.GetLayer()
    featureCount = layer.GetFeatureCount()
    print("Number of features in %s: %d" %
    (os.path.basename(daShapefile), featureCount))

Out: Number of features in mtbs_fod_pts_20170501.shp: 20340
```

앞서 살펴본 바와 같이 CRS는 공간 데이터에 관한 필수 정보다. 이 정보를 레이어와 레이어의 지오메트리에서 두 가지 방법으로 출력할 수 있다. 다음 코드에서 두 개의 공간 참조 변수가 동일한 결과를 출력한다(지면 절약을 위해 첫 번째 옵션의 결과만 여기에 나열한다).

```
In: from osgeo import ogr, osr
    driver = ogr.GetDriverByName('ESRI Shapefile')
    dataset = driver.Open(r"C:\data\mtbs_fod_pts_data\ mtbs_fod_pts_20170501.shp")
    # Option 1: from Layer
    layer = dataset.GetLayer()
    spatialRef = layer.GetSpatialRef() print(spatialRef)
    # Option 2: from Geometry
    feature = layer.GetNextFeature()
    geom = feature.GetGeometryRef()
    spatialRef2 = geom.GetSpatialReference()
    print(spatialRef2)

Out: GEOGCS["GCS_North_American_1983",
    DATUM["North_American_Datum_1983",
    SPHEROID["GRS_1980",6378137.0,298.257222101]],
    PRIMEM["Greenwich",0.0],
    UNIT["Degree",0.0174532925199433]]
```

114

포인트 처리 여부를 확인하고 다음과 같이 개별 특징뿐만 아니라 중심점의 x와 y값을 출력할 수 있다.

```
In: from osgeo import ogr
    import os
    shapefile = r"C:\data\mtbs_fod_pts_data\mtbs_fod_pts_20170501.shp"
    driver = ogr.GetDriverByName("ESRI Shapefile")
    dataSource = driver.Open(shapefile, 0)
    layer = dataSource.GetLayer()
    for feature in layer:
        geom = feature.GetGeometryRef()
    print(geom.Centroid().ExportToWkt())
```

▌ Rasterio로 래스터 데이터 읽고 쓰기

파이썬으로 다양한 벡터 데이터 형식을 읽고 쓰는 방법을 다룬 후 래스터 데이터에 관해서도 동일하게 작업한다. Rasterio 라이브러리를 시작으로 래스터 데이터를 읽고 쓸 수 있는 방법을 살펴본다. Rarterio 라이브러리를 사용할 수 있는 새 주피터 노트북을 열고 다음 코드를 입력한다.

```
In: import rasterio
    dataset = rasterio.open(r"C:\data\gdal\NE\50m_raster\NE1_50M_SR_W
    \NE1_50M_SR_W.tif")
```

Rasterio 라이브러리를 가져오고 GeoTIFF 파일을 연다. 이제 이미지 밴드 수를 출력하는 몇 가지 간단한 데이터 설명 명령을 수행할 수 있다.

래스터 이미지는 단일 혹은 여러 개의 밴드를 포함한다. 모든 밴드는 동일한 영역을 포함하는 단일 파일에 포함돼 있다. 이미지를 컴퓨터로 읽을 때, 이 밴드들은 하나의 이미지를 볼 수 있도록 서로 겹쳐진다. 각 밴드에는 데이터 행과 열이 있는 2D 배열이 포함돼 있다.

각 배열의 데이터 셀에는 색상 값(또는 높이 값도 가능)에 해당하는 숫자 값이 포함돼 있다. 래스터 이미지에 여러 개의 밴드가 있는 경우, 각 밴드는 센서에 의해 수집된 전자기 스펙트럼의 세그먼트에 해당한다. 사용자는 하나 이상의 밴드를 표시할 수 있고 서로 다른 밴드를 결합해 자신만의 컬러 조합을 만들 수 있다.

9장, '파이썬과 ArcGIS Online용 ArcGIS API'에서 파이썬 ArcGIS API를 사용해 래스터 데이터를 표시할 때 이러한 색상 조합의 몇 가지 예를 설명한다.

이 경우에는 3가지 다른 밴드가 있다.

```
In: dataset.count
Out: 3
```

dataset 밴드는 2D 공간에서 단일 변수의 부분 분포를 나타내는 값의 배열이다. 열 수는 width 속성으로 반환된다.

```
In: dataset.width
Out: 10800
```

height 속성은 행 수를 반환한다.

```
In: dataset.height
Out: 5400
```

다음 코드는 공간 경계 박스를 미터 단위로 반환하므로 이 박스 영역을 계산할 수 있다.

```
In: dataset.bounds
Out: BoundingBox(left=-179.99999999999997, bottom=-89.99999999998201,
    right=179.99999999996405, top=90.0)
```

CRS 데이터셋을 출력하면 다음과 같다.

```
In: dataset.crs
Out: CRS({'init': 'epsg:4326'})
```

다음과 같이 래스터 밴드용 래스터 배열을 사용해 NumPy ndarray에 접근해서 반환할 수 있다.

```
In:  band1 = dataset.read(1)
     band1
Out: array([[124, 124, 124, ..., 124, 124, 124], ...
```

이미지를 보여주고 싶다면 다음 코드를 사용한다.

```
In: %matplotlib inline
    from matplotlib import pyplot
    pyplot.imshow(dataset.read(1))
    pyplot.show()
```

출력된 맵은 다음과 같다.

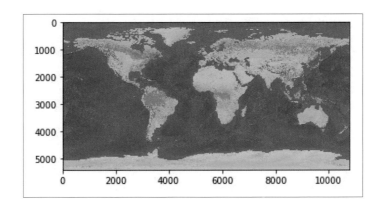

▌ GDAL로 래스터 데이터 읽고 쓰기

GDAL로 래스터 데이터를 읽고 쓰기 위한 명령어가 몇 가지 있다.

```
In: !gdalinfo --formats
```

이 명령은 지원되는 모든 파일 형식을 GDAL로 나열한다. CRS를 포함한 요약은 접두사 없이 !gdalinfo를 사용한다.

```
In: !gdalinfo "C:\data\gdal\NE\50m_raster\NE1_50M_SR_W
    \NE1_50M_SR_W.tif"

Out: Driver: GTiff/GeoTIFF
     Files: C:\data\gdal\NE\50m_raster\NE1_50M_SR_W\NE1_50M_SR_W.tif
     Size is 10800, 5400
     Coordinate System is:
     GEOGCS["WGS 84",
     DATUM["WGS_1984", ...
```

다음과 같이 GeoTIFF를 JPEG로 변환할 수 있다.

```
In: !gdal_translate -of JPEG
    "C:\data\gdal\NE\50m_raster\NE1_50M_SR_W\NE1_50M_SR_W.tif"
    NE1_50M_SR_W.jpg

Out: Input file size is 10800, 5400
     0...10...20...30...40...50...60...70...80...90...100 - done.
```

NE1_50M_SR_W.jpg 파일의 결과는 다음과 같다.

이제 GDAL을 사용해 GeoPackage를 열어본다. GeoPackage는 벡터 또는 래스터 기반이지만, 이 경우에는 래스터 기반인 것을 열면 다음 결과물에서 명확해진다. GeoPackage를 읽고 쓰려면 GDAL 버전 2.2.2가 필요하므로 다음 예는 낮은 버전에서는 동작하지 않는다. 다음 GeoPackage 파일(http://www.geopackage.org/data/gdal_sample_v1.2_no_extensions.gpkg)을 다운로드하고 다음과 같이 참조한다.

```
In: !gdalinfo
    "C:\Users\UserName\Downloads\gdal_sample_v1.2_no_extensions.gpkg"

Out: Driver: GPKG/GeoPackageFiles:
    C:\Users\UserName\Downloads\gdal_sample_v1.2_no_extensions.gpkg
    Size is 512, 512
    Coordinate System is''
    ...
```

GDAL Web Map Service^WMS 드라이버는 온라인 웹 매핑 서비스와의 상호작용을 허용한다. 브라우저를 사용해 웹사이트를 탐색하고 데이터를 수동으로 다운로드하지 않고 명령 프롬프트(또는 이 경우 주피터 노트북)에서 직접 사용 가능한 데이터셋에 관한 다양한 지리공간 데이터셋, 서브셋 또는 정보를 다운로드할 수 있다. 여러 가지 옵션이 있으므로 자세한 내용은 온라인 설명서를 참조한다.

다음 예제는 GDAL 버전 2.0 이상이 필요하다. 다음 명령은 ArcGIS MapServer에 관한 REST^{Representational State Transfer} 정의의 URL을 사용하고 밴드, 밴드 이름, CRS, 코너 좌표 등과 같은 요청된 이미지 서비스에 관한 정보를 반환한다.

```
In: !gdalinfo http://server.arcgisonline.com/ArcGIS/rest/services/
    World_Imagery/MapServer?f=json&pretty=true
```

이미지 서비스의 URL에 일부 정보 f=json&pretty=true를 추가했다는 점에 유의한다. 이는 사용자가 요청한 파일 포맷이 pretty json임을 의미하는데, 사람이 읽기 쉽게 잘 포맷된 json을 말한다.

▌ 요약

4장에서는 GIS의 주요 데이터 포맷에 관한 개요를 소개했다. 벡터와 래스터 데이터의 차이를 설명한 다음 벡터 및 래스터 데이터 유형을 GeoJSON, KML, GeoPackages 및 GeoTIFF 파일로 다뤘다. 다음으로, 앞에서 설명한 파이썬 코드 라이브러리 중 일부를 사용해 지리공간 데이터 읽고 쓰는 방법을 설명했다.

래스터 및 벡터 데이터를 읽고 쓰기 위한 지리공간 파이썬 라이브러리 GeoPandas, OGR, GDAL 및 Rasterio를 다뤘다. 다른 지리공간 데이터 포맷을 읽고 쓰는 것 외에도, 이런 라이브러리를 사용해 다른 데이터 포맷 간의 파일 변환을 수행하는 방법과 지리공간 데이터베이스와 원격 소스에서 데이터를 업로드하고 다운로드하는 방법을 배웠다.

5장에서는 지리공간 분석과 처리에 관해 다룬다. 파이썬 라이브러리는 OGR, Shapely 및 GeoPandas로 구성돼 있다. 이 라이브러리를 사용하는 방법과 실제 사례를 이용해 지리공간 분석을 위한 스크립트를 작성하는 방법을 배운다.

벡터 데이터 분석

5장에서는 벡터 데이터의 지리공간 분석과 처리를 다룬다. 3개의 파이썬 라이브러리 Shapely, OGR, GeoPandas을 다룬다. 이러한 파이썬 라이브러리를 사용해 기본 및 고급 분석 스크립트를 포함한 지리공간 분석을 수행하는 방법을 배운다. 각 라이브러리는 데이터 구조, 메서드 및 클래스의 개요를 포함해 별도로 다룬다. 각 라이브러리의 가장 좋은 사용 예제와 지리공간 워크플로와 함께 사용하는 방법을 설명하고, 간단한 예제 스크립트로 기본적인 지리적 분석을 수행하는 방법을 보여준다. GeoPandas 라이브러리는 데이터 과학 작업을 수행하고 지리공간 분석을 통합하는 좀 더 복잡한 기능을 수행할 수 있게 한다.

5장에서 다루는 내용은 다음과 같다.

- 벡터 데이터 읽기 및 쓰기
- 벡터 데이터 생성 및 처리
- 지도에서 벡터 데이터 시각화(플로팅)
- 지도 투영 및 데이터 재투영 작업
- 공간 결합과 같은 공간 연산 수행
- 테이블 형식으로 벡터 지오메트리 및 속성 데이터 작업
- 영역 x 내 산불 횟수에 관한 질문에 답하기 위한 결과 분석

5장이 끝나면 지리공간 벡터 데이터를 다룰 수 있는 탄탄한 기반을 갖게 될 것이다. 3개의 지리공간 라이브러리의 특징과 사용 사례를 알고, 기본적인 벡터 데이터 처리와 분석 방법을 배운다.

▎ OGR 라이브러리

OGR Simple Features Library(GDAL의 한 부분)는 벡터 데이터를 처리하기 위한 도구셋을 제공한다. 현재는 GDAL과 OGR 모두 예전보다 더 통합돼 있지만, 여전히 벡터 부분(OGR)과 래스터 부분(GDAL)으로 나눌 수 있다.

OGR은 C++로 개발됐고 문서도 C++로 돼 있지만, 파이썬 바인딩을 사용하면 파이썬을 사용해 모든 GDAL의 기능에 액세스할 수 있다. 다음과 같이 OGR 컴포넌트를 구별할 수 있다.

- 벡터 데이터 설명 및 처리를 위한 OGR 배치 명령
- 여러 벡터 데이터 파일을 병합하기 위한 파이썬 스크립트 ogrmerge
- OGR 라이브러리

세 가지 컴포넌트를 모두 사용하는 방법에 관한 몇 가지 예로 넘어가기 전에 먼저 간단히 살펴본다.

OGR 배치 명령

OGR은 기존의 지리공간 벡터 데이터를 설명하고 변환하는 데 사용할 수 있는 일련의 배치 명령을 제공한다. 4장, '데이터 타입, 저장 공간 및 변환'에서 이미 ogrinfo와 ogr2ogr 두 가지를 언급했다.

- ogrinfo는 지원되는 벡터 포맷, 사용 가능한 레이어, 요약 세부 정보를 나열하는 등 벡터 데이터에 관한 모든 종류의 리포팅에 사용할 수 있으며, SQL 쿼리 구문과 결합해 데이터셋에서 기능을 선택할 수 있다.
- ogr2ogr는 벡터 파일을 다른 포맷 간에 변환하고, 여러 레이어를 새로운 데이터 소스로 변환하며, 위치에 따라 벡터 데이터와 필터 기능을 재투영하는 등의 벡터 데이터 변환 작업을 한다. 또한 ogrinfo와 마찬가지로 SQL 쿼리 구문과 함께 사용할 수 있다.

이는 많은 일을 할 수 있게 해주는 매우 강력한 명령이다. 벡터 데이터를 다룰 때는 이러한 명령을 숙지하는 것이 좋다. 곧 몇 가지 예를 살펴본다.

또한 벡터 타일을 생성하는 ogrtindex와 ogr2vrt라는 두 가지 다른 배치 명령이 있다. 차이점은 두 번째 명령이 첫 번째 명령보다 더 광범위하게 사용 가능하다는 것이다. 두 번째 명령은 최근 GDAL 버전과 함께 배포되지 않으므로 온라인 스크립트에서 임포트해야 한다.

ogrmerge

GDAL의 설치와 함께 특별한 지리공간 작업에 사용할 수 있는 파이썬 스크립트 세트가 제공된다. 이 스크립트는 지정된 데이터셋과 함께 주피터 노트북 또는 터미널에서 직접 실행할 수 있다. 로컬 gdal 파일 폴더의 scripts 디렉터리 내에서 모든 스크립트를 찾을 수 있으며, 윈도우 시스템에서는 다음 경로와 비슷하다.

```
C:\Users\Username\Anaconda3\pkgs\gdal-2.2.2-py36_1\scripts
```

이 폴더의 파이썬 스크립트 목록에서 볼 수 있듯이, 거의 모든 스크립트는 OGR이 아닌 GDAL용이다. 이 파이썬 스크립트는 모두 주피터 노트북이나 터미널에서 실행할 수 있다. 주피터 노트북을 사용하면 %run 매직 명령을 사용해 파이썬 스크립트를 실행할 수 있지만, 터미널을 사용하면 스크립트 이름과 입력/출력 데이터 파일을 사용할 수 있다.

 매직 명령(%)은 핵심 파이썬 언어를 확장하는 명령이며, 주피터 노트북 애플리케이션에서만 사용할 수 있다. 예를 들어 외부 스크립트에서 코드를 삽입하고 디스크 또는 셸 명령의 .py 파일에서 파이썬 코드를 실행하는 등의 유용한 바로가기를 제공한다. 전체 매직 명령 목록은 빈 셀에서 %lsmagic 명령으로 볼 수 있다.

다음 예에서는 GDAL 버전 2.2.2 이상에서 사용할 수 있는 파이썬 스크립트인 ogrmerge. py를 사용한다. 주피터 노트북에서 이 스크립트를 실행하면 지구 데이터셋의 단일 폴더에 있는 모든 쉐이프파일을 가져와 merged.gpkg라는 단일 GeoPackage 파일로 병합한다.

```
In: %run "C:\Users\Eric\Anaconda3\pkgs\gdal-2.2.2-
    py36_1\Scripts\ogrmerge.py" -f GPKG -o
    merged.gpkg "C:\data\gdal\NE\10m_cultural\*.shp"
```

GDAL 디렉터리에서 파이썬 스크립트 중 하나를 제대로 실행할 때, 스크립트를 실행하는 폴더와 다른 폴더에 있는 경우, 해당 파일 위치를 참조해야 하는데, 이럴 가능성이 주피터 노트북 애플리케이션을 사용하는 경우 높다는 점에 유의한다.

OGR 라이브러리와 파이썬 바인딩

파이썬 바인딩과 결합된 OGR 라이브러리는 파이썬의 벡터 데이터 작업에 가장 중요한 부분을 구성한다. 이를 통해 포인트, 선, 폴리곤을 만들고 이러한 요소에 관한 공간 연산을 수행한다.

예를 들어 지오메트리의 면적을 계산하고, 서로 다른 데이터를 오버레이하고, 버퍼와 같은 근접성 도구를 사용할 수 있다. 또한 ogrinfo 및 ogr2ogr와 마찬가지로 OGR 라이브러리는 벡터 데이터 파일을 읽고, 개별 요소를 반복하며 데이터 선택 및 재투영할 수 있는 도구를 제공한다.

OGR 주요 모듈과 클래스

OGR 라이브러리는 2개의 주요 모듈인 ogr과 osr로 구성된다. 둘 다 osgeo 모듈 내부의 하위 모듈이다. ogr 하위 모듈은 벡터 지오메트리를 다루는 반면, osr은 모두 투영에 관한 것이다. 4장, '데이터 타입, 저장소 및 변환'의 OGR로 벡터 데이터 읽기 및 쓰기 절에서 이미 두 가지 모두를 사용하는 방법에 관한 몇 가지 예를 살펴봤다.

OGR이 제공하는 7개의 클래스는 다음과 같다.

- 지오메트리
- 공간 참조
- 특징
- 특징 클래스 정의

- 레이어
- 데이터셋
- 드라이버

클래스 이름은 대부분 설명이 필요하지만 OGR의 구조화 방법에 관한 개요를 갖는 것이 좋다. 다음 예에서는 이러한 클래스에 액세스해 활용하는 방법을 살펴본다. OGR의 모듈, 클래스, 함수에 관한 문서는 GDAL 웹사이트(www.gdal.org/python)에 있지만 예제 코드가 제공되지 않아 시작이 어렵다.

이 시점에서 알아두면 좋은 것은 다른 파이썬 라이브러리가 그 틈을 메우고 GDAL의 기능(Fiona, GeoPandas 등)을 다루는, 좀 더 사용자 친화적인 방법을 제공한다는 점이다. 또한 예를 들어 벡터 데이터를 재투영할 때 일부 사용 사례에서 파이썬보다 ogrinfo와 ogr2ogr을 사용하는 것이 더 나을 수 있다.

몇 가지 OGR 예제를 살펴보자.

OGR로 폴리곤 지오메트리 생성하기

OGR을 사용하면 포인트, 선, 멀티라인, 멀티폴리곤 및 지오메트리 컬렉션과 같은 벡터 지오메트리를 만들 수 있다. 나중에 투영할 계획이라면 이러한 지오메트리 값을 좌표 또는 미터로 제공할 수 있다. 생성한 모든 지오메트리는 동일한 절차를 따르고, 분리된 점들은 정의되고 나서 선이나 폴리곤으로 연결된다. 숫자로 개별 요소를 정의하고, WKB로 인코딩하며, 최종 폴리곤은 WKT로 변환된다. 주피터 노트북은 폴리곤의 좌표를 반환하지만 자동으로 플롯하진 않는다. 이를 위해 5장 뒷부분에서 Shapely를 사용한다.

```
In: from osgeo import ogr
    r = ogr.Geometry(ogr.wkbLinearRing)
    r.AddPoint(1,1)
    r.AddPoint(5,1)
    r.AddPoint(5,5)
    r.AddPoint(1,5)
```

```
    r.AddPoint(1,1)
    poly = ogr.Geometry(ogr.wkbPolygon)
    poly.AddGeometry(r)
    print(poly.ExportToWkt())
Out: POLYGON ((1 1 0,5 1 0,5 5 0,1 5 0,1 1 0))
```

GeoJSON에서 폴리곤 지오메트리 생성하기

GeoJSON을 OGR로 전달해 지오메트리를 생성할 수도 있고, 첫 번째 예와 비교하면
단순해졌다.

```
In: from osgeo import ogr
    geojson = """{"type":"Polygon","coordinates":[[[1,1],[5,1],
    [5,5],[1,5], [1,1]]]}"""
    polygon = ogr.CreateGeometryFromJson(geojson)
    print(polygon)
Out: POLYGON ((1 1,5 1,5 5,1 5,1 1))
```

기본 지오메트릭 연산

여기 폴리곤에 관해 수행할 수 있는 기본적인 지오메트리 연산이 있다. 면적, 중심, 경
계, 볼록 선체, 버퍼를 만들고 폴리곤이 특정 포인트를 포함하는지 확인한다.

```
# 1 영역 생성
In: print("The area of our polygon is %d" % polygon.Area())
Out: The area of our polygon is 16

# 2 폴리곤 중심점 계산
In: cen = polygon.Centroid()
print(cen)
Out: POINT (3 3)

# 3 경계 얻기
In: b = polygon.GetBoundary()
```

```
print(b)
Out: LINESTRING (1 1,5 1,5 5,1 5,1 1)

# 4 이 경우에는 다각형이 정사각형이므로 볼록 선체 경계와 동일
In: ch = polygon.ConvexHull()
print(ch)
Out: POLYGON ((1 1,1 5,5 5,5 1,1 1))

# 5 버퍼 값이 0이면 이 예제에서 경계 및 볼록 선체와 동일한 값을 반환한다.
In: buffer = polygon.Buffer(0)
print(buffer)
Out: POLYGON ((1 1,1 5,5 5,5 1,1 1))

# 6 폴리곤 내부에 포인트가 있는지 체크
In: point = ogr.Geometry(ogr.wkbPoint)
point.AddPoint(10, 10)
polygon.Contains(point)
Out: False
```

신규 쉐이프파일에 폴리곤 데이터 쓰기

현재 폴리곤은 메모리에만 존재한다. 새로운 쉐이프파일을 만들고 이전에 만든 폴리곤 지오메트리를 쉐이프파일에 쓸 수 있다. 스크립트는 다음과 같은 단계로 구성된다.

1. 모듈을 가져와 공간 참조를 설정한다(이 경우, WGS1984).
2. 쉐이프파일을 만든 다음 폴리곤 지오메트리를 사용해 레이어를 생성한다. 그 다음 지오메트리를 특징의 내부에, 그 특징은 레이어에 넣는다. 이 스크립트는 이전 예제에서 폴리곤을 직접 참조한다는 점에 주목한다.
3. 중요한 점은 코드 첫 번째 줄에 올바른 지오메트리 타입을 사용하는 것이다. 이 경우 wkbPolygon이다.
4. 이전 예제의 폴리곤 지오메트리는 이 단계에서 참조되고 쉐이프파일에 삽입된다.
5. 이 단계에서 쉐이프파일이 레이어로 추가된다.

128

다음 코드를 살펴본다.

```
In: import osgeo.ogr, osgeo.osr
    # 1 공간 참조를 설정한다.
    spatialReference = osgeo.osr.SpatialReference()
    spatialReference.ImportFromProj4('+proj=longlat +ellps=WGS84
    +datum=WGS84 +no_defs')
    # 2 새로운 쉐이프파일을 생성한다.
    driver = osgeo.ogr.GetDriverByName('ESRI Shapefile')
    shapeData = driver.CreateDataSource('my_polygon.shp')

    # 3 layer를 생성한다.
    layer = shapeData.CreateLayer('polygon_layer',
spatialReference,
    osgeo.ogr.wkbPolygon)
    layerDefinition = layer.GetLayerDefn()

    # 4 feature 내부에 지오메트리 입력
    featureIndex = 0
    feature = osgeo.ogr.Feature(layerDefinition)
    feature.SetGeometry(polygon)
    feature.SetFID(featureIndex)

    # 5 layer에 feature를 입력
    layer.CreateFeature(feature)
```

ogrInfo를 사용해 파일이 올바르게 생성됐는지 확인한다.

```
In: !ogrinfo my_polygon.shp
Out: INFO: Open of 'my_polygon.shp'
     using driver `ESRI Shapefile' successful.
     1: my_polygon (Polygon)
```

공간 필터를 사용해 특징 선택하기

이 예는 4장, '데이터 타입, 저장소 및 변환'의 GeoPandas로 벡터 데이터 읽기 및 쓰기 절에 소개된 내츄럴 어스 데이터셋Natural Earth Dataset을 사용한다. 위도-경도 좌표를 사용해 경계 상자 형태의 공간 필터를 만든다. 이 상자는 상자 안에 있는 데이터만 가져온다.

이것은 데이터의 일부분으로 작업하는 방법이다. minx, miny, maxx, maxy 네 가지 값을 사용하는 OGR의 SpatialFilterRec 메서드를 사용해 경계 상자를 만든다. 예제는 경계 상자에 있는 (텍사스주뿐만 아니라 오클라호마주와 멕시코의 일부를 보여주는) 도시들을 선택하는 것이다.

결과를 더 걸러내기 위해, 미국에 있는 도시들만 선택한다. 이는 for 순환문에 추가한 if/else문으로 검색 결과를 필터링해야 함을 의미한다. 웹사이트 www.mapsofworld.com은 텍사스주의 예시 코드인 -102(minx), 26(miny), -94(maxx), 36(maxy)의 네 가지 값을 제공한다. 스크립트는 다음과 같다.

```
In: # modules 임포트하기
    from osgeo import ogr
    import os
    # 쉐이프파일과 정의된 드라이버 타입 참조
    shapefile = r"C:\data\gdal\NE\10m_cultural\ne_10m_populated_places.shp"
    driver = ogr.GetDriverByName("ESRI Shapefile")
    # driver로 소스데이터 열기, 0은 읽기 모드를 의미
    dataSource = driver.Open(shapefile, 0)
    # 레이어의 데이터를 참조하기 위해 GetLayer() 함수 사용
    layer = dataSource.GetLayer()
    # SetSpatialFilterRect() 함수에 좌표를 전달
    # 필터는 사각형 익스텐트를 생성하고 내부의 특징을 가져온다.
      layer.SetSpatialFilterRect(-102, 26, -94, 36)
      for feature in layer:
      # SQL 쿼리를 사용해 미국 내 도시들만 선택
      # 미국 내 도시가 아닌 경우는 건너뛰고 도시 이름을 출력
          if feature.GetField("ADM0NAME") != "United States of
    America":
              continue
```

```
        else:
            print(feature.GetField("NAME"))
Out:    Ardmore
        McAlester
        Bryan
        San Marcos
        Longview ...
```

▌ Shapely와 Fiona

Shapely 및 Fiona 라이브러리는 2장, '지리공간 코드 라이브러리 소개'의 'Shapely와 Fiona' 절에서 소개했다. Shapely는 파일을 읽고 쓰는 데 다른 라이브러리에 의존하고 Fiona는 딱 들어맞기 때문에, 두 가지를 함께 다루는 것이 좋다. 예제에서 보듯이 Fiona 를 사용해 파일을 열고 읽은 다음 지오메트리 데이터를 Shapely 객체에 전달한다.

Shapely 객체와 클래스

Shapely 라이브러리는 공간 데이터베이스 없이도 2D 벡터 데이터를 생성하고 처리하는 데 사용한다. 데이터베이스뿐만 아니라 지오메트리에만 초점을 맞춰 투영과 데이터 포맷도 제거한다. Shapely의 장점은 쉬운 구문을 사용해 지오메트리 연산에 사용할 수 있는 다양한 지오메트리를 만드는 것이다. 다른 파이썬 패키지의 도움을 받아 이런 지오메트리와 지오메트리 연산 결과를 벡터 파일 형식으로 쓸 수 있으며 필요한 경우 투영할 수 있다.

파이썬 패키지의 도움으로 pyproj와 Fiona를 Shapely와 조합한 예를 다룬다. Shapely 를 통합한 워크플로의 예로는 Fiona를 사용해 쉐이프파일에서 벡터 지오메트리를 읽은 다음 내부 또는 다른 지오메트리와 올바르게 정렬하는 경우 Shapely를 사용해 기존 지오메트리를 단순화하거나 정리할 수 있다.

예를 들어 정리된 지오메트리는 주제별 지도를 만들거나 데이터 과학을 수행할 때 다른 워크플로의 입력으로 사용될 수 있다.

Shapely 라이브러리는 세 가지 기본 지오메트리 객체 타입인 포인트, 곡선 및 표면을 구현하는 일련의 클래스를 사용한다. 만약 지리공간 데이터와 지오메트리에 익숙하다면, 친근할 것이다. 그렇지 않다면 다음 예제를 사용해 해당 예제를 숙지한다.

지오메트릭 객체명	클래스명
Point	Point
Curve	LineString, LinearRing
Surface	Polygon
Collection of points	MultiPoint
Collection of curves	MultiLineString
Collection of surfaces	MultiPolygon

지리공간 분석용 Shapely 메서드

위상 관계는 (예를 들면 contains, touches 등) 지오메트리 객체에 관한 메서드로 구현된다. Shapely는 (intersections, unions 등) 새로운 지오메트리 객체를 반환하는 분석 메서드도 제공한다. 버퍼링 메서드의 창의적인 사용은 모양을 정제하는 법을 제공한다. 다른 소프트웨어와의 상호작용은 잘 알려진 포맷(WKT 및 WKB), NumPy 와 파이썬 배열, 파이썬 Geo 인터페이스를 통해 제공된다.

Fiona 데이터 모델

Fiona는 OGR의 파이썬 래퍼지만, OGR과 다른 데이터 모델을 사용한다. OGR은 데이터 소스, 레이어 및 특징을 사용하지만, Fiona는 벡터 데이터에 저장된 지리적 특징에 접근하기 위해 텀 레코드를 사용한다. 이런 기능은 GeoJSON 기능을 기반으로 하며,

Fiona로 쉐이프파일을 읽으면 파이썬 딕셔너리 객체를 사용해 해당 키 중 하나를 통해 레코드를 참조할 수 있다. 레코드는 ID, 지오메트리 및 속성 키를 가진다.

Shapely와 Fiona 코드 예제를 살펴보자.

Shapely로 지오메트리 생성하기

OGR과 마찬가지로 Shapely를 사용해 지오메트리를 만들 수 있다. 주피터 노트북은 OGR과 달리 지오메트리를 만든 후에 플로팅한다. 이 작업을 위해 추가 플롯 구문을 사용할 필요는 없으며, 지오메트리 저장에 사용하는 변수 이름을 사용한다.

```
In:  from shapely.geometry import Polygon
     p1  = Polygon(((1, 2), (5, 3), (5, 7), (1, 9), (1, 2)))
     p2  = Polygon(((6,6), (7,6), (10,4), (11,8), (6,6)))
     p1
     # 두 번째 폴리곤을 출력하기 위해 새로운 명령줄이 필요하다.
In:  p2

     # Point는 튜플뿐만 아니라 위치 좌푯값도 취한다.
In:  from shapely.geometry import Point
     point = Point(2.0, 2.0)
     q = Point((2.0, 2.0))
     q

     # 라인 지오메트리
In:  from shapely.geometry import LineString
     line = LineString([(0, 0), (10,10)])
     line

     # 선형 ring
In:  from shapely.geometry.polygon import LinearRing
     ring = LinearRing([(0,0), (3,3), (3,0)])
     ring

     # points 컬렉션
In:  from shapely.geometry import MultiPoint
     points = MultiPoint([(0.0, 0.0), (3.0, 3.0)])
```

```
        points

        # lines 컬렉션
In:     from shapely.geometry import MultiLineString
        coords = [((0, 0), (1, 1)), ((-1, 0), (1, 0))]
        coords

        # polygons 컬렉션
In:     from shapely.geometry import MultiPolygon
        polygons = MultiPolygon([p1, p2,])
        polygons
```

Shapely 지오메트릭 메서드 적용하기

OGR과 유사한 방법으로 이전 예제의 폴리곤을 사용해 지오메트릭 메서드에 적용할 수 있다.

```
In:     print(p1.area)
        print(p1.bounds)
        print(p1.length)
        print(p1.geom_type)
Out: 22.0
        (1.0, 2.0, 5.0, 9.0)
        19.59524158061724
        Polygon
```

Shapely로 JSON 지오메트리 읽기

Shapely는 데이터 파일을 읽거나 쓰지는 않지만, 라이브러리 외부에서 json으로 작성된 벡터 데이터를 제공함으로써 지오메트리에 접근할 수 있다. 다음 스크립트는 Shapely 에서 읽는 json에 폴리곤을 생성한다.

다음으로 mapping 명령은 컨텍스트에서 좌표가 복사된 새로운 독립 지오메트리를 반환한다.

```
In:  import json
     from shapely.geometry import mapping, shape
     p = shape(json.loads('{"type": "Polygon", "coordinates":
     [[[1,1], [1,3 ], [3,3]]]}'))
     print(json.dumps(mapping(p)))
     p.area
Out: {"type": "Polygon", "coordinates": [[[1.0, 1.0], [1.0, 3.0],
     [3.0, 3.0], [1.0, 1.0]]]}
     2.0          # p.area의 결과
```

Fiona 데이터 읽기

다음 코드는 내츄럴 어스 데이터셋의 파일을 읽고 딕셔너리 키를 출력한다.

```
In:  import fiona
     c = fiona.open(r"C:\data\gdal\NE\
     110m_cultural\ne_110m_admin_1_states_provinces.shp")
     rec = next(iter(c))
     rec.keys()
Out: dict_keys(['type', 'id', 'geometry', 'properties'])
```

파이썬 표준 라이브러리의 일부인 데이터 pprint 라이브러리를 사용해 데이터셋에서 첫
번째 특징의 키에 해당하는 값을 출력할 수 있다.

```
In:  import pprint pprint.pprint(rec['type'])
     pprint.pprint(rec['id'])
     pprint.pprint(rec['properties'])
     pprint.pprint(rec['geometry'])
Out: 'Feature'
     '0'
     OrderedDict([('adm1_code', 'USA-3514'),
                  ('diss_me', 3514),
                  ('iso_3166_2', 'US-MN'),
                  ('wikipedia',
     'http://en.wikipedia.org/wiki/Minnesota'),
```

```
                     ('iso_a2', 'US'), ('adm0_sr', 1),
                     ('name', 'Minnesota'), ....
```

다음 정보를 출력하려면 데이터 파일 객체에 관해 다음 메서드를 사용한다.

```
In:   print(len(c))        # 전체 특징 개수 출력
      print(c.driver)      # 드라이버 이름 출력
      print(c.crs)         # 데이터 파일 시스템 참조 좌표 출력
Out:  51
      ESRI Shapefile
      {'init': 'epsg:4326'}
```

Shapely, Fiona로 쉐이프파일 내 지오메트리 벡터 접근하기

Fiona를 사용해 쉐이프파일을 열고 지오메트리 같은 속성 데이터에 액세스할 수 있다. 예를 들어 내츄럴 어스 데이터셋은 벡터 지오메트리를 가진 미국 모든 주의 쉐이프파일을 포함하고 있다. 다음 코드를 사용해 쉐이프파일을 열고 첫 번째 특징의 모든 벡터 지오메트리를 가져온다(인덱스 번호는 0부터 시작).

```
In:   import pprint, fiona
      with fiona.open\
      (r"C:\data\gdal\NE\110m_cultural\ne_110m_admin_1_states_provinc
      es.shp") as src:
      pprint.pprint(src[0])
```

shape 메서드를 사용해서 미네소타의 모든 좌표를 전달할 수 있다.

```
In:   from shapely.geometry import shape
      minnesota = {'type': 'Polygon', 'coordinates':
      [[(-89.61369767938538, 47.81925202085796), (-89.72800594761503,
      47.641976019880644), (-89.84283098016755, 47.464725857119504),
      (-89.95765601272012, 47.286907253603175),....]]}
```

다음으로 Shapley로 지오메트리를 플롯한다.

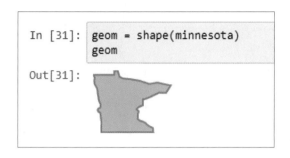

파이썬에서 분리된 쉐이프파일 지오메트리를 플로팅하는 것에 관한 참고 사항:

앞에서 알 수 있듯이 쉐이프파일에서 주 같은 별도의 지오메트리 요소를 참조하고 파이썬으로 플로팅하는 일은 그리 간단하지 않다. 다행히도 이 문제를 해결하기 위해 전문적으로 이용할 수 있는 많은 예제 코드가 있다. 파이썬 사용자가 자유롭게 사용할 수 있는 다음 옵션을 살펴보고 GeoJSON 형식으로 변환하는 대신 쉐이프파일에서 직접 작업하기로 결정했다면 파이썬에서 쉐이프파일 벡터 지오메트리를 플로팅하는 방법을 살펴본다.

- NumPy 배열 및 `matplotlib` 사용: NumPy 배열을 사용해 모든 좌표를 1차원 배열로 압축한 다음 플로팅한다.
- Shapely를 사용해 기존 쉐이프파일에서 새 딕셔너리를 만든다. 기존의 딕셔너리 컬렉션을 재편성하는 방법을 안다면 지리적 영역의 이름을 키로 사용하는 기존 쉐이프파일에서 그 영역의 지오메트리 데이터 값으로 새 딕셔서리를 만들 수 있다. 다음으로, 이 딕셔너리의 요소를 전달해 파이썬에서 플로팅할 수 있다.
- `pyshp` 및 `matplotlib` 사용: `pyshp` 라이브러리를 사용해 지오메트리 정보를 읽고, 이 정보를 `matplotlib`으로 플롯할 수 있다.

- GeoPandas 및 `matplotlib` 사용: GeoPandas 라이브러리는 쉐이프파일을 읽을 수 있다. `matplotlib`의 기능을 이용해 벡터 데이터를 플롯할 수 있을 뿐만 아니라 속성 테이블을 pandas 데이터프레임으로 읽을 수 있다.

▌GeoPandas

GeoPandas는 2장, '지리공간 코드 라이브러리 소개'의 'GeoPandas' 절에서 소개했으며 데이터 구조와 방법도 다뤘다.

GeoPandas로 지리공간 분석

GeoPandas는 pandas와 유사한 공간 데이터로 작업하는 과학자들에게 데이터를 제공하기 위해 만들어졌으며, 이는 pandas로 할 수 없는 데이터 구조를 통해 지리공간 속성 데이터에 접근할 수 있는 권한을 부여한다. 이것을 지오메트릭 연산, 데이터 오버레이 기능, 지오코딩 및 플로팅 기능과 결합하면 이 라이브러리의 기능에 관한 아이디어를 얻을 수 있다.

진행하면서 언급한 예제에서는 GeoPandas의 플로팅 메서드를 다루고, 공간 데이터에 접근하는 방법을 설명하며, GeoPandas를 사용해 지리공간 분석을 수행하는 일반적인 워크플로를 제공한다. 여기서 데이터 처리는 데이터를 올바르게 분석하고 해석할 수 있는 중요한 조건이다.

GeoPandas의 몇 가지 예제코드를 살펴보자.

GeoPandas와 Matplotlib으로 지오메트리 데이터 플로팅하기

다음 스크립트는 GeoPandas GeoDataFrame 객체에서 pandas 데이터프레임 메서드를 결합한 것이다. 데이터를 쉽게 하위집합으로 만들고 개별 특징 지오메트리를 플롯할 수 있다. 주피터 노트북에 데이터를 플롯하기 위한 매직 명령으로 모듈을 임포트하고, 입력 데이터는 모든 미국 주 경계를 가진 쉐이프파일이다.

```
In:   import geopandas as gpd %matplotlib inline
      df = gpd.read_file\
  (r"C:\data\gdal\NE\110m_cultural\ne_110m_admin_1_states_provinces.shp" )
      df
```

간단한 데이터 검사 메서드 type(df)은 객체타입을 반환하는데, 이는 pandas 데이터프레임과 동일한 메서드를 취하는 GeoPandas의 GeoDataFrame이다. shape 메서드는 행과 열 수가 포함된 튜플을 반환하고 df.columns은 열 이름을 리스트 항목으로 반환한다.

```
In:       type(df)
Out:      geopandas.geodataframe.GeoDataFrame

In:       df.shape
Out:      (51, 61)

In:       df.columns
Out:      Index(['adm1_code', 'diss_me', 'iso_3166_2', 'wikipedia', ...
```

pandas, .loc, .iloc 메서드를 사용해 GeoDataFrame의 개별 행을 하위집합으로 만든다. 다음과 같이 첫 번째 특징의 속성에 접근한다.

```
In:     df.loc[0]
Out:    adm1_code     USA-3514
        diss_me       3514
        iso_3166_2    US-MN
        Wikipedia     http://en.wikipedia.org/wiki/Minnesota
        iso_a2        US
        adm0_sr       1
        name          Minnesota
        ...           ...
```

이제, 몇몇 주 데이터를 플로팅한다. 우선 주 이름과 행 번호가 필요하기 때문에 모든 주 이름의 목록을 얻는다.

```
In:     df['name']

Out:    0    Minnesota
        1    Montana
        2    North Dakota
        3    Hawaii
        4    Idaho
        5    Washington ......
```

.loc와 값을 사용해 행 번호 대신 별도의 행을 name으로 참조할 수 있다. name값을 반복하면 모든 열과 속성 데이터가 반환된다.

```
In:   california = df.loc[df['name'] == "California"]
      california
```

이 변수의 지오메트리를 다음과 같이 그릴 수 있다.

```
In:   california.plot(figsize=(7,7))
```

그래프는 다음과 같다.

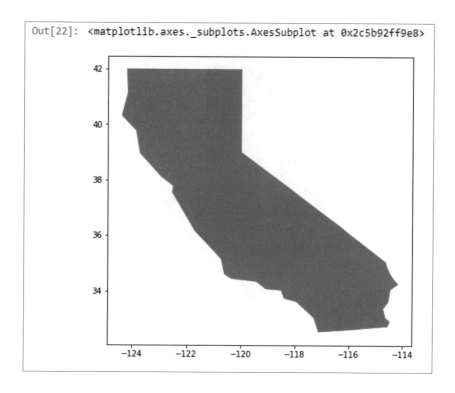

```
Out[22]: <matplotlib.axes._subplots.AxesSubplot at 0x2c5b92ff9e8>
```

.iloc 함수를 사용해 여러 항목을 표시하고 행 번호 리스트를 전달할 수 있다. 이 경우
행 번호는 각각 워싱턴, 캘리포니아, 네바다, 오리건에 해당된다.

```
In:  multipl = df.iloc[[5,7,9,11]]
     multipl.plot(cmap="Set1", figsize=(7,7))
```

그래프는 다음과 같다.

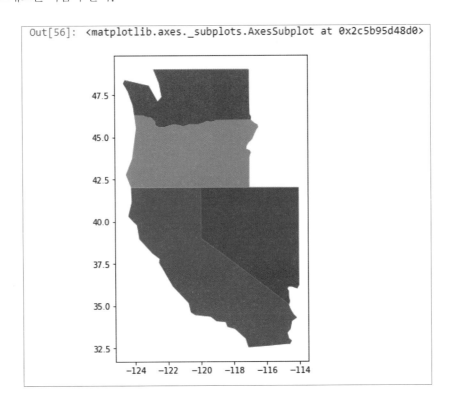

```
Out[56]:  <matplotlib.axes._subplots.AxesSubplot at 0x2c5b95d48d0>
```

동일한 결과는 GeoDataFrame의 .cx 메서드를 사용해 경계 상자에 관한 값을 전달해 얻을 수 있다. 이 방법은 df.cx[xmin:xmax, ymin:ymax]라는 구문을 사용한다.

```
In:   exp = df.cx[-124:-118,30:50]
      exp.plot(cmap="Set1", figsize=(7,7))
```

GeoPandas로 산불 데이터 매핑하기

다음 스크립트를 사용해 1984년부터 2017년 미국의 총 산불 발생량을 주당 총 수로 나타낸 단계 구분도를 만들 수 있다. 4장, '데이터 타입, 저장 및 변환'에 소개된 MTBS 화재 데이터를 사용하면 1984~2017년 발생한 모든 산불의 지점 데이터를 얻을 수 있다. 산불 데이터의 주 필드를 이용해 주별로 산불 발생을 매핑할 수 있다. 그러나 공간 결합의 사용을 설명하기 위해 데이터를 별도의 쉐이프파일에 겹쳐 놓기로 한다. 다음으로, 주당 총 산불 수를 세고 그 결과를 매핑할 것이다. GeoPandas는 이러한 모든 작업에 사용할 수 있다.

모듈을 임포트하면서 시작한다.

```
In:   import geopandas
```

다음으로 모든 주 경계를 가진 쉐이프파일을 가져온다.

```
In:   states =
      geopandas.read_file(r"C:\data\gdal\NE\110m_cultural\ne_110m_admin_
      1_states_provinces.shp")
```

변수 이름만 사용해서 파일의 속성 테이블을 pandas 데이터프레임처럼 표시할 수 있다.

```
In: states
```

name 열에 나열된 모든 주 이름을 볼 수 있다. 나중에 이 열이 필요하다. 벡터 데이터는 매직 명령과 matplotlib의 plot 메서드를 사용해 주피터 노트북 안에 플롯할 수 있다. 기본 맵이 상당히 작아 보이기 때문에, 더 크게 보이게 하기 위해 figsize 속성을 사용해 몇 가지 값을 전달한다.

```
In:   %matplotlib inline
      states.plot(figsize=(10,10))
```

지도는 다음과 같다.

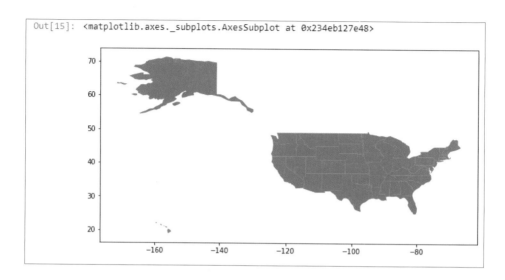

```
Out[15]: <matplotlib.axes._subplots.AxesSubplot at 0x234eb127e48>
```

산불 데이터에도 같은 절차가 반복된다. figsize 속성에 큰 값을 사용하면 산불의 위치를 보여주는 큰 지도를 볼 수 있다.

```
In:  fires =
     geopandas.read_file(r"C:\data\mtbs_fod_pts_data\mtbs_fod_pts_201705 01.shp")
     fires
In:  fires.plot(markersize=1, figsize=(17,17))
```

지도는 다음과 같다.

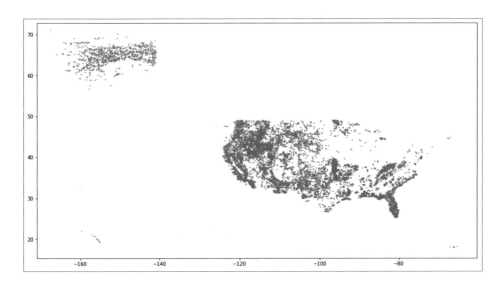

GeoDataFrame에서 MTBS Zone이라는 열을 살펴보고, 이 데이터셋의 데이터를 참조하는 모든 주 이름이 포함되지 않았음을 확인한다. 그러나 두 데이터셋을 결합하는 데 사용할 수 있는 지오메트리 열을 갖고 있다. 그 전에 데이터가 동일한 지도 투영을 사용하는지 확인해야 한다. 다음과 같이 확인할 수 있다.

```
In: fires.crs
Out: {'init': 'epsg:4269'}

In: states.crs
Out: {'init': 'epsg:4326'}
```

두 개의 지도 투영이 있지만, 정확하게 정렬하려면 두 개의 CRS가 모두 동일해야 한다. 다음과 같이 fires 쉐이프파일을 WGS84로 재투영할 수 있다.

```
In: fires = fires.to_crs({'init': 'epsg:4326'})
```

이제, sjoin 메서드를 사용해 공간 결합을 할 준비가 됐고, fires 지오메트리가 주 지오메트리 안에 있는지 알 수 있다.

```
In: state_fires =
    geopandas.sjoin(fires,states[['name','geometry']].copy(),op='within'
)
    state_fires
```

새로운 state_firesGeoDataFrame에는 우측 끝에 name 칼럼이 추가돼 각각의 화재가 위치한 상태를 보여준다.

Fire_Type	geometry	index_right	name
WF	POINT (-141.851 65.29600000000001)	50	Alaska
WF	POINT (-162.314 67.75700000000001)	50	Alaska
WF	POINT (-141.217 65.05)	50	Alaska
WF	POINT (-146.817 62.698)	50	Alaska
WF	POINT (-156.362 64.077)	50	Alaska
WF	POINT (-143.9 64.137)	50	Alaska
WF	POINT (-144.441 64.545)	50	Alaska

이제 주별 산불의 총량을 계산할 수 있다. 그 결과는 주 이름 과 총수를 보여주는 pandas 시리즈 객체다. 가장 큰 수부터 시작하려면 sort_values 메서드를 사용한다.

```
In:  counts_per_state = state_fires.groupby('name').size()
     counts_per_state.sort_values(axis=0, ascending=False)
```

플로리다, 캘리포니아, 아이다호는 1984년부터 2017년 사이에 가장 많은 산불이 발생한 3개 주다.

```
Out[54]:   name
           Florida      3635
           California   1577
           Idaho        1278
           Kansas       1124
           Alaska       1062
           Texas        1011
           Arizona       836
```

이러한 값은 원본 쉐이프파일에 새 필드를 입력해 주별 총 산불 수를 표시할 수 있다.

```
In: states =
    states.merge(counts_per_state.reset_index(name='number_of_fires'))
    states.head()
```

head 메서드는 주 형태 파일의 처음 5개 항목을 출력하고, 테이블의 오른쪽 끝에 새로운 필드를 추가한다. 마지막으로, 주별 산불 발생 건수를 위한 단계 구분도는 다음과 같이 만든다.

```
In: ax = states.plot(column='number_of_fires', figsize=(15, 6),
    cmap='OrRd', legend=True)
```

결과는 다음과 같다.

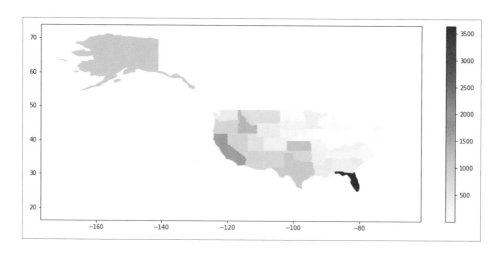

동일한 결과에 적용한 다른 색상표와 비교해 더 낮은 값에 관한 밝은 색상을 제거한다.

```
In: ax = states.plot(column='number_of_fires', figsize=(15, 6),
    cmap='Accent', legend=True)
```

지도는 다음과 같다.

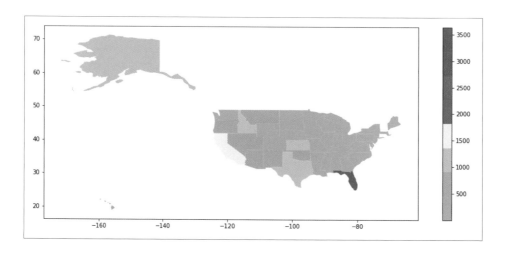

다음 코드를 사용해 제목을 추가하고 x축과 y축을 떨어뜨려 지도를 조금 더 미세 조정한다.

```
In: import matplotlib.pyplot as plt
    f, ax = plt.subplots(1, figsize=(18,6))
    ax = states.plot(column='number_of_fires', cmap='Accent', legend=True, ax=ax)
    lims = plt.axis('equal')
    f.suptitle('US Wildfire count per state in 1984-2015')
    ax.set_axis_off()
    plt.show()
```

결과는 다음과 같다.

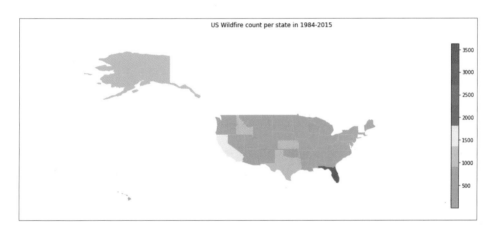

데이터 검증 문제

데이터를 준비할 때는 다루는 데이터를 아는 것이 좋다. 예를 들어 항목들에 누락된 값이 있는 경우 데이터셋에 관한 통계 수치를 나열한다. 분석을 하기 전에 자료를 정리하는 것이 일반적이다.

GeoPandas 데이터 객체는 pandas 데이터 객체의 하위 클래스이기 때문에, pandas 메서드를 사용해 데이터 검사와 정제를 할 수 있다. 예를 들어 이전에 사용했던 산불 데이터 쉐이프파일을 보자. 데이터프레임 객체를 나열함으로써 모든 속성 데이터를 출력할 뿐만 아니라 20,340행과 30열 전체를 나열한다. 총 행수 또한 출력할 수 있다.

In: len(fires.index)

Out: 20340

이는 입력 데이터셋에 20,340건의 개별 산불 사례가 있음을 의미한다. 이제 이 행 값과 공간 결합을 수행한 후 주별 횟수의 합과 비교한다.

In: counts_per_state.sum()

Out: 20266

공간 결합 후 데이터셋에 74건의 산불이 더 적다는 것을 알았다. 이 시점에서는 공간 결합에 어떤 문제가 있는지, 왜 누락된 값이 있는지 명확하지 않지만, 예를 들어 빈 필드, 값이 없거나 또는 단순히 널값 같은 지오메트리 연산을 수행하기 전후에 데이터셋을 확인하는 것이 가능하며 권장된다.

In: fires.empty   # 데이터프레임에 빈 필드가 있는지 체크

Out: False

열 이름을 지정해 동일한 작업을 수행할 수도 있다.

In: fires['geometry'].empty

Out: False

GeoPandas 지오메트리 열은 텍스트와 값을 조합해 사용하므로 NaN 또는 0 값을 확인하는 것은 의미가 없음을 알아둔다.

▌ 요약

5장에서는 벡터 데이터 작업을 위한 3개의 파이썬 라이브러리 OGR, Shapely, GeoPandas를 다뤘다. 특히 지리공간 분석과 처리를 위해 이 세 가지를 모두 사용하는 방법을 보여줬다. 각 라이브러리는 클래스, 메서드, 데이터 구조 및 인기 있는 예제별로 다뤘다. 간단한 예제 스크립트는 데이터 처리 및 분석을 시작하는 방법을 보여준다. 전체적으로 살펴보면 이제 각 라이브러리를 분리해 사용하는 방법과 다음 작업을 위해 3가지를 모두 결합하는 방법을 알고 있다.

- 벡터 데이터 읽기 및 쓰기
- 벡터 데이터 생성 및 처리하기
- 벡터 데이터 플로팅하기
- 지도 투영 작업하기
- 공간 연산 수행하기
- 표 형식으로 벡터 지오메트리 및 속성 데이터 작업하기
- 공간 컴포넌트로 질의응답을 위한 데이터 표현 및 분석하기

6장에서는 래스터 데이터 처리와 GDAL 및 Rasterio 라이브러리의 사용 방법을 살펴본다. 이런 라이브러리를 사용해 래스터 기반의 지리공간 검색 및 분석을 수행하는 방법과 지리적 위치의 텍스트와 이미지를 사용하는 방법을 배운다.

06

래스터 데이터 처리

지리정보시스템GIS, Geographic Information Systems은 포인트, 선, 폴리곤으로 구성되는 경우가 많다. 이러한 데이터 타입을 벡터 데이터라고 한다. 그러나 GIS에는 래스터 데이터 타입이 있다. 6장에서는 래스터 데이터로 작업하는 기본 사항에 관해 배운다. 배울 내용은 다음과 같다.

- GDAL을 사용해 래스터 데이터 쿼리, 로드하기
- GDAL을 사용해 래스터 데이터 수정, 저장하기
- GDAL을 사용해 래스터 데이터 생성하기
- PostgreSQL에 래스터 데이터 로드하기
- PostgreSQL에서 래스터 데이터 쿼리 수행하기

▮ GDAL을 사용해 래스터 데이터 다루기

GDAL 라이브러리를 사용하면 벡터와 래스터 데이터를 모두 읽고 쓸 수 있다. 윈도우에 GDAL을 설치하려면 적절한 바이너리가 필요하다.

바이너리를 포함하고 있는 OSGeo4W는 다음 사이트에서 다운로드할 수 있다.

https://trac.osgeo.org/osgeo4w/

바이너리를 갖고 있다면 conda를 사용해 gdal을 다음과 같이 설치할 수 있다.

```
conda install -c conda-forge gdal
```

다음 절에서는 .tif 파일로 작업하는 방법을 배운다.

GDAL 라이브러리로 래스터 데이터 로드 및 쿼리하기

이제 설치된 gdal을 사용하기 위해 임포트한다.

```
from osgeo import gdal
```

GDAL 3는 가장 최신 버전이다. gdal의 이전 버전을 설치한 경우 다음 코드를 사용해 가져올 필요가 있다.

```
import gdal
```

이런 경우라면 gdal 버전 업그레이드에 관해 검토해보는 것이 좋다. gdal을 사용하면 래스터 이미지를 열 수 있다. 먼저 웹에서 이미지를 구해보자. 뉴멕시코대학교 지구 데이터 분석 센터는 자원지리정보시스템RGIS, Resource Geographic Information System을 관리한다. 그 안에서 뉴멕시코 GIS 데이터를 찾을 수 있다. http://rgis.unm.edu/를 찾아보고 Get Data 링크에서 Shaded Relief, General 및 뉴멕시코를 선택한다. 그런 다음, Color Shaded Relief of New Mexico(Georerferenced TIFF) 파일을 다운로드한다. ZIP 압축을 풀면 여러 개의 파일이 나온다. nm_relief_color.tif에만 관심이 있다. 다음 코드로 gdal을 사용해 TIF를 연다.

```
nmtif = gdal.Open(r'C:\Desktop\ColorRelief\nm_relief_color.tif')
print(nmtif.GetMetadata())
```

이전 코드에서 TIF를 열었다. 파이썬 표준 라이브러리 open 대신에 gdal.Open을 사용했다는 것을 제외하고는 파이썬에서 다른 파일을 여는 것과 매우 유사하다. 다음 행은 TIF에서 메타데이터를 출력하며, 결과는 다음과 같이 나타난다.

```
{'AREA_OR_POINT': 'Area', 'TIFFTAG_DATETIME': '2002:12:18 8:10:06', 'TIFFTAG_
RESOLUTIONUNIT': '2 (pixels/inch)', 'TIFFTAG_SOFTWARE': 'IMAGINE TIFF Support\
nCopyright 1991 - 1999 by ERDAS, Inc. All Rights Reserved\n@(#)$RCSfile: etif.c $
$Revision: 1.9.3.3 $ $Date: 2002/07/29 15:51:11EDT $', 'TIFFTAG_XRESOLUTION': '96',
'TIFFTAG_YRESOLUTION': '96'}
```

이 메타데이터는 생성 및 수정된 날짜, 해상도, 인치당 픽셀 등 몇 가지 기본 정보를 제공한다. 관심 있는 데이터의 한 가지 특징은 투영이다. 찾으려면 다음 코드를 사용한다.

```
nmtif.GetProjection()
```

TIF에서 GetProjection 메서드를 사용하면 아무것도 찾을 수 없음을 알 수 있다. 코드 결과는 다음과 같다.

```
'LOCAL_CS[" Geocoding information not available Projection Name = Unknown
Units = other GeoTIFF Units = other",UNIT["unknown",1]]'
```

QGIS에서 이 TIF를 열면 CRS가 정의되지 않고 epsg:4326으로 기본 설정된다는 경고 가 표시된다. 이미지가 투영된 것을 알고 있으며, nm_relief_color.tif.xml 파일을 보 면 확인할 수 있다. 아래쪽으로 스크롤하면 다음과 같이 XML 태그 <cordysn> 내용을 볼 수 있다.

```
<cordsysn>
<geogcsn>GCS_North_American_1983</geogcsn>
<projcsn>NAD_1983_UTM_Zone_13N</projcsn>
</cordsysn>
```

spatialreference.org 사이트에서 투영 영상을 확인하면 EPSG:26913임을 알 수 있다. 다 음 코드에서 보듯이 gdal을 사용해 투영을 설정할 수 있다.

```
from osgeo import osr
p=osr.SpatialReference()
p.ImportFromEPSG(26913)
nmtif.SetProjection(p.ExportToWkt())
nmtif.GetProjection()
```

이전 코드는 osr 라이브러리를 임포트한다. 그다음 라이브러리를 사용해 새로운 Spatial Reference를 생성한다. 다음으로 ImportFromEPSG를 사용해 알려진 참조를 가져와 26913 을 전달한다. 그런 다음 SetProjection을 사용해 EPSG:26913에 관한 WKT를 전달한 다. 마지막으로, GetProjection을 호출하면 코드가 동작함을 알 수 있다. 그 결과는 다 음과 같다.

```
'PROJCS["NAD83 / UTM zone 13N",GEOGCS["NAD83",DATUM["North_American_
Datum_1983",SPHEROID["GRS 1980",6378137,298.257222101,AUTHORITY["EPSG","7019"]],T
OWGS84[0,0,0,0,0,0,0 ],AUTHORITY["EPSG","6269"]],PRIMEM["Greenwich",0,AUTHORITY[
"EPSG","8901"]], UNIT["degree",0.0174532925199433,AUTHORITY["EPSG","9122"]],AUTH
ORITY["EPSG" ,"4269"]],PROJECTION["Transverse_Mercator"],PARAMETER["latitude_of_
origin", 0],PARAMETER["central_meridian",-105],PARAMETER["scale_factor",0.9996],PARA
METER["false_easting",500000],PARAMETER["false_northing",0],UNIT["metre",1, AUTHORITY["
EPSG","9001"]],AXIS["Easting",EAST],AXIS["Northing",NORTH],AUTHO RITY["EPSG","26913"]]'
```

결과는 EPSG:26913의 WKT이다.

QGIS를 열면 경고 없이 TIF가 로드된다. 거기에 앨버커키 스트리트의 복사본을 추가할 수 있고 정확히 그 위치에 표시될 것이다. 두 데이터셋는 모두 EPSG:26913에 있다. 다음 이미지는 뉴멕시코 앨버커키 중심부의 TIF와 거리를 보여준다.

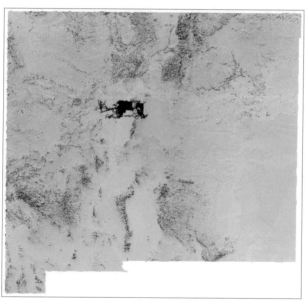

스트리트 쉐이프파일을 가진 NM TIF

이제 투영을 추가했으므로 TIF의 새 버전을 저장할 수 있다.

```
geoTiffDriver="GTiff"
driver=gdal.GetDriverByName(geoTiffDriver)
out=driver.CreateCopy("copy.tif",nmtif,strict=0)
```

새 파일에 공간 참조가 있는지 확인하려면 다음 코드를 사용한다.

```
out.GetProjection()
```

이 코드는 다음과 같이 EPSG:26913에 관해 WKT를 출력한다.

```
'PROJCS["NAD83 / UTM zone 13N",GEOGCS["NAD83",DATUM["North_American_
Datum_1983",SPHEROID["GRS 1980",6378137,298.257222101,AUTHORITY["EPSG","7019"]],T
OWGS84[0,0,0,0,0,0,0 ],AUTHORITY["EPSG","6269"]], PRIMEM["Greenwich",0,AUTHORITY[
"EPSG","8901"]],UNIT["degree",0.017453292519 9433,AUTHORITY["EPSG","9122"]], AUT
HORITY["EPSG","4269"]],PROJECTION["Transverse_Mercator"],PARAMETER["latitude_of_
origin",0],PARAMETER["central_meridian", -105],PARAMETER["scale_factor",0.9996],PARAMET
ER["false_easting",500000],PA RAMETER["false_northing",0],UNIT["metre",1, AUTHORITY["EP
SG","9001"]],AXIS["Easting",EAST],AXIS["Northing",NORTH],AUTHO RITY["EPSG","26913"]]'
```

컬러 래스터 데이터셋에는 세 가지 밴드(빨간색, 초록색, 파란색)가 있다. 다음 코드를 사용해 각 밴드를 개별적으로 얻을 수 있다.

```
nmtif.RasterCount
```

이 코드는 3을 반환한다. 배열과 달리 밴드는 1부터 색인하기 때문에 3개의 밴드 래스터에는 인덱스 1, 2, 3이 들어간다. 다음 코드에 표시된 GetRasterBand()에 인덱스를 전달해 단일 밴드를 선택할 수 있다.

```
band=nmtif.GetRasterBand(1)
```

이제 래스터 밴드를 가져왔으니 그 밴드에 쿼리를 수행할 수 있고 위치의 값을 조회할 수 있다. 지정된 행과 열에서 값을 찾으려면 다음 코드를 사용한다.

```
values=band.ReadAsArray()
```

이제 values는 배열이므로 다음과 같이 색인 표기법으로 값을 조회할 수 있다.

```
values[1100,1100]
```

이 코드는 216의 값을 반환한다. 단일 밴드 배열에서는 도움이 되겠지만, 컬러 이미지에서는 어떤 위치의 색을 가장 알고 싶을 것이다. 이것은 세 개의 밴드의 값을 모두 알아야 한다. 다음 코드를 사용해 이를 수행할 수 있다.

```
one= nmtif.GetRasterBand(1).ReadAsArray()
two = nmtif.GetRasterBand(2).ReadAsArray()
three= nmtif.GetRasterBand(3).ReadAsArray()
print(str(one[1100,1100])+","+ str(two[1100,1100])+","+str(three[1100,1100]))
```

이 코드는 216, 189, 157 값을 반환한다. 이는 픽셀의 RGB 값이다. 이 세 값은 서로 조합되며 다음 이미지에 보이는 색이다.

[1100,1100]의 3 밴드로 표현한 색

밴드를 사용하면 밴드에 관한 정보를 얻을 수 있는 여러 메서드에 액세스할 수 있다. 다음 코드처럼 값의 평균 및 표준편차를 얻을 수 있다.

```
one=nmtif.GetRasterBand(1)
two=nmtif.GetRasterBand(2)
three=nmtif.GetRasterBand(3)
one.ComputeBandStats()
two.ComputeBandStats()
three.ComputeBandStats()
```

결과는 다음과 같다.

```
(225.05771967375847, 34.08382839593031)
(215.3145137636133, 37.83657996026153)
(195.34890652292185, 53.08308166590347)
```

다음 코드와 같이 밴드로부터 최솟값과 최댓값을 얻을 수도 있다.

```
print(str(one.GetMinimum())+","+str(one.GetMaximum()))
```

결과는 0.0과 255.0이 된다.

밴드에 관한 설명도 얻을 수 있다. 다음 코드는 설명을 얻고 설정하는 방법을 보여준다.

```
two.GetDescription() # band_2의 결괏값
two.SetDescription("The Green Band")
two.GetDescription() # "The Green Band"의 결괏값
```

래스터 데이터 셋으로 가장 명확하게 하고 싶은 것은 주피터 노트북에서 래스터를 보는 것이다. 주피터 노트북에 이미지를 로드하는 방법에는 여러 가지가 있는데, 하나는 HTML과 <img>를 사용한다. 다음 코드는 matplotlib을 사용해 이미지를 표시하는 방법이다.

```python
import numpy as np
from matplotlib.pyplot import imshow
%matplotlib inline

data_array=nmtif.ReadAsArray()
x=np.array(data_array[0])
# x.shape ---> 6652,6300
w, h =6652, 6300
image = x.reshape(x.shape[0],x.shape[1])
imshow(image, cmap='gist_earth')
```

이 코드는 numpy와 matplotlib.pyploy.imshow를 가져온다.

NumPy는 배열로 작업할 때 인기 있는 라이브러리다. 래스터 배열을 다룰 때 라이브러리를 잘 이해하면 유리하다. 팩트출판사는 『NumPy Cookbook』, 『NumPy Beginners Guide』, 『Learning NumPy Array』 같은 NumPy에 관한 몇 권의 책을 출간했으며, 더 많은 것을 배울 때 좋다.

주피터 노트북에서 인라인 플롯을 설정하고 코드는 TIF에서 배열로 읽는다. 그런 다음 첫 번째 밴드에서 숫자 배열을 만든다.

밴드는 1부터 색인되지만, 일단 배열로 읽으면 0으로 색인이 된다.

첫 번째 밴드를 분리하기 위해 코드에서 너비와 높이를 사용해 배열을 재구성한다. x.Shape를 사용하면 둘 다 얻을 수 있고, 인덱스를 사용하면 각각 하나씩 얻을 수 있다. 마지막으로, 이 코드는 imshow를 사용해 gist_earth의 색상 맵을 사용해 이미지를 표시한다. 이 이미지는 다음과 같이 쥬피터에 표시된다.

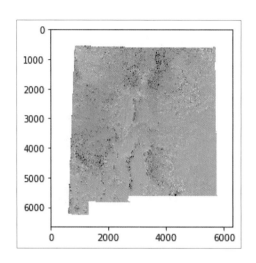

imshow를 이용한 쥬피터 노트북 내의 Tif

이제 래스터를 로드하고 기본 작업을 수행하는 방법을 알았으므로 다음 절에서 래스터 생성 방법을 배운다.

GDAL을 이용한 래스터 생성

이전 절에서는 래스터를 로드하고, 기본 쿼리를 수행하며, 수정하고, 새 파일로 저장하는 방법을 배웠다. 이번 절에서는 래스터를 만드는 방법을 배운다. 래스터는 배열이므로 다음 코드처럼 배열을 만들면서 시작한다.

```
a_raster=np.array([
[10,10,1,10,10,10,10],
```

```
[1,1,1,50,10,10,50],
[10,1,1,51,10,10,50],
[1,1,1,1,50,10,50]])
```

이 코드는 4행 7열로 이루어진 숫자 배열을 만든다. 이제 데이터 배열을 만들었으니 몇 가지 기본 속성을 설정해야 한다. 다음 코드는 변수에 값을 할당하고 나서 래스터로 전달한다.

```
coord=(-106.629773,35.105389)
w=10
h=10
name="BigI.tif"
```

이 코드는 coord 변수에 왼쪽 아래 모서리, 너비, 높이 및 이름을 설정한다. 그다음 폭과 높이를 픽셀 단위로 설정한다. 마지막으로 래스터의 이름을 설정한다. 다음 단계는 데이터와 속성을 결합해 래스터를 만드는 것이다. 방법은 다음과 같다.

```
d=gdal.GetDriverByName("GTiff") output=d.Create(name,a_raster.shape[1],a_raster.
shape[0],1,gdal.GDT_UInt16) output.SetGeoTransform((coord[0],w,0,coord[1],0,h))
output.GetRasterBand(1).WriteArray(a_raster)
outsr=osr.SpatialReference()
outsr.ImportFromEPSG(4326)
output.SetProjection(outsr.ExportToWkt())
output.FlushCache()
```

이 코드는 GeoTiff 드라이버를 변수 d에 할당한다. 그다음 드라이버를 사용해 래스터를 만든다. Create 메서드에 name, x 크기, y 크기, 밴드 수, 데이터 타입 등 5개의 매개 변수를 전달한다. x와 y 사이즈를 얻기 위해 a_raster.shape를 사용했고, (4,7)을 얻었다. a_raster.shape를 인덱싱하면 x와 y를 각각 얻는다.

> Create()는 GDT_로 시작되는 여러 데이터 타입을 허용한다. 다른 데이터 타입으로는 Unknown, Byte, UInt16, UInt32, Int32, Float32, Float64, CInt16, CInt32, CFloat32, Cfloat64가 있다.

다음 코드는 왼쪽 위 모서리 좌표와 회전을 이용해 지도에서 픽셀 좌표로 변환을 설정한다. 회전은 너비와 높이이고, 북쪽방향 이미지라면 다른 파라미터는 0이다. 밴드에 데이터를 쓰기 위해 코드는 래스터 밴드를 선택한다. 이 경우 `Create()` 메서드를 호출할 때 지정한 단일 밴드를 사용했으므로 `GetRasterBand()`와 `WriteArray()`에 `1`을 전달하면 `Numpy` 배열을 가져온다.

이제 TIF에 공간 참조를 할당해야 한다. 공간 참조를 생성해 `outsr`에 할당한다. 그다음 EPSG 코드에서 공간 참조를 가져올 수 있다. 다음으로, `SetProjection()` 메서드에 WKT를 전달해 TIF에 투영을 설정한다.

마지막 단계는 파일에 쓰는 `FlushCache()`이다. TIF가 완료되면 `output = None`으로 설정해 삭제할 수 있다. 그러나 다음 코드에서 다시 사용하므로 여기서는 이 단계를 건너뛴다.

코드가 동작하는지 증명하기 위해 다음 코드와 같이 투영을 점검할 수 있다.

```
output.GetProjection()
```

출력 결과 TIF가 EPSG:4326에 있음을 알 수 있다.

```
'GEOGCS["WGS 84",DATUM["WGS_1984",SPHEROID["WGS 84",6378137,298.257223563,AUTHORITY["EP
SG","7030"]],AUTHORITY["EPSG","6326" ]],PRIMEM["Greenwich",0,AUTHORITY["EPSG","8901"]],
UNIT["degree",0.017453292 5199433,AUTHORITY["EPSG","9122"]],AUTHORITY["EPSG","4326"]]'
```

TIF를 주피터 노트북에 전시해 예상한 대로 보이는지 확인할 수 있다. 다음 코드는 이
미지를 표시하고 결과를 검사하는 방법을 보여준다.

```
data=output.ReadAsArray()
w, h =4, 7
image = data.reshape(w,h) #assuming X[0] is of shape (400,) .T
imshow(image, cmap='Blues') #enter bad color to get list
data
```

이 코드는 래스터를 배열로 읽고 너비와 높이를 할당한다. 그다음 이미지 변수를 생성
해 너비와 높이로 배열을 다시 만든다. 마지막으로 이미지를 imshow()로 전달하고 마
지막 줄에 데이터를 출력한다. 모든 것이 제대로 동작한다면 다음과 같은 이미지를 볼
수 있다.

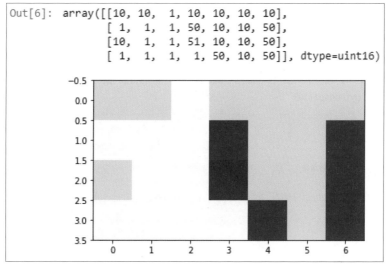

배열 값으로부터 생성된 래스터

다음 절에서는 PostgreSQL을 사용해 래스터를 대안으로 사용하거나 gdal과 함께 사용
하는 방법을 설명한다.

PostgreSQL에서 래스터 처리하기

6장의 첫 절에서는 gdal을 사용해 래스터를 로드하고 나타내고 쿼리할 수 있었다. 이번 절에서는 PostgreSQL 공간 데이터베이스를 사용해 래스터를 로드하고 쿼리하는 방법을 배운다. 데이터를 모델링하기 시작하면, 결과를 공간 데이터베이스에 보관할 가능성이 높다. 데이터베이스를 활용해 래스터에 관한 쿼리를 수행할 수 있다.

PostgreSQL에 래스터 로드하기

래스터를 PostgreSQL에 로드하려면 raster2pgsql 바이너리를 사용할 수 있다. 만약 파일이 경로에 없다면, 추가해야 한다. 윈도우 PostgreSQL 설치 디렉터리 \PostgreSQL \10\bin에서 바이너리를 찾을 수 있어야 한다.

다음 명령을 운영체제의 명령행에서 실행한다. 6장에서 앞서 생성한 TIF를 기존 PostgreSQL 데이터베이스에 로드한다.

```
>raster2pgsql -I -C -s 4326 C:\Users\Paul\Desktop\BigI.tif public.bigi | psql -U
postgres -d pythonspatial
```

이 명령은 -I(인덱스 생성), -C(래스터 제한 조건 추가) 및 -s 4326(SRID) 매개변수가 포함된 raster2pgsql을 사용한다. 윈도우에서 파이프 연산자를 사용해 psql에 명령을 전달한다. Psql은 -U postgres(사용자 이름) 및 -d pythonspatial(데이터베이스) 매개변수를 사용해 실행된다.

 Postgres 사용자로 로그인한 경우 −U가 필요 없다. 계정이 없다면 윈도우는 로그인한 사용자 계정을 사용해서 PostgreSQL에 로그인을 시도한다(PostgreSQL 사용자와 동일하지 않을 수 있다).

이제 데이터를 PostgreSQL에 로드했으니, 다음 절에서 파이썬을 사용해 쿼리하는 방법을 살펴본다.

PostgreSQL로 래스터 쿼리 수행하기

PostgreSQL에 래스터를 로드하면, 파이썬을 사용해 쿼리할 수 있다. PostgreSQL 작업을 위한 파이썬 라이브러리는 psycopg2이다. 다음 코드는 TIF를 로드한 데이터베이스에 연결한다.

```
import psycopg2
connection = psycopg2.connect(database="pythonspatial",user="postgres",
password="postgres")
cursor = connection.cursor()
```

이 코드는 psycopg2를 임포트한 다음 데이터베이스 이름, 사용자 이름 및 암호를 전달하고 연결을 만든다. 마지막으로 쿼리를 실행할 수 있도록 cursor 객체를 얻는다. PostgreSQL에 있는 래스터를 보기 위해 다음 코드와 같이 모두 가져오도록 실행한다.

```
cursor.execute("SELECT * from bigi")
# Big I는 I-25와 I-40이 만나 앨버커크를 사분면으로 분할하는 교차로 이름이다.
cursor.fetchall()
```

이 코드는 select all 구문을 실행하고 그 결과를 출력한다. 테이블에는 두 개의 열 rid, rast가 있는데, rid는 래스터의 고유 ID 필드다. raster2pgsql을 실행할 때 타일을 바꾸면 더 많은 행이 있다. rast 열에는 래스터 데이터를 저장한다.

```
[(1,
 '0100000100000000000000024400000000000000002440D8B969334EA85AC0D82D02637D8D4140
 0000000000000000000000000000000E610000007000400040000A0A010A0A0A0A010101320
 A0A320A0101330A0A3201010101320A32')]
```

래스터 메타데이터 쿼리하기

PostgreSQL을 사용하면 데이터에 관해 다양한 쿼리를 수행한다. 이 절에서 래스터에 기본 메타데이터 및 속성을 쿼리하는 방법을 배운다. 이 절에서는 많은 PostgreSQL 함수 중 사용 가능한 몇 가지를 소개한다. 기본 텍스트 요약을 위해 데이터를 쿼리할 수 있다. 다음 코드는 ST_Summary()를 사용하는 방법이다.

```
cursor.execute("select ST_Summary(rast) from bigi;")
cursor.fetchall()
```

요약 함수는 래스터 데이터 열을 파라미터로 해서 래스터 크기, 상자의 경계, 밴드 개수, 밴드에 데이터 값이 없는 경우를 포함하는 문자열을 반환한다. 결과는 다음과 같다.

```
[('Raster of 7x4 pixels has 1 band and extent of BOX(-106.629773 35.105389,-36.629773
75.105389)\n band 1 of pixtype 8BUI is in-db with no NODATA value',)]
```

ST_Summary에서 개별 정보를 구문 분석하는 것은 어렵다. ST_Metadata 기능을 사용해 컴퓨터가 읽기 더 적당한 포맷으로 이 정보를 검색할 수 있다. 다음 코드를 사용해 작업을 수행한다.

```
cursor.execute("select ST_MetaData(rast) from bigi")
cursor.fetchall()
```

이 코드는 래스터에 관해 왼쪽 상단 X 값, 왼쪽 Y 값, 너비, 높이, X 척도, Y 척도, X의 기울기, Y의 기울기, SRID 및 래스터의 밴드 개수를 쿼리한다. 결과는 다음과 같다.

```
[('(-106.629773,35.105389,7,4,10,10,0,0,4326,1)',)]
```

결과에서 인덱스를 사용해 개별 메타데이터를 선택할 수 있는데, 이는 ST_Summary에서 제공하는 문자열을 구문 분석하는 더 간단한 솔루션이다.

래스터의 특정 속성 및 개별 속성을 쿼리할 수 있다. 요약 내용의 두 포인트 상자 대신 래스터를 단일 폴리곤으로 가져오려면 다음 코드를 사용한다

```
cursor.execute("select ST_AsText(ST_Envelope(rast)) from bigi;")
cursor.fetchall()
```

이 코드 결과는 래스터의 벡터 폴리곤에 관한 WKT이다. 다음과 같다.

```
[('POLYGON((-106.629773 75.105389,-36.629773 75.105389,-36.629773 35.105389,-106.629773
35.105389,-106.629773 75.105389))',)]
```

다음 코드는 래스터의 높이와 너비를 쿼리한다.

```
cursor.execute("select st_height(rast), st_Width(rast) from bigi;")
#st_width
cursor.fetchall()
```

6장 앞부분에서 알 수 있듯이, 래스터는 다음 결과처럼 4x7이다.

```
[(4, 7)]
```

유용한 또 다른 메타데이터는 픽셀 크기다. 방법은 다음과 같다.

```
cursor.execute("select ST_PixelWidth(rast), ST_PixelHeight(rast) from bigi;")
cursor.fetchall()
```

ST_PixelWidth 및 ST_PixelHeight를 사용해 다음 결과를 얻을 수 있다. 6장 앞부분에서 래스터를 만들 때의 높이와 넓이와 일치한다.

```
[(10.0,10.0)]
```

특정 밴드에 관한 셀 내의 데이터에 관한 기본적인 통계 정보는 래스터에 쿼리할 수 있다. ST_SummaryStats는 데이터 값에 관한 기본 요약 통계를 제공한다. 다음 코드는 쿼리 방법이다.

```
cursor.execute("select ST_SummaryStats(rast) from bigi;")
cursor.fetchall()
```

이 코드 결과는 래스터 밴드의 합계, 평균, 표준편차, 최소 및 최댓값을 반환한다. 래스터 밴드는 ST_SummaryStats(rast,3)처럼 두 번째 파라미터에 정수로 전달할 수 있다. 밴드를 지정하지 않으면 기본값은 1이다. 결과는 다음과 같다.

```
[('(28,431,15.3928571428571,18.5902034218377,1,51)',)]
```

다음 코드처럼 래스터 값의 히스토그램을 쿼리할 수도 있다.

```
cursor.execute("SELECT ST_Histogram(rast,1) from bigi;")
cursor.fetchall()
```

이 코드는 ST_Histogram을 사용해 래스터 칼럼과 밴드를 전달한다. 세 번째 파라미터로 bins 수를 전달하거나 함수를 결정할 수 있다. 결과는 다음과 같다.

```
[('(1,9.33333333333333,10,0.357142857142857)',),
 ('(9.33333333333333,17.6666666666667,12,0.428571428571429)',),
 ('(17.6666666666667,26,0,0)',),
 ('(26,34.3333333333333,0,0)',),
 ('(34.3333333333333,42.6666666666667,0,0)',),
 ('(42.6666666666667,51,6,0.214285714285714)',)]
```

170

이 코드 결과는 bins 배열이다. 각 bin은 최솟값, 최댓값, 카운트 및 백분율을 포함한다.

지오메트리 결괏값 쿼리

이전 쿼리는 래스터에 관한 기본 정보를 반환하고 데이터 컬렉션을 반환했다. PostgreSQL은 쿼리에서 지오메트리 반환하는 일련의 함수가 있다. 이 절에서는 이런 함수 중 일부를 다룬다.

래스터는 셀, 값의 행렬로 구성돼 있다. 이 셀들은 래스터 데이터에서 지오레퍼런스 픽셀이 된다. PostgreSQL을 사용하면 특정 셀에 관한 래스터 데이터를 쿼리하고 해당 셀의 폴리곤을 얻을 수 있다. 다음 코드는 그 방법을 보여준다.

```
cursor.execute("select rid, ST_asText(ST_PixelAsPolygon(rast,7,2)) from bigi;")
cursor.fetchall()
```

ST_PixelAsPolygons를 사용해 래스터 열, 칼럼 및 셀의 행을 전달하면 해당 셀의 폴리곤 형상을 다시 얻을 수 있다. 쿼리를 ST_AsText로 감싸면 바이너리 대신 폴리곤의 WKT 표현을 다시 얻을 수 있다. 그 결과는 다음과 같다.

```
[(1,
'POLYGON((-46.629773 45.105389,-36.629773 45.105389,-36.629773
 55.105389,-46.629773 55.105389,-46.629773 45.105389))')]
```

이 결과는 픽셀의 rid(래스터 ID) 값을 반환한다. 래스터를 PostgreSQL에 로드할 때 타일을 붙이지 않았으므로, 모든 쿼리는 rid값 1을 반환한다. 이 쿼리는 폴리곤을 반환했지만 함수를 사용해 포인트로 반환할 수 있다. ST_PixelAsPoints 및 ST_PixelAsCentroids를 사용해 래스터 데이터셋의 모든 픽셀에 관한 포인트를 가져온다.

ST_PixelAsPoints를 사용해 각 픽셀의 왼쪽 상단 모서리를 나타내는 포인트 지오메트리를 가져올 수 있다. 또한 이 쿼리는 셀의 x와 y와 값을 반환한다. 다음 코드는 이 방법을 보여준다.

```
cursor.execute("SELECT x, y, val, ST_AsText(geom) FROM (SELECT
(ST_PixelAsPoints(rast, 1)).* FROM bigi) as foo;")

cursor.fetchall()
```

이 코드는 두 부분으로 된 쿼리다. FROM문 이후 쿼리는 밴드 1의 포인트로 픽셀을 가져온다. 첫 번째 문장은 결과에 관해 select를 수행하고 포인트 지오메트리와 셀의 x, y 및 값을 가져온다. ST_PixelAsPoints는 기본적으로 값이 없는 셀 데이터는 반환하지 않는다. 세 번째 파라미터를 false로 전달해 값이 없는 셀을 반환할 수 있다.

이 쿼리의 결과는 각 셀에 관한 배열의 행이다. 각 행은 x, y, 값 및 지오메트리를 포함한다. 결과는 다음과 같다.

```
[(1, 1, 10.0, 'POINT(-106.629773 35.105389)'),
 (2, 1, 10.0, 'POINT(-96.629773 35.105389)'),
 (3, 1, 1.0, 'POINT(-86.629773 35.105389)'),
 (4, 1, 10.0, 'POINT(-76.629773 35.105389)'),
 (5, 1, 10.0, 'POINT(-66.629773 35.105389)'),
 (6, 1, 10.0, 'POINT(-56.629773 35.105389)'),
 (7, 1, 10.0, 'POINT(-46.629773 35.105389)'),
 (1, 2, 1.0, 'POINT(-106.629773 45.105389)'),
 (2, 2, 1.0, 'POINT(-96.629773 45.105389)'),
 (3, 2, 1.0, 'POINT(-86.629773 45.105389)'),
 (4, 2, 50.0, 'POINT(-76.629773 45.105389)'),
 (5, 2, 10.0, 'POINT(-66.629773 45.105389)'),
 (6, 2, 10.0, 'POINT(-56.629773 45.105389)'),
 (7, 2, 50.0, 'POINT(-46.629773 45.105389)'),
 (1, 3, 10.0, 'POINT(-106.629773 55.105389)'),
 (2, 3, 1.0, 'POINT(-96.629773 55.105389)'),
 (3, 3, 1.0, 'POINT(-86.629773 55.105389)'),
 (4, 3, 51.0, 'POINT(-76.629773 55.105389)'),
 (5, 3, 10.0, 'POINT(-66.629773 55.105389)'),
```

```
  (6, 3, 10.0, 'POINT(-56.629773 55.105389)'),
  (7, 3, 50.0, 'POINT(-46.629773 55.105389)'),
  (1, 4, 1.0, 'POINT(-106.629773 65.105389)'),
  (2, 4, 1.0, 'POINT(-96.629773 65.105389)'),
  (3, 4, 1.0, 'POINT(-86.629773 65.105389)'),
  (4, 4, 1.0, 'POINT(-76.629773 65.105389)'),
  (5, 4, 50.0, 'POINT(-66.629773 65.105389)'),
  (6, 4, 10.0, 'POINT(-56.629773 65.105389)'),
  (7, 4, 50.0, 'POINT(-46.629773 65.105389)')]
```

ST_PixelAsCentroids를 사용하면 픽셀이나 셀의 중심점을 나타내는 포인트를 얻을 수 있다. 쿼리는 이전 예제와 동일하며 다음과 같다.

```
cursor.execute("SELECT x, y, val, ST_AsText(geom) FROM (SELECT
(ST_PixelAsCentroids(rast, 1)).* FROM bigi) as foo;")

cursor.fetchall()
```

이 쿼리는 두 부분으로 나뉜다. 먼저 ST_PixelAsCentroids 함수를 실행한 다음 해당 결과 집합에서 x, y, 값 및 지오메트리를 가져오며 결과는 다음과 같다. 포인트가 이전 예와 다르다는 점에 주목한다.

```
[(1, 1, 10.0, 'POINT(-101.629773 40.105389)'),
 (2, 1, 10.0, 'POINT(-91.629773 40.105389)'),
 (3, 1, 1.0, 'POINT(-81.629773 40.105389)'),
 (4, 1, 10.0, 'POINT(-71.629773 40.105389)'),
 (5, 1, 10.0, 'POINT(-61.629773 40.105389)'),
 (6, 1, 10.0, 'POINT(-51.629773 40.105389)'),
 (7, 1, 10.0, 'POINT(-41.629773 40.105389)'),
 (1, 2, 1.0, 'POINT(-101.629773 50.105389)'),
 (2, 2, 1.0, 'POINT(-91.629773 50.105389)'),
 (3, 2, 1.0, 'POINT(-81.629773 50.105389)'),
 (4, 2, 50.0, 'POINT(-71.629773 50.105389)'),
 (5, 2, 10.0, 'POINT(-61.629773 50.105389)'),
 (6, 2, 10.0, 'POINT(-51.629773 50.105389)'),
```

```
(7, 2, 50.0, 'POINT(-41.629773 50.105389)'),
(1, 3, 10.0, 'POINT(-101.629773 60.105389)'),
(2, 3, 1.0, 'POINT(-91.629773 60.105389)'),
(3, 3, 1.0, 'POINT(-81.629773 60.105389)'),
(4, 3, 51.0, 'POINT(-71.629773 60.105389)'),
(5, 3, 10.0, 'POINT(-61.629773 60.105389)'),
(6, 3, 10.0, 'POINT(-51.629773 60.105389)'),
(7, 3, 50.0, 'POINT(-41.629773 60.105389)'),
(1, 4, 1.0, 'POINT(-101.629773 70.105389)'),
(2, 4, 1.0, 'POINT(-91.629773 70.105389)'),
(3, 4, 1.0, 'POINT(-81.629773 70.105389)'),
(4, 4, 1.0, 'POINT(-71.629773 70.105389)'),
(5, 4, 50.0, 'POINT(-61.629773 70.105389)'),
(6, 4, 10.0, 'POINT(-51.629773 70.105389)'),
(7, 4, 50.0, 'POINT(-41.629773 70.105389)')]
```

앞에서 언급한 함수는 래스터 데이터셋의 모든 픽셀에 관한 지오메트리를 반환했다. 이 두 함수 모두 단일 픽셀을 지정할 수 있는 기능이 있다. 중심과 포인트에서 복수형을 제거하면 단일 픽셀을 지정할 수 있지만 x, y 및 값은 반환하지 않는다. 다음 코드는 단일 픽셀을 중심으로 쿼리하는 방법을 보여준다.

```
cursor.execute("SELECT ST_AsText(ST_PixelAsCentroid(rast,4,1)) FROM bigi;")
cursor.fetchall()
```

이 코드는 ST_PixelAsCentroid를 사용해 래스터, 행 및 열을 전달한다. 결과는 지정된 셀의 단일 중심점 지오메트리다. 결과는 다음과 같다.

```
[('POINT(-71.629773 40.105389)',)]
```

쿼리를 ST_AsText로 감싸면 결과를 WKT로 반환한다.

반환된 값 쿼리하기

앞의 두 절은 래스터 데이터를 나타내는 래스터와 지오메트리에 관한 정보를 반환했다. 이 절에서는 래스터 데이터셋의 값을 쿼리하는 방법을 보여준다.

특정 셀의 값을 얻으려면 다음과 같이 ST_Value를 사용한다.

```
cursor.execute("select ST_Value(rast,4,3) from bigi;")
cursor.fetchall()
```

이 코드는 래스터, 칼럼, 행을 ST_Value로 전달한다. 경우에 따라 데이터 값을 반환하지 않으려면 false를 전달한다. 쿼리의 결과는 다음과 같다.

```
[(51.0,)]
```

결과는 주어진 셀의 값이다. 지정된 값으로 모든 픽셀을 검색하려면 다음과 같이 ST_PixelOfValue를 사용한다.

```
cursor.execute("select ST_PixelOfValue(rast,1,50) from bigi;")
cursor.fetchall()
```

이 코드는 검색할 밴드와 값을 전달한다. 쿼리의 결과는 값이 50인 모든 (x,y) 좌표의 배열이다. 결과는 다음과 같다.

```
[('(4,2)',), ('(5,4)',), ('(7,2)',), ('(7,3)',), ('(7,4)',)]
```

앞에서 보여준 각 좌푯값은 50이다.

래스터의 모든 값을 요약하기 위해 다음과 같이 ST_ValueCount를 사용해 쿼리할 수 있다.

```
cursor.execute("select ST_ValueCount(rast) from bigi;")
cursor.fetchall()
```

이 코드는 래스터 열을 ST_ValueCount로 전달한다. 밴드를 정수로 전달하고 래스터 밴드를 두 번째 파라미터로 지정할 수 있다. ST_ValueCount(raster, 2)는 밴드 2일 것이다. 그렇지 않으면 기본값은 밴드 1이다. 결과는 다음과 같다.

```
[('(10,12)',), ('(1,10)',), ('(50,5)',), ('(51,1)',)]
```

이 결과는 값과 카운트를 (값, 카운트) 포맷으로 포함한다. 다음 코드와 같이 데이터에서 단일 값이 발생하는 횟수를 쿼리할 수도 있다.

```
cursor.execute("select ST_ValueCount(rast,1,True,50) from bigi;")
cursor.fetchall()
```

ST_ValueCount를 사용해 검색 값(50)을 전달하면 다음과 같이 래스터에서 50회가 발생하는 횟수를 얻을 수 있다.

```
[(5,)]
```

이 결과는 래스터 데이터셋에서 50이 5번 발생함을 의미한다. 래스터 데이터의 모든 값을 반환하려면 다음과 같이 ST_DumpValues를 사용한다.

```
cursor.execute("select ST_DumpValues(rast,1) from bigi;")
cursor.fetchall()
```

이 코드는 래스터 칼럼과 밴드를 전달한다. 결과는 배열로서 래스터의 모든 값이다. 결과는 다음과 같다.

```
[(([[10.0, 10.0, 1.0, 10.0, 10.0, 10.0, 10.0],
  [1.0, 1.0, 1.0, 50.0, 10.0, 10.0, 50.0],
  [10.0, 1.0, 1.0, 51.0, 10.0, 10.0, 50.0],
  [1.0, 1.0, 1.0, 1.0, 50.0, 10.0, 50.0]],),)]
```

이 결과를 사용해 표준 파이썬 인덱싱 표기법을 사용해 개별 셀을 쿼리할 수 있다. 이전 쿼리는 지정된 셀에서 또는 지정된 값을 사용해 값을 반환했다. 다음 두 개의 쿼리는 포인트 지오메트리 기반의 값을 반환한다.

ST_NearestValue를 사용하면 포인트를 전달해 해당 포인트에 가장 가까운 픽셀 값을 얻을 수 있다. 래스터 데이터에 높이 값이 포함된 경우 점과 가장 가까운 알려진 높이 값을 쿼리할 수 있다. 다음 코드는 이 방법을 보여준다.

```
cursor.execute("select ST_NearestValue(rast,( select ST_SetSRID(
ST_MakePoint(-71.629773,60.105389),4326))) from bigi;".format(p.wkt))

cursor.fetchall()
```

이 코드는 래스터 열을 전달하고 ST_NearestValue로 포인트를 전달한다. 안쪽에서부터 포인트 파라미터는 ST_MakePoint를 사용해 좌표에서 포인트를 만들었다. 함수는 ST_SetSRID로 감싸져 있다. ST_SetSRID는 포인트와 공간 참조 두 가지 매개변수를 취한다. 이 경우 포인트는 ST_MakePoint이며, 공간 참조는 ESPG 4326이다. 쿼리 결과는 다음과 같다.

```
[(51.0,)]
```

값 51은 포인트와 가장 가까운 값이다. 쿼리의 좌표는 이전의 ST_PixelAsCentroids 예에서 셀의 중심 (4,3)이다. 그 예에서 그 점의 값은 51이었다. 주어진 포인트 근처의 하나 이상의 값을 검색하려면 다음 코드와 같이 ST_Neighborhood를 사용한다.

```
cursor.execute("select ST_Neighborhood(rast,(select ST_SetSRID( ST_MakePoi
nt(410314,3469015),26913)),1,1) from newmexicoraster;")
cursor.fetchall()
```

ST_Neighborhood 함수는 래스터 열, 포인트 및 x, y 거리 값을 갖는다. 이전 코드에서는
ST_MakePoint 및 ST_SetSRID를 사용해 포인트를 생성했다. 그다음 x와 y 거리 파라미터
에 관해 1과 1의 지점과 거리를 전달했다. 이 경우 다음 결과처럼 3×3 인접 지역이 반
환된다.

```
[([[255.0, 255.0, 255.0], [255.0, 255.0, 255.0], [255.0, 255.0, 255.0]],)]
```

이 결과는 주변 지역의 값이 모두 255라는 것을 보여준다. 마지막으로 벡터 지오메트리
를 래스터로 가져올 수 있다. 앨버커키 경찰 지역 사령부를 폴리곤으로 포함하는 벡터
테이블을 쿼리할 때, 다음 코드는 래스터로 단일 영역 사령부를 추출한다.

```
cursor.execute("SELECT ST_AsPNG(ST_asRaster(geom,150,250,'8BUI')) from areacommand
where name like 'FOOTHILLS';")

c=cursor.fetchall()

with open('Foothills.png','wb') as f:
    f.write(c[0][0])
f.close()
```

이 코드는 areacommand 테이블에서 지오메트리를 가져오는 구문으로, 여기서 이름
은 FOOTHILLS이다. 쿼리의 지오메트리 부분은 래스터 변환을 수행하는 부분이다. ST_
AsRaster는 지오메트리, x 척도, y 척도, 픽셀의 형식을 갖는다. ST_AsRaster 함수는 ST_
AsSPNG 함수로 싸여 있다. 결과는 메모리뷰에 있는 PNG 파일이다. 표준 파이썬 파일 처
리를 사용하면 바이너리 모드에서 Foothills.png 파일을 열고, 메모리 뷰 c[0][0]를 디
스크에 쓴 다음 파일을 닫는다. 결과는 다음 이미지와 같다.

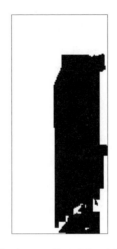

래스터 foothills를 보여주는 이미지

▌ 요약

6장에서는 GDAL과 PostgreSQL에서 래스터 데이터를 사용하는 방법을 알아봤다. 먼저 래스터를 로드하고 쿼리하기 위해 GDAL을 사용하는 방법을 배웠다. 또한 래스터를 수정하고 저장하기 위해 GDAL 사용법을 배웠다. 그러고 나서 고유한 래스터 데이터를 만드는 방법과 raster2pgsql 도구를 사용해 래스터 데이터를 PostgreSQL에 로드하는 방법을 배웠다. PostgreSQL에서 메타데이터, 속성, 값 및 지오메트리를 쿼리하는 방법을 배운 다음 래스터 데이터 분석을 위한 PostgreSQL의 몇 가지 일반적인 함수를 살펴봤다.

6장에서는 래스터 데이터 작업에 관한 내용만 다뤘지만 이제 래스터 작업을 위한 새로운 기술과 방법을 알려면 충분한 지식이 필요하다. 7장에서는 PostgreSQL에서 벡터 데이터를 사용하는 방법을 배운다.

07

지오데이터베이스를 사용한 지오프로세싱

3장, '지리공간 데이터베이스 소개'에서 PostGIS를 설치하고 테이블 생성, 데이터 추가, 기본 공간 쿼리 방법을 배웠다. 7장에서는 지리공간 데이터베이스와 함께 질문에 답하고 지도 만드는 법을 배운다. 7장에서는 범죄 데이터를 테이블에 로드할 것이다. 일단 지오데이터베이스에 현실 세계의 데이터를 입력하고, 일반적인 범죄 분석 작업을 수행하는 방법을 배운다. 그다음 쿼리를 매핑하고 날짜 범위별로 쿼리하고 버퍼, 폴리곤 내 포인트 및 가장 가까운 이웃과 같은 기본적인 지오프로세싱 작업을 수행하는 방법을 배운다. 이어서 주피터 노트북에 위젯을 추가해 대화식으로 쿼리하는 방법을 배운다.

마지막으로 파이썬을 사용해 지리공간 쿼리에서 차트를 만드는 방법을 배운다. 범죄 분석가로서 지도를 만들지만, 모든 GIS 관련 업무가 지도 기반은 아니다. 분석가들은 GIS 데이터를 사용해 질문에 답하고 보고서를 작성한다. 임원들은 종종 차트나 그래프에 더 익숙하다.

7장에서 배우는 내용은 다음과 같다.

- 공간 쿼리를 사용해 지오프로세싱 작업을 수행하는 방법
- 테이블에 트리거를 추가하는 방법
- 지리공간 쿼리 결과 매핑 방법
- 지리공간 쿼리를 그래프로 표시하는 방법
- 주피터를 사용해 상호작용하고 쿼리에 위젯을 연결하는 방법

▌ 범죄 대시보드

상호작용하는 범죄 대시보드를 구축하려면 데이터베이스 구축을 위해 데이터를 수집해야 한다. 그다음 사용자가 코딩할 필요 없이 쿼리를 수정할 수 있도록 데이터를 쿼리하고 위젯을 추가한다. 마지막으로 조회 결과를 그래프로 표시하고 매핑한다.

범죄 데이터베이스 구성

범죄 대시보드의 구성 요소를 만들기 위해 앨버커키 시의 공개 데이터를 사용한다. 앨버커키는 지역 사령부와 비트^{beats}뿐 아니라 지역 사건에 관한 데이터셋을 갖고 있다. 그 지역 incidents와 결합해 두 개의 지리적 영역에 관해 보고할 수 있다.

그다음 주변 연관성이나 다른 경계(인구조사 블록, 그룹 또는 지역, 인구통계학적 정보)를 사용해 분석을 확장할 수 있다.

공개 데이터 사이트(http://www.cabq.gov/abq-data/)에서 데이터 링크를 찾을 수 있다. 페이지 하단으로 스크롤해 Safety Data Sets를 찾아본다.

테이블 생성하기

다음과 같이 범죄 자료를 보관하는 데 사용할 세 개의 테이블을 만들어야 한다.

1. Area commands
2. Beats
3. Incidents

먼저 테이블을 생성하기 위해 필요한 라이브러리를 임포트해야 한다.

```
import psycopg2
import requests
from shapely.geometry import Point,Polygon,MultiPolygon, mapping
import datetime
```

PostGIS에 연결하기 위한 psycopg2, 데이터를 가져오기 위해 서비스에 요청하는 requests, 객체를 GeoJSON으로 쉽게 전환하기 위해 shapely.geometry에서 Point, Polygon, Multi Polygon을 임포트하고, date 필드를 갖는 incidents 때문에 datetime을 임포트하는 중요한 코드다.

3장, '지리공간 데이터베이스 소개'에서는 postgres 사용자 이름으로 pythonspatial이라는 데이터베이스를 만들었다. 그 데이터베이스에 테이블을 만든다. 테이블을 채우기 위해 서비스에서 일부 필드를 복사한다. 서비스의 레이어 페이지 하단에 필드 목록이 있다.

각 필드에는 다음과 같은 incidents 레이어 타입과 길이가 있다.

- OBJECTID(타입: esriFieldTypeOID, 별칭: Object_ID)
- Shape(타입: esriFieldTypeGeometry, 별칭: Geometry)
- CV_BLOCK_ADD(타입: esriFieldTypeString, 별칭: Location, 길이: 72)
- CVINC_TYPE(타입: esriFieldTypeString, 별칭: Description, 길이: 255)
- date(타입: esriFieldTypeDate, 별칭: Date, 길이: 8)

다음 코드를 사용해서 테이블을 생성한다.

```
connection = psycopg2.connect(database="pythonspatial",user="postgres",
password="postgres")
cursor = connection.cursor()

cursor.execute("CREATE TABLE areacommand (id SERIAL PRIMARY KEY, name VARCHAR(20), geom
GEOMETRY)")

cursor.execute("CREATE TABLE beats (id SERIAL PRIMARY KEY, beat VARCHAR(6), agency
VARCHAR(3), areacomm VARCHAR(15),geom GEOMETRY)")

cursor.execute("CREATE TABLE incidents (id SERIAL PRIMARY KEY, address VARCHAR(72),
crimetype VARCHAR(255), date DATE,geom GEOMETRY)")

connection.commit()
```

이 코드는 연결을 만들고 커서를 얻는 것으로 시작한다. 그다음 name 필드와 GEOMETRY 필드를 사용해 areacommand 테이블을 생성한다. ArcServer 서비스에서 지역 사령부 필드의 길이가 20이므로 name 필드를 VARCHAR(20)으로 만들었다. 다음 두 줄은 beats와 incidents 테이블을 만들고, 마지막으로 영구적으로 변경하기 위해 코드를 커밋한다.

데이터 채우기

테이블에 데이터를 채워야 한다. 다음 코드에서 지역 사령부를 가져와 테이블에 삽입한다.

```
url='http://coagisweb.cabq.gov/arcgis/rest/services/public/adminboundaries/MapServer/8/
query'
params={"where":"1=1","outFields":"*","outSR":"4326","f":"json"}
r=requests.get(url,params=params)
data=r.json()

for acmd in data['features']:
    polys=[]

    for ring in acmd['geometry']['rings']:
        polys.append(Polygon(ring))
        p=MultiPolygon(polys)
        name=acmd['attributes']['Area_Command']
        cursor.execute("INSERT INTO areacommand (name, geom) VALUES('{}',
            ST_GeomFromText('{}'))".format(name, p.wkt))

connection.commit()
```

이 코드는 requests를 사용해 URL을 매개변수로 전달해 쿼리한다. 매개변수는 모든 데이터(1=1)를 수집하고 참조 4326과 json의 모든 필드(*)를 수집한다. 결과는 json() 메서드를 사용해 data 변수에 로드한다.

ESRI ArcServer 쿼리 매개변수에 관한 자세한 내용은 다음 API를 참조한다.
http://coagisweb.cabq.gov/arcgis/sdk/rest/index.html#/Query_Map_Service_
Layer/02ss0000000r000000/

다음 코드 블록은 데이터를 삽입할 for 순환문이다. 서비스는 json을 반환하고, 필요한 데이터는 특징 배열에 저장된다. 특징 배열(data['features'])의 각 지역 사령부 (acmd)에 관한 name과 geometry를 가져온다. 이 경우에 지오메트리는 여러 개의 rings로 구성돼 있다. 데이터가 폴리곤으로 구성돼 있기 때문이다. rings를 통한 순환문이 필요하다. 이를 위해 각 ring을 반복하는 for 순환문이 필요하고 폴리곤을 만들어 poyls[ ]에 추가한다.

모든 rings가 폴리곤으로 수집되면 지역 사령부 이름을 가진 단일 MultiPolygon을 만들어 cursor.execute()를 사용해 테이블에 삽입한다.

SQL은 기본 삽입 명령이지만 매개변수화된 쿼리 및 ST_GeometryFromText()를 사용한다. 추가적인 내용에 산만해지지 않고 다음과 같이 기본 쿼리를 사용해 작성한다.

```
INSERT INTO table (field, field) VALUES (value,value)
```

값을 전달하기 위해 .format()을 사용한다. 문자열 이름을 전달하고 Shapely를 사용해 WKT(p.wkt) 좌표로 변환한다.

beats 테이블에 같은 작업이 필요하다.

```
url='http://coagisweb.cabq.gov/arcgis/rest/services/public/adminboundaries/
MapServer/9/query' params={"where":"1=1","outFields":"*","outSR":"4326","f":"json"}
r=requests.get(url,params=params)
data=r.json()

for acmd in data['features']:
    polys=[]
    for ring in acmd['geometry']['rings']:
```

```
    polys.append(Polygon(ring))
p=MultiPolygon(polys)

beat = acmd['attributes']['BEAT']
agency = acmd['attributes']['AGENCY']
areacomm = acmd['attributes']['AREA_COMMA']

cursor.execute("INSERT INTO beats (beat, agency,areacomm,geom) VALUES
('{}','{}','{}',
    ST_GeomFromText('{}'))".format(beat,agency,areacomm,p.wkt))

connection.commit()
```

이 코드는 지역 사령부 코드와 동일하며, 플레이스홀더('{}')를 사용해 추가 필드만 전달한다. 마지막으로 incidents 테이블에 추가한다.

```
url='http://coagisweb.cabq.gov/arcgis/rest/services/public/APD_Incidents/Ma pServer/0/
query' params={"where":"1=1","outFields":"*","outSR":"4326","f":"json"}
r=requests.get(url,params=params)
data=r.json()

for a in data["features"]:
    address=a["attributes"]["CV_BLOCK_ADD"]
    crimetype=a["attributes"]["CVINC_TYPE"]
    if a['attributes']['date'] is None:
        pass
    else:
        date = datetime.datetime.fromtimestamp(a['attributes']['date'] / 1e3).date()
    try:
        p=Point(float(a["geometry"]["x"]),float(a["geometry"]["y"]))
        cursor.execute("INSERT INTO incidents (address,crimetype,date,geom) VALUES
        ('{}','{}','{}',
ST_GeomFromText('{}'))".format(address,crimetype,str(date), p.wkt))

    except KeyError:
        pass
connection.commit()
```

이 코드는 requests를 사용해 데이터를 가져온다. 그런 다음 features를 반복한다. 이 코드 블록에는 날짜가 비어 있고 좌표가 없는 feature 때문에 오류 검사가 있다. date 값이 없다면 try catch 구문이 KeyError를 수용해서 누락된 좌표를 포착한다. 이제 데이터가 테이블에 로드됐고, 데이터를 쿼리해서 지도와 차트를 그릴 수 있다.

쿼리 매핑하기

3장, '지리공간 데이터베이스 소개'에서 데이터베이스를 쿼리하고 텍스트를 얻었고, 그 지오메트리는 WKT 형식이었다. 요청한 결과지만, 좌표 목록을 읽어서 지리적 데이터를 시각화할 수 없다. 지도에서 볼 필요가 있다. 이 절에서는 ipyleaflet과 주피터를 사용해 쿼리 결과를 매핑한다. 주피터에서 쿼리를 매핑하려면 ipyleaflet을 설치해야 한다. OS의 명령 프롬프트에서 pip를 사용한다.

```
pip install ipyleaflet
```

그리고 나서 환경에 따라 확장을 사용하도록 설정한다. 명령 프롬프트에서 다음을 입력한다.

```
jupyter nbextension enable --py --sys-prefix ipyleaflet
```

 ipyleaflet 사용 예제는 깃허브 저장소 https://github.com/ellisonbg/ipyleaflet에서 확인한다.

매핑 오류가 발생하면 widgetnbextension을 사용하도록 설정해야 한다.

```
jupyter nbextension enable --py --sys-prefix widgetsnbextension
```

주피터를 실행하려면 다시 시작해야 한다. ipyleaflet을 설치하고 활성화하면 쿼리를 매핑할 수 있다.

```
import psycopg2
from shapely.geometry import Point,Polygon,MultiPolygon from shapely.wkb import loads
from shapely.wkt import dumps, loads
import datetime
import json
from ipyleaflet import (
    Map, Marker,
    TileLayer, ImageOverlay,
    Polyline, Polygon, Rectangle, Circle, CircleMarker,
    GeoJSON
)
```

이 코드는 데이터를 쿼리하고 매핑하는 데 필요한 라이브러리를 가져온다. 다음 코드와 같이 connection을 만들어 커서를 가져온다.

```
connection = psycopg2.connect(database="pythonspatial",user="postgres",
password="postgres")
cursor = connection.cursor()
```

3장, '지리공간 데이터베이스 소개'에서 쿼리는 모두 ST_AsText()를 사용해 지오메트리를 반환했다. 이제 그 결과를 매핑하고 GeoJSON으로 반환하면 더 쉽다. 다음 코드에서는 ST_AsGeoJSON()을 사용해 지오메트리를 가져온다.

```
cursor.execute("SELECT name, ST_AsGeoJSON(geom) from areacommand")
c=cursor.fetchall()
c[0]
```

이 쿼리는 areacommand 테이블의 모든 레코드를 GeoJSON으로 name과 geometry를 가져온 다음 첫 번째 레코드(c[0])를 출력한다. 결과는 다음과 같다.

```
('FOOTHILLS', '{"type":"MultiPolygon","coordinat
es":[[[[-106.519742762931,35.050529224122 7],[-106.519741401085,35.0505292211811],[-
106.51973952181,35.0505292175042] ,[-106.518248463965,35.0505262104449],[-
106.518299012166,35.0517336649125], [-106.516932057477,35.0537380198153],....]]]}
```

 ST_AsText와 ST_AsGeoJSON은 PostGIS에서 지오메트리를 가져오는 17가지 방법 중 2가지다. 사용 가능한 반환 타입의 전체 목록은 PostGIS 참조를 살펴본다.
https://postgis.net/docs/reference.html#Geometry_Accessors

이제 GeoJSON이 생겼으니, 그것을 보여줄 지도를 만들 시간이다. leaflet 지도를 만들려면 다음 코드를 사용한다.

```
center = [35.106196,-106.629515]
zoom = 10
map = Map(center=center, zoom=zoom)
map
```

이 코드는 앨버커키 지도의 center를 정의하는데, 항상 I-25와 I-40의 교차점을 사용한다. 이 교차로는 도시를 사분면으로 나눈다. 그리고 zoom 레벨을 정의한다. 숫자가 클수록 크게 확대된다. 마지막으로 지도를 출력한다.

출력된 지도는 오픈스트리트맵 타일을 갖는 텅 빈 윈도우다. 주피터에서는 지도에 데이터를 추가할 때, 데이터를 보기 위해 이미 출력된 지도를 스크롤할 수 있다. 매번 지도를 다시 출력할 필요는 없다.

지역 사령부의 GeoJSON 값은 변수 c에 저장된다. 모든 항목 c[x]에 관해 GeoJSON은 위치 1(c[x][1])에 있다. 다음 코드는 c를 통해 반복해서 지도에 GeoJSON을 추가한다.

```
for x in c:
    layer=json.loads(x[1])
```

```
layergeojson=GeoJSON(data=layer)
map.add_layer(layergeojson)
```

이 코드는 json.loads()를 사용해서 레이어에 GeoJSON을 할당한다. 이렇게 하면 반환된 GeoJSON은 파이썬 딕셔너리로 생성된다. 다음으로, 코드는 레이어에 ipyleaflet GeoJSON() 메서드를 호출해 변수 layergeojson으로 전달한다. 마지막으로 add_layer()가 지도에서 호출돼 layergeojson을 전달한다. 주피터에는 지도를 그리는 다른 방법들이 있다. 예를 들면 Matplotlib, Plotly, Bokeh 등이 있다. 만약 웹 매핑이라면 이미 ipyleaflet과 유사한 Leaflet 자바스크립트 라이브러리에 익숙할 것이다. 또한 ipyleafleat은 베이스맵을 적재하고 상호작용을 제공한다.

지도를 스크롤하면 다음과 같은 화면을 볼 수 있다.

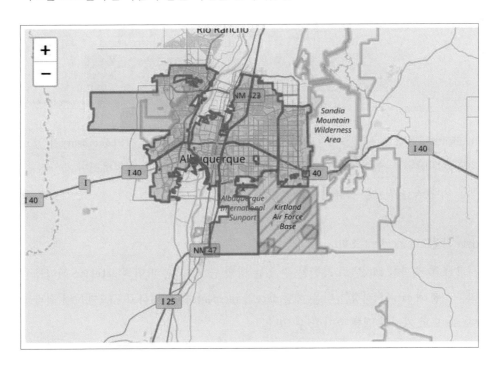

cursor.execute()에서 SQL 쿼리를 변경하면 beats 맵을 만들 수 있다.

```
cursor.execute("SELECT beat, ST_AsGeoJSON(geom) from beats")
c=cursor.fetchall()
for x in c:
    layer=json.loads(x[1])
    layergeojson=GeoJSON(data=layer)
    map.add_layer(layergeojson)
```

그려진 beats는 다음과 같다.

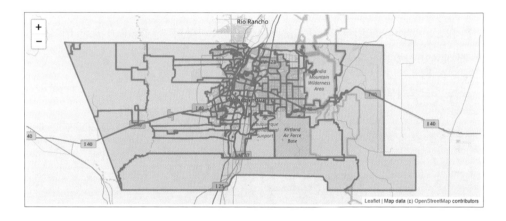

incidents에도 같은 작업을 할 수 있지만, 데이터셋에는 거의 3만 건의 incidents가 있고 지도를 뒤덮을 수 있기 때문에 당분간 그대로 둔다. incidents를 매핑하려면 제한된 선택을 위해 공간 쿼리를 사용한다.

date 기준으로 incident 조회

사고 조회 결과를 date별로 제한할 수 있는 방법 중 하나다. 파이썬 datetime 라이브러리를 사용해 date를 지정한 다음 해당 date의 incidents를 쿼리하고 지오메트리 결과를 GeoJSON으로 가져와 맵에 추가할 수 있다.

```
d=datetime.datetime.strptime('201781','%Y%m%d').date()
cursor.execute("SELECT address,crimetype,date,ST_AsGeoJSON(geom) from
```

```
incidents where date =
'{}' ".format(str(d)))
incidents_date=cursor.fetchall()
for x in incidents_date:
        layer=json.loads(x[3])
        layergeojson=GeoJSON(data=layer)
        map.add_layer(layergeojson)
```

이 코드는 2017년 8월 1일의 날짜(YYYYMD)를 명시하고 있다. where date = d 구문을 사용해 incidents 테이블을 쿼리하면 GeoJSON으로 지오메트리를 반환한다. 그다음 지역 사령부에 사용한 for 순환문을 사용해 사건을 매핑한다.

 주피터 노트북에서 지도를 만들 때, 추가 코드 블록이 지도를 수정한다. 변경 사항을 보려면 지도를 다시 스크롤해야 할 수도 있다.

만들어진 지도는 다음 화면과 비슷하다.

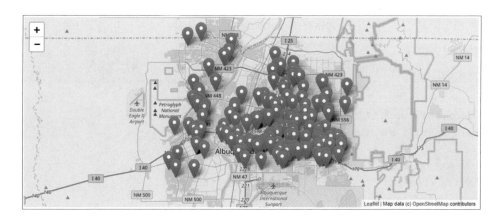

특정 date를 지정하는 것 외에도 특정 날짜보다 date가 큰 모든 incidents를 얻을 수 있다.

```
d=datetime.datetime.strptime('201781','%Y%m%d').date()
cursor.execute("SELECT address,crimetype,date,ST_AsGeoJSON(geom) from incidents where
date > '{}' ".format(str(d)))
```

또는 현재보다 빠른 interval로 날짜를 쿼리할 수 있다.

```
cursor.execute("select * from incidents where date >= NOW() - interval '10 day'")
```

이 코드는 NOW() 메서드와 10 day 간격을 사용한다. >=을 명시함으로써 10일을 포함한
현재부터 새로운 범죄를 모두 얻을 수 있다. 2017년 11월 24일에 썼기 때문에 결과는
11월 14일부터 오늘까지 모두 사건이 될 것이다.

폴리곤 내 사건

범죄 데이터베이스는 지역 사령부와 beats뿐만 아니라 사건 지점을 갖고 있는 폴리곤 영
역이다. 범죄 대시보드를 구축하기 위해서, 특정 지역 사령부나 beat가 포함된 incidents
를 매핑하고 싶을 수 있다. JOIN과 ST_Intersects를 사용할 수 있다. 다음 코드는 그 방
법을 보여준다.

```
cursor.execute("SELECT ST_AsGeoJSON(i.geom) FROM incidents i JOIN
areacommand acmd ON ST_Intersects(acmd.geom, i.geom) WHERE acmd.name
like'FOOTHILLS' and date >= NOW() - interval '10 day';")

crime=cursor.fetchall()
for x in crime:
    layer=json.loads(x[0])
    layergeojson=GeoJSON(data=layer)
    map.add_layer(layergeojson)
```

이 코드는 지오메트리를 GeoJSON(incidents에서 가져온 ST_AsGeoJSON(i.Geom))로 가져오고,
ST_Intersects는 FOOTHILLS라는 지정된 지역 사령부의 폴리곤 영역이다. 코드에서는 교

차점이 참인 사건 및 지역 사령부 테이블을 결합한다. 이 코드는 최근 열흘간의 범죄만 골라 결과를 제한한다. 그러고 나서 결과를 반복해 앞의 예와 같이 매핑한다.

다음과 같은 화면을 볼 수 있다.

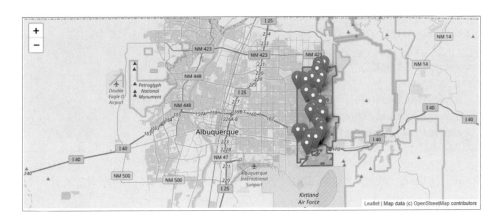

앞의 화면은 Foothills 지역 사령부의 incidents를 오버랩한다. 모든 incidents가 폴리곤 안에 있음을 주목한다.

SQL 쿼리를 변경하면 특정 beats에 관해서도 동일한 작업을 수행할 수 있다. 다음 코드는 특정 beats를 매핑한다.

```
cursor.execute("SELECT ST_AsGeoJSON(geom)from beats where beats.beat in
('336','523','117','226','638','636')")

c=cursor.fetchall()
for x in c:
    layer=json.loads(x[0])
    layergeojson=GeoJSON(data=layer)
    map.add_layer(layergeojson)
```

이 코드는 beats.beat 배열을 사용한다. 파이썬에서 배열은 [ ]이지만 SQL문에서는 괄호를 사용한다. 결과는 특정 beats이며, 그다음 코드에서 매핑한다. 동일하게 지정된

beats를 사용하면 ST_Intersects()와 beats를 결합해 incidents를 가져와 다음 코드처럼 매핑할 수 있다.

```
cursor.execute("SELECT ST_AsGeoJSON(i.geom) FROM incidents i JOIN beats b
ON ST_Intersects(b.geom, i.geom) WHERE b.beat in
('336','523','117','226','638','636') and date >= NOW() - interval '10 day';")

crime=cursor.fetchall()
for x in crime:
    layer=json.loads(x[0])
    layergeojson=GeoJSON(data=layer)
    map.add_layer(layergeojson)
```

이 코드는 beats 배열을 전달하고 지난 10일까지 다시 필터링한다. 다음 화면처럼 사건을 매핑한다.

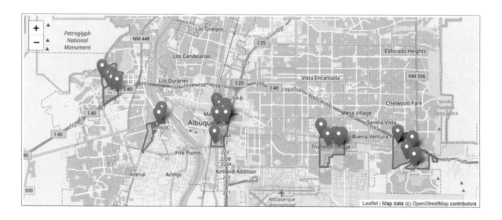

버퍼

테이블에서 데이터를 매핑했지만 이제 지오프로세싱 작업 결과인 버퍼를 매핑한다. 버퍼 예제를 코딩하려면 먼저 포인트를 만들어야 한다. 코드는 다음과 같다.

```
from shapely.geometry import mapping
p = Point([-106.578677,35.062485])
pgeojson=mapping(p)
player=GeoJSON(data=pgeojson)
map.add_layer(player)
```

이 코드는 Shapely를 사용해 포인트를 만든다. 그다음 shapely.geometry.mapping()을 사용해 GeoJSON으로 변환한다. 다음 두 줄은 지도에 표시할 수 있게 해준다.

PostGIS를 사용하면 데이터를 데이터베이스로 보내고 다시 가져올 수 있으며, 이중 어느 것도 테이블에 둘 필요는 없다. 예를 들어 다음 코드를 실험해보자.

```
cursor.execute("SELECT ST_AsGeoJSON(ST_Buffer(ST_GeomFromText('{}')::geograp
hy,1500));".format(p.w kt))
buff=cursor.fetchall()
buffer=json.loads(buff[0][0])
bufferlayer=GeoJSON(data=buffer)
map.add_layer(bufferlayer)
```

이 코드는 ST_Buffer()를 사용해 PostGIS에서 폴리곤을 반환한다. ST_Buffer()는 폴리곤을 반환하기 위해 지오그래피 포인트와 미터 단위 반경을 사용할 수 있다. 코드는 결과를 ST_AsGeoJSON으로 감싸서 매핑한다. 이 예에서는 결과셋이 단일 항목이므로, for 순환문이 필요하지 않다. 코드는 buff[0][0]를 로드하고 매핑한다. 이 코드 결과는 다음 화면과 같다.

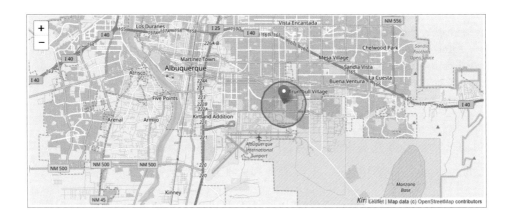

이제 incidents를 선택하는 데 사용할 수 있는 폴리곤이 생겼다. 다음 코드는 이전과 동일한 쿼리를 실행하지만 ST_AsGeoJSON 대신 ST_AsText를 사용한다. 폴리곤을 매핑하지 않고 폴리곤 연산으로 포인트에 관한 매개변수를 사용한다.

```
cursor.execute("SELECT ST_AsText(ST_Buffer(ST_GeomFromText('{}')::geography,1500));".
format(p.wkt) )
bufferwkt=cursor.fetchall()
b=loads(bufferwkt[0][0])
```

이 코드에서 쿼리 결과는 loads()을 사용해 b라는 shapely 폴리곤으로 전달된다. 이제 다음 코드처럼 ST_Intersects()를 사용해 해당 폴리곤을 다른 쿼리로 전달할 수 있다.

```
cursor.execute("SELECT ST_AsGeoJSON(incidents.geom) FROM incidents where ST_
Intersects(ST_GeomFromText('{}'), incidents.geom) and date >= NOW() - interval '10
day';".format(b.wkt))

crime=cursor.fetchall()
for x in crime:
    layer=json.loads(x[0])
    layergeojson=GeoJSON(data=layer)
    map.add_layer(layergeojson)
```

이 코드는 incidents를 GeoJSON으로, 교차점 버퍼(b.wkt)와 지난 10일 이내에 위치를 가져와 결과를 매핑한다. 다음 맵은 결과 화면이다.

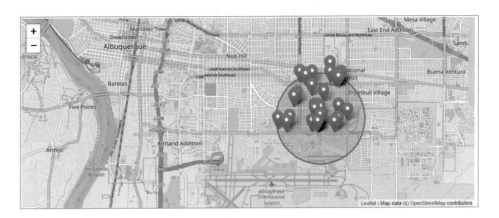

최근접 이웃

버퍼를 사용하면 특정 관심 지점POI, point of interest의 반경 내 모든 incidents를 얻을 수 있다. 하지만 5, 10 또는 15개의 가장 가까운 사건만 원한다면 <-> 연산자나 kNN을 사용할 수 있다.

다음 코드를 사용해 지정된 점에 가장 가까운 15개의 포인트 p를 가져올 수 있다.

```
p = Point([-106.578677,35.062485])
cursor.execute("SELECT ST_AsGeoJSON(incidents.geom),
ST_Distance(incidents.geom::geography,ST_GeometryFromText('{}')::geography)
from incidents ORDER BY incidents.geom<->ST_GeometryFromText('{}') LIMIT
15".format(p.wkt,p.wkt))
c=cursor.fetchall()
for x in c:
    layer=json.loads(x[0])
    layergeojson=GeoJSON(data=layer)
    map.add_layer(layergeojson)
```

이 코드는 Shapely를 사용해 포인트를 만들고 SQL 조회에 사용한다. 쿼리는 incidents 지오메트리를 GeoJSON으로 가져와 지정된 포인트에서 각 사고 지점까지 거리를 계산한다. ORDER BY 구문의 <-> 연산자, LIMIT 절로 15개의 가장 가까운 포인트를 얻을 수 있다. 마지막 코드 블록은 그 결과를 지도에 추가하는 코드다. 결과는 다음 화면과 같다. 화면 중앙에 있는 포인트는 지정한 것이다.

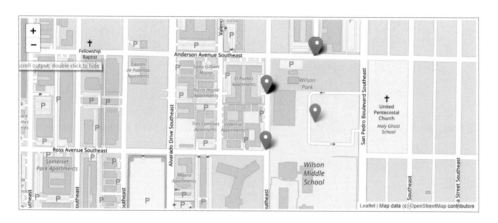

이제 공간 쿼리 결과를 매핑하는 방법을 알았으니, 새로운 코드를 작성하지 않고도 대화형 위젯을 추가해 쿼리를 수정하고 지도를 변경한다.

대화형 위젯

7장 시작 부분에서 date를 기준으로 incidents를 조회하고 매핑하는 방법을 배웠다. 주피터에서는 대화형 위젯을 사용해 값을 변경할 수 있다. 이 코드는 interact를 임포트하고 ipywidgets를 사용하는 방법을 알려주고, 노트북에서 날짜를 선택할 수 있도록 DatePicker를 삽입할 수 있다.

이 코드는 interact, DatePicker 위젯을 임포트한다. 가장 간단하게 이전 화면은 대화식으로 날짜를 선택하고 문자열로 표시하는 기능을 보여준다.

DatePicker가 변경되면 x(DatePicker)가 함수인 theDate(x)로 전송되고 x는 문자열로 출력된다. 실제 반환 값은 datetime.date이다. DatePicker 위젯을 사용해 날짜 값을 SQL에 전달하고 결과를 매핑할 수 있다. DatePicker가 변경되면 지도를 지운 다음 새 결과를 표시한다. 다음 코드는 그 방법을 보여준다.

```
from ipywidgets import interact, interactive, fixed,
interact_manual,DatePicker
import ipywidgets as widgets

@widgets.interact(x=DatePicker())
def theDate(x):

    if x:
        for l in map.layers[1:]:
        map.remove_layer(l)
    nohyphen=str(x).replace("-","")
    d=datetime.datetime.strptime(nohyphen,'%Y%m%d').date()
    cursor.execute("SELECT ST_AsGeoJSON(geom) from incidents where date = '{}'
".format(str(d)))
    c=cursor.fetchall()

    for x in c:
        layer=json.loads(x[0])
        layergeojson=GeoJSON(data=layer)
        map.add_layer(layergeojson)
    return len(c)

    else:
        pass
```

이 코드는 대화형 DatePicker 위젯을 생성한다. 코드는 if...else 구문이고 전달된 x가 none이기 때문에 DatePicker가 선택되지 않고 pass로 간다. 다음으로 코드는 지도의 모든 레이어를 가져와 두 번째 레이어([1:])를 map.remove_layer()를 사용해 제거한다. 두 번째 레이어인 이유는 지도의 첫 번째 층은 베이스맵인 타일레이어^{TileLayer} 이기 때문이다. SQL 쿼리에서 추가된 마커만 제거한다.

그런 다음 date 문자열에서 하이픈을 분리해 datetime으로 변환한다. datetime 은 SQL 쿼리로 전달할 수 있다. 다음 코드 블록은 7장에서 지도에 쿼리 결과를 추가하는 데 사용한 것과 동일한 블록이다. 2017년 11월 2일 날짜를 가져오면 다음 화면처럼 표시된다.

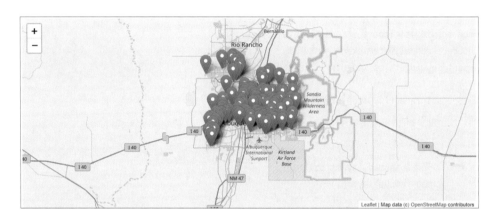

그리고 2017년 11월 8일을 선택하면 지도는 다시 그려져 화면에 표시된다.

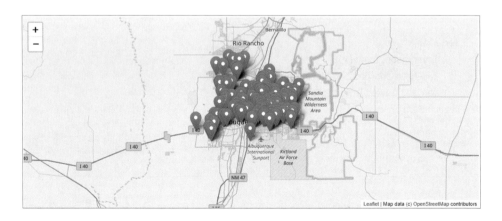

이 화면은 날짜를 재선택한 직후에 생성됐다. 사용자가 DatePicker 드롭다운을 사용해 PostGIS 데이터베이스에 데이터를 다시 쿼리할 수 있다.

주피터에서는 변수의 값을 문자열이나 정수로 설정하면 숫자 슬라이더나 텍스트 상자가 나온다. 다음 화면에서 데코레이터는 x="None"이며, None은 문자열이다. 텍스트 None은 텍스트 상자를 만드는 플레이스홀더다. None이라는 단어가 포함된 텍스트 상자가 생성된다.

```
In [34]: @widgets.interact(x="None")
         def areaCommand(x):

             if x:
                 for l in m.layers[1:]:
                     m.remove_layer(l)
                 cursor.execute("SELECT ST_AsGeoJSON(i.geom) FROM incidents i JOIN areacommand acmd ON ST_Intersects(acmd.geom, i.geom)
                 c=cursor.fetchall()

                 for x in c:
                     layer=json.loads(x[0])
                     layergeojson=GeoJSON(data=layer)
                     m.add_layer(layergeojson)
                 return c

             else:
                 pass

             x   None

         []
```

이전 화면의 코드는 다음과 같다. 이 코드를 사용하면 지역 사령부의 이름을 입력한 다음 해당 지역 사령부 내의 incidents를 표시할 수 있다.

```
@widgets.interact(x="None")
def areaCommand(x):
    if x:
        for l in map.layers[1:]:
            map.remove_layer(l)
        cursor.execute("SELECT ST_AsGeoJSON(i.geom) FROM incidents i
        JOIN areacommand acmd ON
        ST_Intersects(acmd.geom, i.geom) WHERE acmd.name like'{}' and
        date >= NOW() - interval '10
        day';".format(x))
        c=cursor.fetchall()

        for x in c:
```

```
            layer=json.loads(x[0])
            layergeojson=GeoJSON(data=layer)
            map.add_layer(layergeojson)
        return c
    else:
        pass
```

이 코드는 데코레이터와 문자열로 시작하고, 텍스트 상자가 그려진다. areaCommand() 함
수는 앞에서 언급한 date 예제와 동일하지만 SQL 쿼리에 문자열을 전달한다. 조회 결과
를 반환하고, incidents를 지도에 그린다. 다음 화면은 NORTHWEST의 반환 값을 보여준다.

```
          x │ NORTHWEST                              │

[('{"type":"Point","coordinates":[-106.711733243194,35.1098713550846]}',),
 ('{"type":"Point","coordinates":[-106.655683824035,35.2060045419773]}',),
 ('{"type":"Point","coordinates":[-106.686411508609,35.1829412107437]}',),
 ('{"type":"Point","coordinates":[-106.703657979881,35.1493086826256]}',),
 ('{"type":"Point","coordinates":[-106.697602558722,35.1246750028775]}',),
 ('{"type":"Point","coordinates":[-106.655433125799,35.1933328155158]}',),
 ('{"type":"Point","coordinates":[-106.729923405452,35.197342393655]}',),
 ('{"type":"Point","coordinates":[-106.718105925956,35.1080088212142]}',),
 ('{"type":"Point","coordinates":[-106.672925712103,35.1894973500514]}',),
 ('{"type":"Point","coordinates":[-106.684048998701,35.1485500784539]}',),
 ('{"type":"Point","coordinates":[-106.701263018333,35.1592793420069]}',),
 ('{"type":"Point","coordinates":[-106.66188893686,35.1826722919749]}',),
 ('{"type":"Point","coordinates":[-106.738651750264,35.0918937278029]}',),
 ('{"type":"Point","coordinates":[-106.745559617831,35.1019894719585]}',),
 ('{"type":"Point","coordinates":[-106.728399466573,35.1144476669129]}',),
 ('{"type":"Point","coordinates":[-106.71886074256,35.1293708118017]}',),
 ('{"type":"Point","coordinates":[-106.673288411391,35.1900456867706]}',),
 ('{"type":"Point","coordinates":[-106.698024406681,35.1098242309646]}',),
 ('{"type":"Point","coordinates":[-106.684583724467,35.1578885992953]}',),
 ('{"type":"Point","coordinates":[-106.650876685625,35.1987252625439]}',),
 ('{"type":"Point","coordinates":[-106.676428929709,35.1775339576113]}',),
 ('{"type":"Point","coordinates":[-106.697637614578,35.150720281939]}',),
```

다음 화면은 텍스트 상자에 NORTHWEST를 입력한 맵을 보여준다.

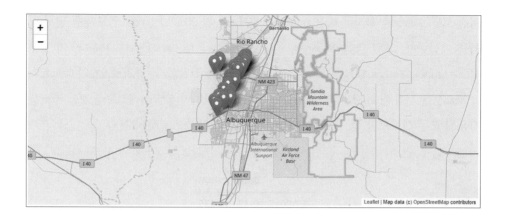

이번 절에서는 공간 데이터에 관한 쿼리를 수행하는 방법과 결과를 매핑하는 방법을 배웠다. 다음 절에서는 쿼리 결과를 차트화하는 방법을 배운다.

차트

지도는 훌륭한 데이터 시각화 도구지만 때로는 막대형 차트가 효과가 있다. 이번 절에서는 pandas.Dataframe을 사용해 데이터를 차트화하는 방법을 배운다. DataFrame은 스프레드시트처럼 2차원 테이블 데이터를 저장한다. 데이터프레임은 다양한 소스와 데이터 구조의 데이터를 로드할 수 있지만, 관심 있는 것은 SQL 쿼리에서 데이터를 로드하는 것이다.

다음 코드는 DataFrame에 SQL 쿼리를 로드한다.

```
import pandas as pd
d=datetime.datetime.strptime('2017101','%Y%m%d').date()
cursor.execute("SELECT date, count(date) from incidents where date > '{}' group by
date".format(str(d))) df=pd.DataFrame(cursor.fetchall(),columns=["date","count"])
df.head()
```

이전 코드는 date를 가져온 다음 incidents에서 date가 2017년 10월 1일보다 큰 날짜 항목을 계산한다. 그런 다음 DataFrame(SQL, 열값)을 사용해 DataFrame을 채운다. 이 경우 코드는 cursor.fetchall(), column=["date","count"]를 전달한다. 결과로 5개의 레코드가 df.head()를 사용해 표시된다. df.tail()을 사용해 마지막 5개의 레코드를 보거나 df를 사용해 모든 레코드를 볼 수 있다. 다음은 df.head()의 스크린샷이다.

	date	count
0	2017-10-17	175
1	2017-10-08	216
2	2017-11-09	139
3	2017-11-03	113
4	2017-10-22	196

앞의 화면은 2017-10-17년에 175건의 사건이 발생했음을 보여준다. pandas 라이브러리에서 plot() 메서드를 호출해 DataFrame을 구성할 수 있다. 다음 코드는 DataFrame df의 막대 차트를 표시한다.

```
df.sort_values(by='date').plot(x="date",y="count",kind='bar',figsize=(15,10))
```

이 코드는 데이터프레임을 date별로 정렬한다. 이는 막대 그래프에서 날짜를 연대순으로 배열한다. 그런 다음 막대 그래프를 사용해 데이터를 표시하며, x축은 date, y축은 count이다. 화면에 잘 맞도록 크기를 지정했다. 더 작은 데이터셋의 경우, 기본 크기는 잘 동작하는 편이다.

다음 화면은 plot의 결과다.

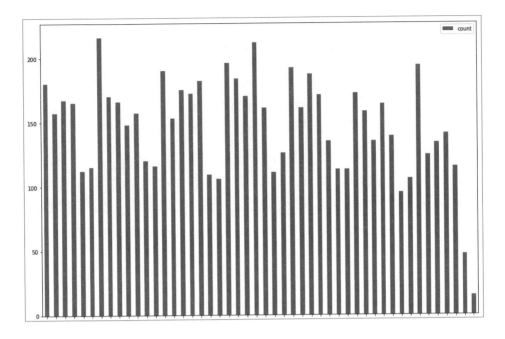

이 도표는 금요일과 토요일에 범죄가 감소하는 것처럼 보이는 지도를 보여주지 못한다. beats를 이용해서 다른 예를 들어보자. 다음 코드는 beats에서 범죄를 적재한다.

```
cursor.execute("SELECT beats.beat, beats.agency, count(incidents.geom) as crimes from
beats left join incidents on ST_Contains(beats.geom,incidents.geom) group by beats.
beat, beats.agency") area=pd.DataFrame(cursor.fetchall(),columns=["Area","Agency","Crim
es"])
area.head()
```

이 코드는 beats 테이블에서 beat, agency, incidents 수를 가져온다. left join 구문에 주목한다. left join은 incidents 수가 0일 때도 beats를 가져올 수 있다. 그 결합은 beat 폴리곤 내의 사건에 기반을 두고 있다. 가져온 각 필드별로 그룹화한다.

쿼리를 DataFrame에 로드하고 head()로 출력한다. 결과는 다음 화면과 같다.

	Area	Agency	Crimes
0		APD	0
1		AVI	0
2	100	APD	0
3	111	APD	146
4	112	APD	120

누락된 beats 대신 범죄가 없는 beats가 있음을 주목한다. 스크롤하기엔 너무 많으니 DataFrame으로 도표를 작성한다. 다음과 같이 x, y, kind, figsize 값을 전달해 plot 함수를 다시 사용한다.

```
area.plot(x="Area",y="Crimes",kind='bar',figsize=(25,10))
```

플롯의 결과는 다음 화면과 같다.

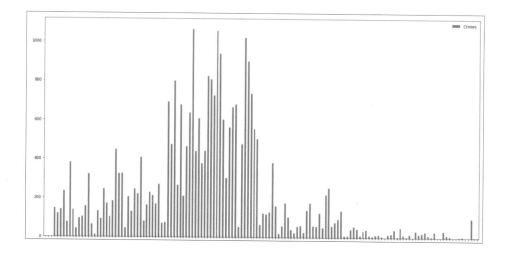

살펴봐야 할 데이터가 많지만, 어떤 beats는 높은 범죄가 눈에 띈다. 데이터프레임이 도움이 될 수 있다. 데이터베이스를 요청하는 대신 DataFrame을 쿼리할 수 있다. 다음 코드는 beats를 가져와 플로팅한다.

```
area[(area['Crimes']>800)].plot(x='Area',y='Crimes',kind='bar')
```

이 코드는 area로 표현식을 전달한다. 표현식은 DataFrame열 Crimes에서 값이 800 이상인 레코드를 가져온다. Crimes는 count열이다. 결과는 다음 화면과 같다.

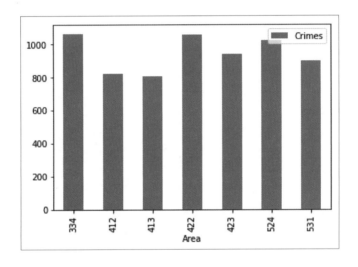

쿼리를 DataFrame에 로드하면 데이터를 플로팅할 수 있지만, 데이터베이스에 요청하지 않고도 데이터를 나누고 다시 쿼리할 수 있다. 또한 대화형 위젯을 사용해 배운 대로 지도에서 차트를 수정할 수 있다.

트리거

모든 데이터베이스는 데이터를 삽입하거나 업데이트 또는 삭제할 때 테이블이 트리거를 실행하도록 할 수 있다. 예를 들어 사용자가 레코드를 삽입하는 경우, 레코드가 null이 아닌 기준을 충족하는지 확인하기 위해 트리거를 실행할 수 있다. 공간 데이터베이스는 동일한 트리거를 사용을 허용한다. 파이썬과 SQL을 포함한 여러 언어로 만들 수 있다. 다음 예에서는 PL/pgsql을 사용한다. SQL 표현을 사용해 트리거를 생성한다. 다음 코드는 불완전한 입력을 방지하는 트리거를 생성한다.

```
query=('CREATE FUNCTION newcrime()'+'\n'
 'RETURNS trigger' +'\n'
 'AS $newcrime$' +'\n'
 'BEGIN' +'\n'
 'IF NEW.crimetype IS NULL THEN'+'\n'
 'RAISE EXCEPTION' +" '% Must Include Crime Type', NEW.address;"+'\n'
 'END IF;'+'\n'
 'RETURN NEW;'+'\n'
 'END;'+'\n'
 '$newcrime$'+'\n'
 'LANGUAGE \'plpgsql\';'
 )
 cursor.execute(query)
```

이 코드는 newcrime()이라는 새로운 함수를 만든다. 함수는 NEW.crimetype이 null인지 여부를 확인하는 if 구문이다. 이 경우 레코드는 추가되지 않고, 예외가 발생한다. 이 예외는 New.address에 반드시 범죄 타입을 포함해야 한다고 명시돼 있다. 주소가 null이 아니라고 가정한다. 이제 함수가 있으니 그 함수를 호출하는 트리거를 만들 수 있다. 다음 코드는 그 방법을 보여준다.

```
query=('CREATE TRIGGER newcrime BEFORE INSERT OR UPDATE ON incidents FOR EACH ROW
EXECUTE PROCEDURE newcrime()')
cursor.execute(query)
connection.commit()
```

이 코드는 트리거를 생성하는 SQL문을 실행한다. 삽입 또는 업데이트 전에 생성된다. 트리거를 테스트하려면 범죄 타입이 없는 포인트를 삽입해 본다. 다음 코드는 사건 입력을 시도한다.

```
p=Point([-106,35])
address="123 Sesame St"
cursor.execute("INSERT INTO incidents (address, geom) VALUES ('{}',
ST_GeomFromText('{}'))".format(address, p.wkt))
```

이전 코드는 주소와 지오메트리만으로 사건을 트리거한다. 이전 코드를 실행한 결과는
다음 화면과 같다.

```
--------------------------------------------------------------------
InternalError                           Traceback (most recent call last)
<ipython-input-61-e8f933e39904> in <module>()
      2 address="123 Sesame St"
      3
----> 4 cursor.execute("INSERT INTO incidents (address, geom) VALUES ('{}', ST_GeomFromText('{}'))".format(address, p.wkt))

InternalError: 123 Sesame St Must Include Crime Type
CONTEXT:  PL/pgSQL function newcrime() line 4 at RAISE
```

이전 화면에서 InternalError 메시지는 123 Sesame St Must Include Crime Type이
다. 트리거가 성공적으로 나쁜 데이터가 입력되는 것을 막았다. 이중으로 확인하기 위
해 "123 Seasame St."를 쿼리할 수 있다. 결과는 다음 화면과 같다.

```
In [66]:   cursor.execute("select * from incidents where address like '123 Sesame St'")
           cursor.fetchall()

Out[66]:   []
```

트리거는 변경이 발생했을 때 이메일이나 문자 메시지에 관해 잘못된 데이터가 로드되
는 것을 방지하기 위해 사용된다. 예를 들어 사용자가 관심 있는 폴리곤과 전화번호를
입력할 수 있다. 데이터베이스에 추가되는 새로운 사건에 관해, 그것이 폴리곤 내에 있
는지 볼 수 있고, 만약 그렇다면 폴리곤 관련 전화번호를 문자로 보낼 수 있다. 트리거
에 다른 언어를 설치하려면 Stack Builder를 열고 다음 화면처럼 추가 기능을 선택한다.

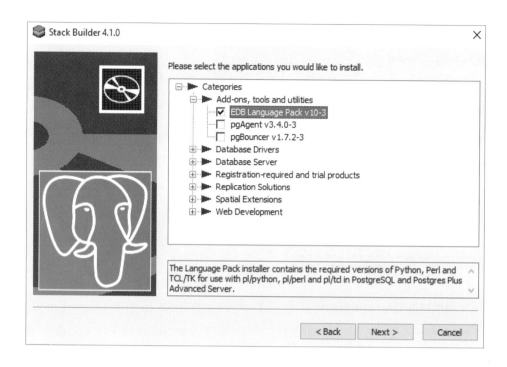

▌ 요약

7장에서는 공간 쿼리를 사용해 지오프로세싱 작업을 수행하는 방법을 배웠다. 또한 ipyleaflet과 데이터프레임을 사용해 쿼리 결과를 매핑하고 차트화하는 방법도 배웠다. 주피터의 대화형 위젯을 사용해 지도와 쿼리를 수정하는 방법을 익히고 마지막으로 트리거 작동 방법과 트리거를 사용해 데이터를 확인하는 간단한 예를 봤다.

8장에서는 QGIS를 사용해 지오프로세싱 작업을 수행하는 방법과 QGIS에 이미 포함돼 있는 툴박스 사용 방법을 배운다. 또한 다른 QGIS 사용자와 공유할 수 있는 툴박스 작성 방법과 QGIS를 사용해 결과를 매핑하는 방법도 배운다. 결과는 QGIS 프로젝트 또는 QGIS의 여러 공간 데이터 형식 중 하나로 저장할 수 있다.

08

QGIS 분석 자동화

앞서 명령줄, 주피터 노트북 그리고 IDE에서 파이썬을 사용해 지리공간 작업을 수행하는 것을 소개했다. 이 세 가지 도구를 통해 작업할 수 있지만 데스크톱 GIS 소프트웨어를 사용해 작업을 수행해야 하는 경우가 많다. 인기 있는 오픈소스 GIS 애플리케이션인 QGIS는 파이썬 콘솔에서 작업할 수 있는 데스크톱 GIS 기능과 파이썬을 사용해서 툴박스와 플러그인을 만들 수 있는 기능을 제공한다. 8장에서는 파이썬을 사용해 데스크톱 GIS 데이터를 처리하는 방법과 툴박스와 플러그인을 사용해 이러한 작업을 자동화하는 방법을 배운다.

8장에서 배울 내용은 다음과 같다.

- 레이어 로드와 저장
- API 데이터 원본에서 레이어 생성

- 기능 추가, 편집 및 삭제
- 명확한 특징 선택
- 지오프로세싱 함수 호출
- 지오프로세싱 툴박스 만들기
- 플러그인 만들기

파이썬 콘솔로 작업하기

QGIS 파이썬 콘솔은 파이썬 콘솔이다. QGIS 라이브러리를 추가하면 모든 일반 파이썬 작업을 수행할 수 있다. 콘솔에서 GIS 데이터를 처리하고, 화면에 표시하거나 하지 않을 수 있다. 파이썬 콘솔은 QGIS 도구 모음의 Plugins 메뉴 아래에 있다. 키보드에서 Ctrl+Alt+P를 눌러 접근할 수도 있다. 콘솔은 보통 메인 윈도우의 아래쪽에 열린다. (Python Console이라고 표시된) 제목 표시줄을 클릭하고 마우스 버튼을 누른 채 창을 화면의 다른 위치로 드래그하거나 콘솔 오른쪽 상단에 있는 창 버튼을 클릭해 분리할 수 있다.

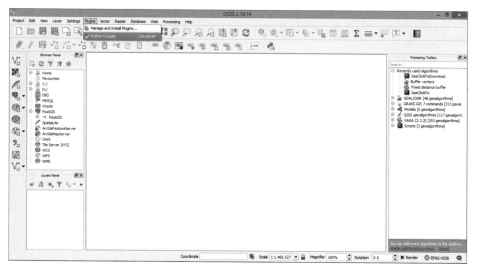

파이썬 콘솔 화면

콘솔에는 창 삭제, GIS 및 QGIS별 라이브러리 가져오기, 현재 명령 실행(이 버튼을 클릭하는 대신 Enter를 누를 수 있음) 및 편집기 표시, 옵션 수정, 도움말 보기 버튼이 있다. 편집기는 파이썬 코드를 작성할 수 있는 간단한 텍스트 편집기를 실행한다. 명령줄보다 몇 가지 장점이 있다. 편집기를 사용해 기존 파이썬 파일을 열고 실행하거나 편집할 수 있다.

콘솔에서 코드를 작성할 때 파일에 저장할 수 있다. 콘솔에서 모든 파일을 선택한 다음 복사해 다른 파일에 붙여 넣어 모든 출력을 제거할 필요가 있다. 또한 편집기는 텍스트를 검색하고, 자르고, 주석을 추가하거나 삭제하고 객체를 검사할 수 있다.

이제 콘솔과 편집기의 기본을 이해했으니, 파이썬 코드 작성을 시작한다.

레이어 로딩하기

가장 먼저 해야 할 일 가운데 하나는 기존의 일부 GIS 데이터를 로드하는 것이다. 몇 개의 다른 파일 형식을 열 수 있다. 방법은 똑같다. QgsVectorLayer를 생성하고 데이터 소스에 매개변수, 레이어 패널 위젯에 표시할 레이어 이름과 다음 코드에 표시된 공급자 이름을 전달한다.

```
import requests
import json
from qgis.core import *
from qgis.PyQt.QtGui import *
from qgis.PyQt.QtWidgets
import *
from qgis.PyQt.QtCore import *

streets =
QgsVectorLayer(r'C:\Users\Paul\Desktop\PythonBook\CHP8\Streets.shp',
"Streets","ogr")
scf = QgsVectorLayer(r'C:\Users\Paul\Desktop\PythonBook\CHP8\SCF.shp',
"SeeClickFix","ogr")
```

대부분의 벡터 레이어의 경우 공급자로 "ogr"을 사용한다. 그다음 코드를 사용해 지도에 레이어를 추가한다.

```
QgsMapLayerRegistry.instance().addMapLayers([scf,streets])
```

이 코드는 레이어를 지도 레지스트리에 추가한다. 다른 방법으로는 다음처럼 iface를 사용해 이전 코드를 한 줄로 수행할 수 있다.

```
streets =
iface.addVectorLayer(r'C:\Users\Paul\Desktop\PythonBook\CHP8\Streets.shp',
"Streets","ogr")
scf =
iface.addVectorLayer(r'C:\Users\Paul\Desktop\PythonBook\CHP8\SCF.shp',
"SeeClickFix","ogr")
```

이 코드는 벡터 레이어를 로드해 한 번에 레지스트리에 추가한다. 다음 화면은 QGIS에 추가된 레이어와 레이어 패널에 추가된 이름을 보여준다.

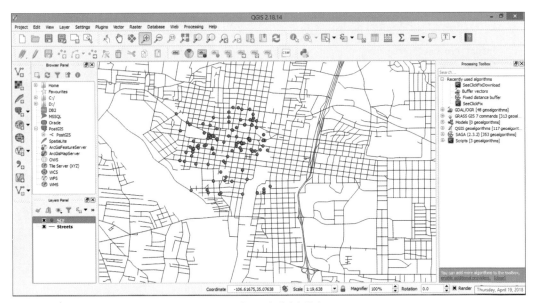

QGIS에 로드된 레이어 화면

레지스트리는 지도 문서에 있는 모든 레이어의 목록을 갖는다. 다음 코드를 사용해 로드된 레이어의 목록을 얻을 수 있다.

```
QgsMapLayerRegistry.instance().mapLayers()
```

이 코드는 SeeClickFix와 Streets라는 두 레이어가 로드됐음을 보여준다.

```
{u'SeeClickFix20171129100436571': <qgis._core.QgsVectorLayer object at
0x000000002257F8C8>, u'Streets20171129100433367': <qgis._core.QgsVectorLayer object at
0x000000002257F268>}
```

RemoveMapLayer()를 사용해 제거할 레이어의 id를 전달하면 맵에서 레이어를 제거할 수 있다. id는 mapLayers()를 호출한 결과의 문자열이다. 이 경우 로드된 레이어의 ID는 'Steets20171129092415901'이다. 다음 코드는 레이어를 제거한다.

```
QgsMapLayerRegistry.instance().removeMapLayer('Streets20171129100433367')
```

이 코드는 removeMapLayer()에 레이어 id를 전달한다. 데이터가 streets 변수에 로드됐기 때문에 다음 코드처럼 레이어 id를 입력하는 대신 streets.id()를 전달할 수도 있다.

```
QgsMapLayerRegistry.instance().removeMapLayer(streets.id())
```

두 가지 방법 모두 지도에서 레이어를 제거한다.

레이어 처리하기

레이어가 로드되면 레이어와 레이어의 특징들을 검사한다. 레이어의 경우 투영법, 좌표 참조 시스템 및 항목의 개수를 알고 싶을 것이다.

레이어 속성

좌표 참조 시스템을 찾기 위해 다음 코드와 같이 레이어의 crs()를 사용한다.

```
crs = scf.crs()
```

이 코드는 좌표 참조 시스템을 변수 crs에 할당한다. 여기에서 다음 코드에 표시된 설명을 받아 검사할 수 있다.

```
crs.description()
```

이 코드 결과는 다음과 같다.

```
'WGS 84'
```

좌표 참조 시스템을 WKT로 표현하려면 toWkt() 메서드를 사용한다.

```
crs.toWkt()
```

결과는 다음과 같다.

```
'GEOGCS["WGS 84",DATUM["WGS_1984",SPHEROID["WGS 84",6378137,298.257223563,AUTHORITY["EP
SG","7030"]],AUTHORITY["EPSG","6326" ]],PRIMEM["Greenwich",0,AUTHORITY["EPSG","8901"]],
UNIT["degree",0.017453292 5199433,AUTHORITY["EPSG","9122"]],AUTHORITY["EPSG","4326"]]'
```

다음과 같이 extent() 메서드를 사용해서 레이어 상자의 경계를 얻을 수 있다.

```
extent = scf.extent()
```

그런 다음 toString()을 사용해 extent의 문자열을 얻거나 asWktPolygon()을 사용해 WKT를 얻거나 xMinimum(), yMaximum() 및 yMaximum()을 사용해 각 좌표를 개별적으로 얻을 수 있다. 방법과 결과는 다음과 같다.

```
extent.toString()
u'-106.6649165999999980,35.0744279999999975 : -106.6457526013259951,35.0916344666666973
'

extent.asWktPolygon()
'POLYGON((-106.66491659999999797 35.0744279999999975, -106.6457526013259951
35.0744279999999975, -106.6457526013259951 35.09163446666669728, -106.66491659999999797
35.09163446666669728, -106.66491659999999797 35.0744279999999975))'

extent.xMinimum()
-106.6649166

extent.xMaximum()
-106.645752601326

extent.yMinimum()
35.074428

extent.yMaximum()
35.0916344666667
```

TIP 객체에서 사용 가능한 메서드를 보려면 dir(객체)을 사용한다. extent 객체의 메서드를 보려면 dir(extent)를 사용한다.

pendingFeatureCount()를 사용하면 레이어의 항목 수를 얻을 수 있다. 다음 코드는 SeeClickFix 레이어의 항목 개수를 반환한다.

```
scf.pendingFeatureCount()
```

결과는 long 타입이며, 이 경우 126이다.

특징 속성

다음 코드로 첫 번째 항목을 얻을 수 있다.

```
item=scf.getFeatures().next()
```

이 코드는 getFeatures().next()를 사용해 첫 번째 항목을 가져와 item 변수에 할당한다. .next()를 제거하면 모든 항목을 반복할 수 있는 QgsFeatureIterator를 가져온다. 다음 에에서는 단일 항목을 사용한다.

지오메트리를 가져오려면 변수에 할당한다.

```
g = item.geometry()
```

타입을 가져오려면 다음 코드를 사용한다.

```
g.type()
0
```

이 코드는 포인트에 관해 0을 반환한다. 항목이 포인트라는 것을 알았다면, 다음과 같 이 asPoint()를 사용해 좌표를 알 수 있다.

```
item.geometry().asPoint()
(-106.652,35.0912)

item.geometry().asPoint()[0]
-106.65153503418

item.geometry().asPoint()[1]
35.0912475585134
```

만약 streets 레이어에서 같은 코드를 사용하면, 다음 코드와 같이 타입 값 1과 폴리라인의 좌표를 얻는다.

```
street = streets.getFeatures().next().geometry().type()
1

street.geometry().asPolyline()
[(-106.729,35.1659), (-106.729,35.1659), (-106.729,35.1658), (-106.729,35.1658),
(-106.73,35.1658), (-106.73,35.1658), (-106.73,35.1658), (-106.73,35.1658)]
```

항목의 필드에 관한 정보를 얻으려면 다음 코드와 같이 fields()를 사용한다.

```
item.fields().count()
4
```

4개의 필드 각각에 관해 .name()과 .typeName()을 사용해 필드 이름을 얻고 입력할 수 있다. 다음 코드는 필드 2를 사용해 이름과 타입을 얻는 방법이다.

```
item.fields()[2].name()
u'Type'
item.fields()[2].typeName()
u'String'
```

필드의 이름을 알면 첫 번째 레코드에 관한 필드 값을 얻을 수 있다. 또는 다음 코드와 같이 항상 숫자 인덱스를 사용할 수 있다.

```
item["Type"]
u'Other'

item[0]
1572.0
```

item[1]
3368133L

item[2]
u'Other'

item[3]
u'Acknowledged'

이제 항목의 지오메트리 및 속성에 접근하는 방법을 알았으므로 getFeatures()를 사용해 반복한다. 다음 코드는 특징들을 반복해서 상태가 'Closed'인 모든 레코드의 ID를 출력한다.

```
for f in scf.getFeatures():
    if f["Status"]=='Closed':
        print(f["ID"])
```

이 코드는 getFeatures()를 사용해 이터레이터를 반환한다. 그런 다음 Status 속성이 'Closed'와 같은지 확인한 다음 속성 ID(있는 경우)를 출력한다. 결과는 다음과 같다.

```
3888698
3906283
3906252
3882952
3904754
3904463
3904344
3904289
3903243
3903236
3902993
```

PostGIS에서 레이어 그리기

QGIS를 통해 QgsDataSourceURI 클래스와 QgsVectorLayer(URI, 이름, 공급자(Postgres))를 사용해 PostgreSQL 레이어로 로드할 수 있다. 이를 위해 QGIS는 컴파일된 Postgres 지원이 필요하다. 이 절에서는 3장, '지리공간 데이터베이스 소개'와 7장, '지오데이터베이스로 지오프로세싱'에서 배운 psycopg2를 사용한다. 이 절의 지도에 특징과 레이어를 추가하는 방법은 7장의 뒷부분에서 툴박스 작성 방법을 배울 때 사용된다.

포인트 그리기

PostGIS에서 데이터를 로드하는 방법을 배우기 전에 먼저 여러 포인트를 그리는 방법을 다루고, 그것들을 변환해 레이어에 추가하고 나서 그 레이어를 지도에 올릴 것이다. 다음 코드는 그 과정을 안내한다.

memory 레이어를 생성하는 것으로 시작한다.

```
theLayer=QgsVectorLayer('Point?crs=epsg:4326','SomePoints','memory')
```

이 코드는 벡터 레이어를 생성해 theLayer 변수에 할당한다. 매개변수는 레이어의 타입 및 좌표 참조 시스템, 레이어 패널의 이름이며, memory 레이어로 지정했다.

다음은 생성해야 할 특징들이다.

```
from qgis.PyQt.QtCore import *
theFeatures=theLayer.dataProvider()
theFeatures.addAttributes([QgsField("ID", QVariant.Int),QgsField("Name", Qvariant.String)])
```

이 코드는 qgis.PyQtCore를 임포트한다. QVariant 라이브러리에 필요하다. 먼저 레이어에 관한 데이터 공급자를 호출해 특징에 전달한다. 그런 다음 속성과 해당 타입을 특징에 추가한다. 다음은 point를 생성해 특징에 추가하는 코드다.

```
p=QgsFeature()
point=QgsPoint(-106.3463,34.9685)
p.setGeometry(QgsGeometry.fromPoint(point))
p.setAttributes([123,"Paul"])
theFeatures.addFeatures([p])
theLayer.updateExtents()
theLayer.updateFields()
```

이 코드는 p 변수를 생성해 `QgsFeature`로 만든다. 그런 다음 포인트 p를 생성하고 경도와 위도 좌표를 전달한다. 특징에 지오메트리를 할당한다. 그런 다음 특징에 속성을 할당한다. 이제 지오메트리와 속성이 있는 특징을 얻었다. 다음 줄에서는 `addFeature()`를 사용해 특징 배열에 특징을 전달한다. 마지막으로 레이어 확장 및 필드를 업데이트한다. 코드 블록을 두 번 반복해 다른 좌표(`-106.4540,34.9553`)를 `point`에 할당하고나서 7장의 앞 절과 같이 지도에 레이어를 추가한다. 코드는 다음과 같다.

```
QgsMapLayerRegistry.instance().addMapLayers([theLayer])
```

다음 화면과 같이 두 개의 포인트가 있는 지도다.

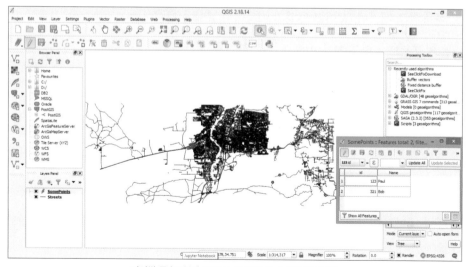

파이썬 콘솔로부터 QGIS로 두 개의 점 속성을 적재했다.

레이어 패널에서 레이어 이름이 SomePoints라는 것을 볼 수 있다. 속성 테이블에서는 ID와 Name이라는 특징을 가진 두 필드를 볼 수 있다. 이제 지오메트리에서 특징을 만들고, 속성을 추가하고, 레이어에 특징을 추가해 지도에 레이어를 표시하는 방법을 배웠다. 앞에 언급한 과정을 통해 PostGIS에 추가한다.

PostGIS에서 폴리곤 그리기

이 예에서는 PostGIS 데이터베이스로부터 앨버커키 경찰 지역 사령부 폴리곤을 그릴 것이다. 다음 코드는 모든 특징을 추가하는 순환문, 좌표를 하드코딩하는 대신 특징을 그리는 WKT 함수와 PostGIS 쿼리를 추가해 사용한다.

첫 번째 단계는 PostGIS 데이터베이스에 연결하는 것이다. 다음 코드는 3장, '지리공간 데이터베이스 소개', 7장, '지오데이터베이스로 지오프로세싱'에서 사용했던 것과 같다.

```
import psycopg2
connection =
psycopg2.connect(database="pythonspatial",user="postgres", password="postgres")
cursor = connection.cursor()
cursor.execute("SELECT name, ST_AsTexT(geom) from areacommand")
c=cursor.fetchall()
```

이 코드가 PostGIS에 연결해 모든 지역 사령부 이름과 지오메트리를 가져오고, 이를 변수 c에 할당한다. 다음으로 이전 예제처럼 레이어를 생성한다. 카운터 x를 생성해 항목의 id 필드로 설정한다.

```
APD=QgsVectorLayer('Polygon?crs=epsg:4326','AreaCommands','memory')
APDfeatures=APD.dataProvider()
APDfeatures.addAttributes([QgsField("ID",QVariant.Int),QgsField("Name", QVariant.
String)])
x=0
```

이 코드는 폴리곤 memory 레이어를 생성하고 특징과 속성을 추가한다. 그다음 커서를 통해 각 지역 사령부에 관한 지오메트리를 생성하고 속성을 추가하고나서 레이어의 범위 및 필드를 업데이트한다.

```
for acmd in c:
    g=QgsGeometry()
    g=QgsGeometry.fromWkt(acmd[1])
    p=QgsFeature()
    print(acmd[0])
    p.setGeometry(g)
    x+=1
    p.setAttributes([x,str(acmd[0])])
    APDfeatures.addFeatures([p])
    APD.updateExtents()
    APD.updateFields()
```

이 코드는 이전 절의 포인트 예제와 동일하다. 한 가지 중요한 차이점은 QgsGeometry.fromWkt(wkt)를 사용해 폴리곤을 만든다는 것이다. 변수 acmd[1]는 PostGIS의 WKT MultiPolygon 문자열이다.

마지막으로 지도에 레이어를 추가하는 코드는 다음과 같다.

```
QgsMapLayerRegistry.instance().addMapLayers([APD])
```

렌더링한 화면은 다음과 같다.

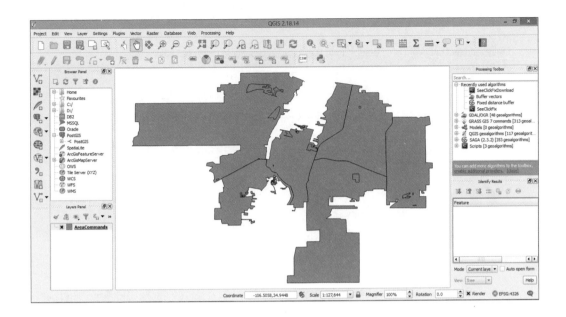

그리고 앨버커키 경찰서의 지역 사령부 폴리곤은 QGIS의 레이어다. 다음으로 레이어에 특징을 추가, 편집, 삭제하는 방법을 배운다.

특징 추가, 편집, 삭제하기

이전 예제에서는 빈 레이어를 작성하고 필드를 추가한 다음 데이터를 추가해 표시했다. 그렇게 할 필요가 가끔 있고, 이미 레이어가 있으므로 더 자주 데이터를 추가하거나, 데이터를 편집하거나, 데이터를 삭제해야 한다. 이 절에서는 기존 데이터에 관해 이런 작업을 수행하는 방법을 배운다.

기존 레이어에 특징 추가하기

레이어에 데이터를 추가하려면 먼저 레이어를 로드해야 한다. 다음 코드와 같이 앨버커키에 관한 SeeClickFix 데이터의 하위 집합을 로드하는 것으로 시작한다.

```
scf =
iface.addVectorLayer(r'C:\Users\Paul\Desktop\PythonBook\CHP8\SCF.shp',
"SeeClickFix","ogr")
```

이 코드는 로드돼 지도에 레이어를 표시한다. 8장의 첫 번째 절에서 나온 것과 같은 코드다.

 지도에 레이어를 표시할 필요는 없다. scf = QgsVectorLayer("C:\Users\Paul\Desk
top\PythonBook\CHP8\SCF.shp", "SeeClickFix","ogr")을 사용해 레이어를 로드
한다.

이제 레이어가 로드됐으므로 capabilityString()을 사용해 공급자가 데이터에 관해 허용하는 작업을 확인한다. 다음 코드는 로드된 레이어의 결과를 보여준다.

```
scf.dataProvider().capabilitiesString()

u'Add Features, Delete Features, Change Attribute Values, Add Attributes,
Delete Attributes, Rename Attributes, Create Spatial Index, Create
Attribute Indexes, Fast Access to Features at ID, Change Geometries'
```

특징 추가는 기능이기 때문에 다음 코드와 같이 새 특징을 추가할 수 있다.

```
feat = QgsFeature(scf.pendingFields())
feat.setAttribute('fid',911)
feat.setAttribute('ID',311)
feat.setAttribute('Type','Pothole')
feat.setAttribute('Status','Pending')
feat.setGeometry(QgsGeometry.fromPoint(QgsPoint(-106.65897,35.07743))) scf.
dataProvider().addFeatures([feat])
```

이 코드는 특징을 생성하고 로드된 레이어에서 필드를 얻는다. 그다음 각 속성을 설정한다. 다음으로 포인트로부터 지오메트리를 설정한다. 마지막으로 특징을 레이어에 추가한다. addFeatures()를 호출하면 변수에 결과와 특징 두 가지 반환 값을 할당할 수 있다.

addFeature()의 결과는 참이거나 거짓이다. 반환되는 특징은 리스트다. 더 많은 작업을 수행해야 하는 경우 특징을 유지하는 것이 편리할 수 있다.

 TIP 프로세스를 자동화할 때 레이어를 편집하기 전에 기능 검사를 수행할 수 있다.

결과는 다음 화면과 같이 속성 테이블에 새로운 포인트와 레코드다.

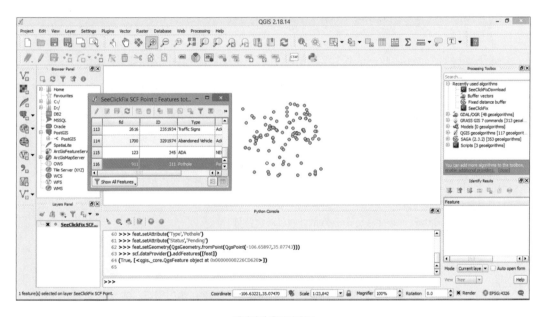

레이어에 추가된 항목

리스트를 사용해 모든 속성을 한 줄에 전달하면 이전 코드를 단순화할 수 있다. 방법은 다음 코드와 같다.

```
feat.setAttributes([912,312,"Other","Closed"])
```

이 코드는 단일 setAttribute() 대신 리스트와 setAttributes()를 사용해 속성을 작성한다. 나중에 코드를 읽을 때 필드 이름을 기억하려면 좀 더 자세한 버전이 더 깔끔하다. 그러나 코드의 효율성이 목표라면, 후자 버전이 더 적절하다. 만약 실수를 했거나 필요하지 않은 기록이 있을 수 있다. 다음 절에서는 항목을 삭제하는 방법을 배운다.

기존 레이어에서 항목 삭제하기

다음 코드 한 줄로 항목을 삭제할 수 있다.

```
LayerName.dataProvider().deleteFeatures([list of id])
```

이 코드에서는 deleteFeatures()와 레이어 id를 사용한다. id는 feature.id()이다. 이는 내부적으로 갖고 있는 숫자로 사용자가 할당한 속성이 아니다. 명확한 특징의 id를 얻으려면 8장 앞부분에서 배운 대로 반복해서 얻을 수 있다. 다음 코드는 이전 절에서 만든 기능을 삭제하는 방법을 보여준다.

```
for x in scf.getFeatures():
    if x["ID"]==311:
        scf.dataProvider().deleteFeatures([x.id()])
```

이 코드는 ID가 311인 것을 찾아 레이어의 특징들을 반복한다. 찾으면 deleteFeatures()를 사용하고 x.id()를 사용해 ID를 전달한다. 이 경우 ID는 216이었다. 특징의 id를 알면 반복 없이 삭제할 수 있고 다음 코드와 같이 ID 리스트를 전달할 수도 있다.

```
for x in scf.getFeatures():
    if x["Status"]=='Closed':
        key.append(x.id())
    scf.dataProvider().deleteFeatures(key)
```

이 코드는 모든 'Closed' 케이스를 찾아서 레이어의 특징을 반복한다. 하나를 찾으면 리스트 key에 ID를 넣는다. 마지막으로 DeleteFeatures()를 호출하고 리스트를 전달한다.

기존 레이어에서 특징 편집하기

이제 특징을 추가하거나 삭제할 수 있지만 속성 값만 변경하면 되는 경우도 있다. 예를 들어 열린 케이스 상태에서 닫힌 케이스 상태로 바꾸는 경우다. 이 절에서는 속성을 수정하는 방법을 배운다. 속성은 changeAttributeValues()를 호출해 수정한다. 다음 코드는 단일 항목을 변경한다.

```
scf.dataProvider().changeAttributeValues({114:{0:123,1:345,2:"ADA",3:"NEW"} })
```

이 코드는 changeAttributeValues()를 호출하고 특징 id를 키로 갖는 딕셔너리이고 속성 값은 {id:{0:value, 1:value, n:value}을 전달한다. 속성 딕셔너리의 키는 필드 인덱스값이다.

특징에는 네 개의 필드가 있으므로 속성 딕셔너리에는 0에서 3 사이의 키가 있다. 다음 화면은 속성 테이블의 변경 사항을 보여준다.

편집된 단일 특징

이전 예제에서는 수정하려는 특징의 id를 이미 알고 있다고 가정한다. 또한 모든 속성 값을 수정한다고 가정한다. 다음 코드는 여러 특징을 수정하지만 각 Status의 단일 속성 값만 수정한다.

```
attributes={3:"Closed"}
for x in scf.getFeatures():
    if x["Type"]=='Other':
        scf.dataProvider().changeAttributeValues({x.id():attributes})
```

이 코드에서 딕셔너리는 3('Status' 필드)의 키와 "Closed"의 값으로 선언된다. 그런 다음 코드는 레이어의 특징을 반복해 일치하는 것을 찾는다. 일치하는 특징을 찾으면 속성 값이 변경되지만 이번에는 Status 필드의 값만 변경된다. 결과는 다음과 같이 화면에 표시된 속성 테이블에 반영된다.

상태는 Open이고, 타입 Other인 모든 항목들

앞의 예제에서는 특징을 반복하며 조건을 기반으로 선택했다. 다음 절에서는 선택한 특징을 강조하는 방법과 조건 대신 표현식을 사용해 선택하는 방법을 배운다.

수식을 사용해 특징 선택하기

수식을 사용해 특징을 반복하면서 참(1) 또는 거짓(0)을 반환하는 평가를 할 수 있다. 수식을 넣기 전에 먼저 특징을 선택하고 강조해본다. `setSelectedFeatures()`를 호출하고 ID 리스트를 전달해 특징을 선택한다. 다음 코드는 단일 특징을 선택한다.

```
from qgis.PyQt.QtGui import *
from qgis.PyQt.QtWidgets import *
iface.mapCanvas().setSelectionColor( QColor("red") )
scf.setSelectedFeatures([100])
```

이 코드는 QtGUI, Qt.Widgets를 임포트한다. QColor를 사용해 색을 설정할 때 필요하다. 다음 행은 지도 캔버스를 얻어서 단면색을 빨간색으로 설정한다. 마지막으로 id가 100인 특징을 가져온다. 지도에 빨간색으로 표시된다. 이전 예제에서는 단일 특징을 선택하는 id를 알고 있다고 가정했다. 그런 경우는 드물다. 종종 어떤 조건으로 선택하거나 수식을 사용할 수 있다. `QgsExpression()`을 사용해 수식 문자열을 전달하고 특징을 평가할 수 있다. 방법은 다음 코드와 같다.

```
closed=[]
exp=QgsExpression("Type='Traffic Signs' and Status='Acknowledged'")
exp.prepare(scf.pendingFields())
for f in scf.getFeatures():
    if exp.evaluate(f)==1:
        closed.append(f.id())
    scf.setSelectedFeatures(closed)
```

첫째, 이전 코드는 표현식이 참인 ID를 저장하기 위한 closed 리스트를 생성한다. 다음으로 수식을 선언한다. 수식은 Type과 Status의 두 가지 조건을 검사한다. 수식이 준비되면 레이어의 필드에 전달한다. 다음 줄에서 특징들을 반복한다. 식이 참(1)이면 id를 리스트에 넣는다. 마지막으로 선택한 특징이 closed 리스트의 ID로 설정된다. 이전 코드 결과는 화면과 같이 표시된다.

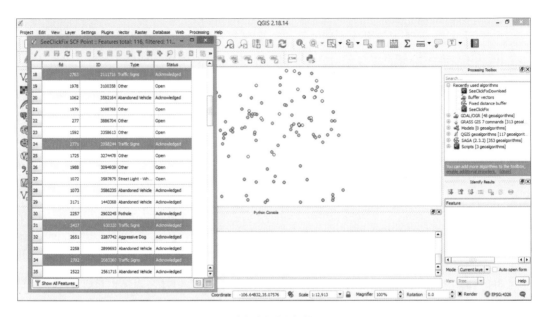

식에 따라 선택된 기능

다음 절에서는 QGIS와 함께 제공되는 툴박스를 사용해 알고리즘을 실행하고 지리공간 작업을 실행하는 방법을 배운다.

툴박스 사용하기

QGIS에는 프로세싱 라이브러리가 있다. QGIS의 Processing 메뉴로 이동해 Toolbox를 선택하면 툴박스 그룹이 표시된 위젯이 나타난다. 위젯은 그림과 같이 표시된다.

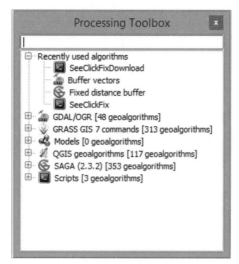

Processing 위젯

파이썬에서 툴박스를 사용하려면 processing을 임포트한다. 코드를 실행하면 다음과 같이 사용 가능한 알고리즘을 볼 수 있다.

```
import processing processing.alglist()
```

이 코드는 processing을 임포트하고 alglist() 메서드를 호출한다. 결과는 설치된 툴박스에서 사용할 수 있는 모든 알고리즘이다. 다음 출력과 비슷하게 나타난다.

```
Advanced Python field calculator-------------------
->qgis:advancedpythonfieldcalculator
Bar plot--------------------------------------------->qgis:barplot
Basic statistics for numeric fields----------------
->qgis:basicstatisticsfornumericfields
Basic statistics for text fields-------------------->qgis:basicstatisticsfortextfields
Boundary-------------------------------------------->qgis:boundary Bounding boxes-----
----------------------------------->qgis:boundingboxes Build virtual vector-------------
-------------------->qgis:buildvirtualvector
Check validity-------------------------------------->qgis:checkvalidity
Clip------------------------------------------------>qgis:clip
```

키워드로 알고리즘을 검색하려면 다음 코드와 같이 문자열을 alglist()에 전달하면 된다.

```
Processing.alglist("buffer")
```

이 코드는 결과를 좁히기 위해 문자열을 전달한다. 워드 버퍼를 포함하는 몇 가지 알고리즘이 출력될 것이다. 다음 결과를 살펴본다.

```
Fixed distance buffer-----------------------------
->qgis:fixeddistancebuffer
 Variable distance buffer----------------------------
->saga:shapesbufferattributedistance
 Buffer vectors--------------------------------------
->gdalogr:buffervectors
 v.buffer.column - Creates a buffer around features of given type.--
->grass:v.buffer.column
```

이 절에서는 Buffer vectors 알고리즘을 사용한다. 알고리즘의 동작 방식을 보려면 다음 코드를 실행한다.

```
processing.alghelp("gdalogr:buffervectors")
```

이 코드는 alghelp()를 호출하고, alglist()의 두 번째 열에 있는 알고리즘 이름을 전달한다. 결과는 알고리즘 실행에 필요한 파라미터와 그 타입을 알려준다. 출력은 다음과 같다.

```
ALGORITHM: Buffer vectors
  INPUT_LAYER <ParameterVector>
  GEOMETRY <ParameterString>
  DISTANCE <ParameterNumber>
  DISSOLVEALL <ParameterBoolean>
```

```
FIELD <parameters from INPUT_LAYER>
MULTI <ParameterBoolean>
OPTIONS <ParameterString>
OUTPUT_LAYER <OutputVector>
```

TIP GUI에서 알고리즘을 실행한 다음 \.qgis2\processing\processing.log를 열면 알고리즘 실행에 사용된 파라미터가 나타난다. 복사해서 파이썬 코드에 사용한다.

이 출력은 알고리즘 실행에 필요한 파라미터를 보여준다. runalg()를 사용하면 알고리즘을 실행할 수 있다. 버퍼 벡터는 다음 코드로 실행된다.

```
processing.runalg("gdalogr:buffervectors",r'C:/Users/Paul/Desktop/Projected.shp',"geome
try",100,False,None,False,"",r'C:/Users/Paul/Desktop/ProjectedBuffer.shp')
layer = iface.addVectorLayer(r'C:\Users\Paul\Desktop\
ProjectedBuffer.shp', "Buffer", "ogr")
```

이 코드는 runalg()를 호출해 실행할 알고리즘의 이름을 전달한 다음 알고리즘에 필요한 파라미터를 전달한다.

```
INPUT_LAYER = Projected.shp
 GEOMETRY = geometry
 DISTANCE = 100
 DISSOLVEALL = False
 FIELD = None
 MULTI = False
 OPTIONS = ""
 OUTPUT_LAYER = ProjectedBuffer.shp
```

그런 다음 출력 레이어가 지도에 추가된다. 결과는 다음 화면과 같다.

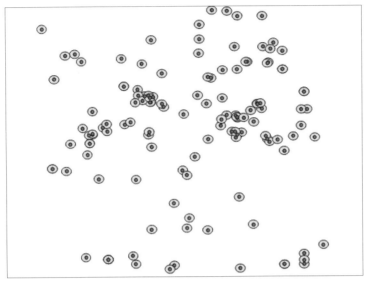

buffer 알고리즘의 결과

이제 파이썬 콘솔을 사용해 알고리즘을 호출하는 방법을 알았으니, 자신만의 알고리즘을 작성해본다. 다음 절에서는 runalg() 또는 GUI를 사용해 호출할 수 있는 툴박스 만드는 방법을 배운다.

▌ 사용자 정의 툴박스 만들기

툴박스를 만들면 여러 작업을 자동화하고 그 코드를 GUI 또는 processing을 통해 실행할 수 있는 알고리즘으로 다른 사용자나 개발자가 사용할 수 있다. 이 절에서는 툴박스를 만들고 처리하는 방법을 배운다. 8장에서는 파일과 PostGIS 데이터베이스에서 데이터를 로드하는 방법을 배웠다. 이 예에서는 SeeClickFix API를 통해 QGIS로 데이터를 가져오는 방법을 배운다.

SeeClickFix는 미국의 많은 도시에서 사용되는 311 보고 시스템이다. 지리공간 데이터를 포함하고 있으며 문서화가 매우 잘 돼 있고 사용자 친화적인 API를 갖고 있다.

새 스크립트를 작성을 위해 QGIS에서 processing 툴박스를 열면 편집기 창이 열린다. 이 창에 코드를 작성한 후 저장 아이콘을 사용해 저장한다. 파일 이름은 **Tools ❯ User scripts ❯ 파일명** 아래의 툴박스가 된다. 이름을 SeeClickFix로 하고 파일을 저장한다.

이제 빈 툴박스를 갖게 됐으니, 코드를 추가할 수 있다. 코딩 전에 이 알고리즘에 전달할 파라미터를 생성해야 한다. 또한 각 파라미터는 파라미터 이름을 라벨로 하는 GUI 위젯이 된다. SeeClickFix API를 사용하면 도시나 이웃을 지정할 수 있으며 문자열도 필터링할 수 있다. 다음 코드는 이를 알고리즘에 파라미터로 추가한다.

```
##City_or_Neighborhood= string City
##Filter=string Nothing
##Output=output vector
```

이 코드는 이중 주석 기호(##)를 사용한 다음 매개변수 이름과 매개변수 타입 및 기본값을 사용한다. 숫자와 문자열의 경우 기본값이 필요하다. 코드의 첫 번째 파라미터는 City_or_Neighborhood이고, 문자열이며 기본값은 앨버커키다.

다음으로 Filter 키워드인데, 역시 문자열이며 기본적으로 Nothing으로 돼 있다. 마지막으로 Output은 output vector 타입이다. 지도에 추가되거나 디스크에 저장된다. 이때 GUI에서 도구 상자를 실행할 수 있으며 다음 화면과 같은 창을 볼 수 있다.

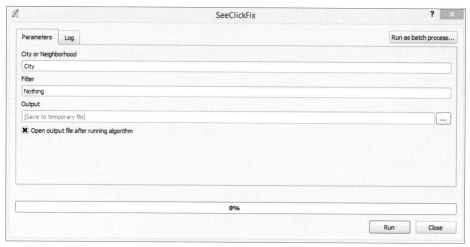

GUI 툴박스. 각 파라미터 이름에 주목한다.

다음으로 태스크를 수행하는 데 필요한 라이브러리를 임포트한다. 다음 코드는 SeeClick
Fix 툴박스에 필요한 것들을 임포트한다.

```
import requests
import json
from qgis.core import *
from qgis.PyQt.QtGui import *
from qgis.PyQt.QtWidgets import *
from qgis.PyQt.QtCore import *
```

이 코드는 qgis 라이브러리를 가져오고 requests와 json도 가져온다. requests 라이브러
리는 API 호출에 사용되며 json은 응답 온 구문을 분석한다.

이제 코딩할 시간이다. 처음은 파라미터를 가져오고 API 호출에 필요한 변수를 설정한
다. 현재 발생하는 일에 관한 정보를 사용자에게 보여주는 것은 나쁘지 않다. 방법은 다
음 코드와 같다.

```
scfcity=City_or_Neighborhood
searchterm=Filter
progress.setInfo("Wait while I get data from the API") progress.setText("Calling API")
if searchterm=="None":
pagesURL="http://seeclickfix.com/api/v2/issues?per_page=100&amp;amp;place_u rl="+scf
city+"&amp;amp;page="
url="http://seeclickfix.com/api/v2/issues?per_page=100&amp;amp;place_url="+ scfcity
else:
pagesURL="http://seeclickfix.com/api/v2/issuesper_page=100&amp;amp;place_ur l="+scfc it
y+"&amp;amp;search="+searchterm+"&amp;amp;page="
url="http://seeclickfix.com/api/v2/issues?per_page=100&amp;amp;search="+searchterm+"&am
p;amp;place_url="+scfcity
```

이 코드는 매개변수를 변수에 전달한다. 그러고 나서 QGIS에 의해 제공되는 글로벌 변수인 progress를 사용하고, setInfo()와 setText() 메서드를 호출해 사용자에게 무슨 일이 일어나고 있는지 알려준다. progress는 QGIS의 일부이다. setInfo() 메서드는 GUI의 텍스트 영역에 텍스트를 표시한다. setText() 메서드는 진행 표시줄의 라벨 텍스트를 변경하고 GUI의 텍스트 영역에도 추가한다.

다음으로 코드는 필터 파라미터가 아직 None인지 확인하고, 그렇다면 URL에 필터 파라미터가 없는 문자열로 API를 할당하고, City_or_Neighborhood 파라미터를 사용한다. 필터가 있다면 API 호출에 다른 URL이 할당한다.

이제 정의된 GIS 설정 준비가 됐다. 다음 코드로 시작한다.

```
crs=QgsCoordinateReferenceSystem("epsg:4326") scf=QgsVectorLayer('Point?crs=epsg:4326',
'SeeClickFix','memory')

fields = QgsFields()
fields.append(QgsField("ID", QVariant.Int))
fields.append(QgsField("Type", QVariant.String))
fields.append(QgsField("Status", QVariant.String))

writer = processing.VectorWriter(Output, None, fields.toList(),QGis.WKBPoint, crs)
```

이 코드는 WGS 84로 좌표 참조 시스템을 설정한다. 그런 다음 memory 레이어를 생성하고 필드를 할당한다. 마지막으로 writer 벡터를 생성하고 Output 파라미터, 인코딩(None), 필드, 지오메트리 타입과 crs(좌표 참조 시스템)을 전달한다. 이제 코드에서 API 호출을 할 수 있다.

```
r = requests.get(url).text
rJSON=json.loads(r)
pages=rJSON['metadata']['pagination']['pages']
records=rJSON['metadata']['pagination']['entries']
progress.setInfo("Grabbing "+str(records) +" Records")
count=1

for x in range(1,pages+1):
    progress.setText("Reading page "+str(x))
    pageData=requests.get(pagesURL+str(x)).text
    pageDataJSON=json.loads(pageData)
```

이 코드는 API 호출을 위해 requests를 사용한다. pages 수와 반환된 records 수를 변수에 할당한다. 이 코드는 setInfo() 메서드를 사용해 처리 중인 레코드의 개수를 알려준다. 그런 다음 각 페이지를 반복하면서 페이지에 각 항목을 로드한다. 이는 사용자에게 현재 읽고 있는 페이지를 알려준다. 이제 페이지의 각 레코드 특징을 분석해 writer 벡터로 보낸다. 지도에 출력을 추가할 필요는 없다. 실행하면 GUI에서 처리해준다. 파이썬에서 실행하면 레이어에서 파일 경로를 가져와 직접 로드할 수 있다. 방법은 다음 코드와 같다.

```
for issue in pageDataJSON['issues']:
try:
    p=QgsFeature()
    point=QgsPoint(issue['lng'],issue['lat'])
    p.setGeometry(QgsGeometry.fromPoint(point))
    p.setAttributes([issue["id"],issue["request_type"] ["title"],issue["status"]])
    writer.addFeature(p)
    progress.setPercentage((count/float(records))*100)
```

```
        count+=1
except:
    pass
del writer
```

이 코드는 API에서 가져온 특징과 지오메트리를 생성해서 포인트로 전달한다. 그런 다음 속성을 전달하고 완성된 특징을 writer 벡터로 전송한다. GUI의 진행 표시줄은 progress.setPercentage()을 사용해 업데이트한다. 메서드는 float 타입이다. 예제에서 백분율은 처리된 records 수를 총 records 수로 나눈 값이다. 마지막으로 writer를 삭제한다.

툴박스가 완성됐으니 저장한다. 이제 GUI에서 실행하거나 파이썬에서 호출할 수 있다. 다음 코드는 파이썬에서 호출하는 방법이고 그 결과를 지도에 추가한다.

```
processing.alghelp("script:seeclickfix")

    ALGORITHM: SeeClickFix
    City_or_Neighborhood <ParameterString>
    Filter <ParameterString>
    Output <OutputVector>

out=processing.runalg("script:seeclickfix","Albuquerque","Juan Tabo", None)
```

이 코드는 새로운 알고리즘과 파라미터를 보여주기 위해 alghelp() 메서드를 호출한다. 다음으로 runalg()를 사용해 알고리즘을 실행하고 변수 out에 결과를 할당한다. 변수 out을 출력하면 다음과 같이 Output 키와 임시 벡터 경로가 있는 딕셔너리다.

```
out

{'Output': u'C:\\Users\\Paul\\AppData\\Local\\Temp\\processingca7241c6176e42458ea32e8c
7264de1e\\014bc4d4516240028ce9270b49c5fcaf\\Output.shp'}
```

벡터를 레이어에 할당해 지도에 추가하거나 특징을 반복해 다음과 같이 다른 작업을
할 수 있다.

```
out = iface.addVectorLayer(str(a["Output"]), "SeeClickFix","ogr")
for feature in out.getFeatures():
    Do something...
```

지도에 레이어를 추가한 결과는 다음과 같은 화면처럼 보인다. SeeClickFix의 모든 사건
들이 후안 타보Juan Tabo 거리에서 표시됐다.

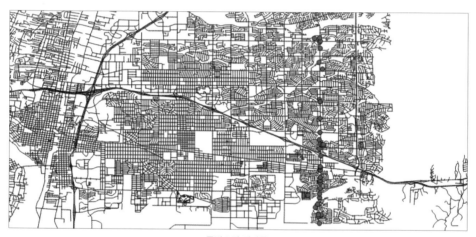

툴박스의 결과들

▌ 요약

8장에서는 QGIS에서 파이썬 사용법을 배웠으며, 레이어를 로드해 지도에 표시하는 기본을 학습한 후 특징을 추가, 편집, 삭제하는 것으로 진행했다. 특징 선택 방법과 선택 사항을 강조하며 수식을 사용하는 방법을 배웠다. 그리고 나서 미리 설치된 지오프로세싱 툴을 사용하고 processsing을 이용한 툴박스 알고리즘을 호출하는 방법을 배웠다. 마지막으로 사용자 정의 툴박스 만드는 방법을 익혔다.

9장에서는 Esri 도구와 함께 파이썬을 사용하는 방법을 배운다. 브라우저에서 주피터 노트북을 사용해 클라우드 기반 데이터셋과 상호작용하는 방법과 파이썬용 Esri API를 사용해 기본적인 지리공간 분석을 수행하고 ArcGIS 온라인 웹 맵을 만드는 방법을 배운다.

09

파이썬 ArcGIS API 및
ArcGIS 온라인

9장에서는 파이썬 및 ArcGIS 온라인용 ArcGIS API를 소개한다. 파이썬 ArcGIS API는 지도와 지리공간 데이터 작업을 위한 파이썬 라이브러리다. 이 API는 사내 클라우드 GIS 구축을 제공하는 서버 제품인 ArcGIS Online(SaaS) 또는 ArcGIS용 포털Portal for ArcGIS을 로컬에 설치해 Esri의 클라우드 GIS와 상호작용할 수 있다. 이 API는 파이썬으로 웹 매핑 스크립팅같은 현대적인 솔루션을 제공하며 주피터 노트북과 잘 어울린다.

9장에서 다루는 주제는 다음과 같다.

- 파이썬 ArcGIS API 소개
- API 설치하기
- 다른 Esri 사용자 계정과 함께 API 사용

- API의 일부 모듈 소개
- API의 맵 위젯과 상호작용
- 벡터 데이터 검색 및 표시
- 래스터 데이터 표시 및 지오프로세싱
- ArcGIS 온라인 사용을 위한 개인화된 계정 설정
- ArcGIS 온라인에 콘텐츠 게시 및 관리

파이썬 및 ArcGIS 온라인용 ArcGIS API 소개

ArcGIS 플랫폼으로 유명한 지리공간 소프트웨어 회사인 Esri는 파이썬을 ArcGIS 데스크톱 소프트웨어 및 후속 ArcGIS Pro에 채택해 통합했다. Esri가 개발한 최초의 파이썬 사이트 패키지는 ArcPy 사이트 패키지로, 확장된 ArcMap과 ArcGIS Pro 기능뿐만 아니라 모든 기존 기능을 제공하는 파이썬 모듈의 모음이다. 파이썬은 이제 GUI와 많은 상호작용을 수반하는 반복 작업을 자동화하는 스크립팅 및 프로그래밍 언어로 사용된다. ArcPy를 사용하면 파이썬 스크립트, 추가 기능 또는 도구 상자를 통해 이러한 작업을 수행한다.

파이썬은 ArcGIS 데스크톱에 성공적으로 도입됐으며, GIS 자체는 지리공간 데이터뿐만 아니라 소프트웨어 자체로도 클라우드로 이동했다. Esri는 공공, 민간 또는 하이브리드 클라우드 서비스를 사용해 다양한 클라우드 환경 제공을 통해 이를 실현할 수 있는 가능성을 기관에 제공했다.

9장에서는 지도와 애플리케이션 그리고 데이터를 생성, 저장, 관리할 수 있는 서비스형 소프트웨어(SaaS) 제품인 ArcGIS Online을 사용한다. 지난 몇 년 동안 ArcGIS Online은 Esri의 ArcGIS 시스템의 핵심이자 필수적인 부분이 됐다. 사용자는 웹, 스마트폰, 태블릿에 사용할 수 있는 쉬운 도구를 통해 조직이나 전 세계에 지도를 공유할 수 있다.

파이써닉 웹 API

사용자들이 GIS 데이터, 서비스 등과 상호작용할 수 있도록 Esri는 소프트웨어와 애플리케이션 구축을 위한 서브루틴 정의, 프로토콜, 툴 집합으로 구성된 파이썬을 위한 완전히 새로운 ArcGIS API를 개발했다. 자바스크립트용 ArcGIS API와 함께 ArcGIS REST API 위에 구축된다. 파이썬 API 내에서 2D 및 3D 웹 맵을 표시하기 위해 동일한 API를 사용한다.

GIS 사용자는 무료로 이용할 수 있는 파이썬용 ArcGIS API를 다운로드해 사용할 수 있으며, ArcGIS Online, ArcGIS Portal 또는 ArcGIS Enterprise(이전에는 ArcGIS Server로 알려진 제품군)의 클라우드 GIS 환경을 관리할 수 있다. API는 파이썬 3.5 이상이 필요하다. API를 ArcPy 사이트 패키지와 함께 사용할 수 있지만 선택 사항이며, API도 ArcPy(또는 데스크톱 기반 GIS 제품) 없이 작동하거나 ArcGIS 온라인 또는 포털 환경에서도 작동한다.

API는 현재의 파이썬 스크립팅 사용자 외에도 데이터 처리 또는 지도 설계에 사용하는 더 많은 사용자를 위해 개발됐다. GIS 시각화 및 분석, 공간 데이터/콘텐츠 관리뿐만 아니라 조직 관리도 가능하게 한다. API는 2006년 12월 첫 릴리스 이후 다수의 업데이트가 있었고 집필 당시 버전은 1.4였다. 각각의 새로운 릴리스에는 새로운 기능이 도입됐다(번역 시점의 최신 버전은 1.8이다).

API를 사용하면 다른 파이썬 라이브러리처럼 import 구문으로 API를 가져와 표준 파이썬 구문과 명령을 적용해 바로 사용할 수 있다. 웹 환경에서는 웹 GIS에 액세스하기 위해 사용하므로 브라우저 기반의 주피터 노트북 앱을 사용하는 것이 가장 좋다.

API 설치하기

API는 다른 방법으로 설치할 수 있다. 가장 쉬운 방법은 conda를 사용하는 것이다. API를 처음 설치하는 경우, API의 많은 의존성 때문에 Anaconda3를 통해 별도의 가상 환경을 만들 수 있다. 사용 가능한 최신 버전의 API를 설치하는 것은 또한 최신 conda 버전과 API의 의존성을 보장하기 때문에 중요하다. conda를 사용해 API를 설치하려면 터미널에서 다음 명령을 실행한다.

```
conda install -c esri arcgis
```

명령의 옵션 -c는 채널(온라인 저장소)을 가리킨다. 터미널에서 이 명령을 실행하면 설치돼야 할 의존성 목록이 표시된다. 다음 화면은 목록의 부분이다. 데이터 과학에 사용되는 SciPy 스택의 두 라이브러리 NumPy와 pandas도 설치돼 있다는 점에 주목한다. API는 목록의 첫 번째인 arcgis 패키지다.

```
The following NEW packages will be INSTALLED:

    arcgis:             1.3.0-py36hbb13de3_1  esri
    bleach:             2.1.1-py36h834942a_0
    colorama:           0.3.9-py36h029ae33_0
    decorator:          4.1.2-py36he63a57b_0
    entrypoints:        0.2.3-py36hfd66bb0_2
    html5lib:           1.0.1-py36h047fa9f_0
    icc_rt:             2017.0.4-h97af966_0
    intel-openmp:       2018.0.0-hd92c6cd_8
    ipykernel:          4.7.0-py36h2f9c1c0_0
    ipython:            6.2.1-py36h9cf0123_1
    ipython_genutils:   0.2.0-py36h3c5d0ee_0
    ipywidgets:         6.0.0-py36_0
```

API 테스팅

설치 후 ArcGIS 패키지는 arcgis라는 별도의 폴더에 있으며 C:\UserName\Anaconda3\pkgs 폴더 안에 버전 번호가 있다. 컴퓨터에 API가 이미 설치돼 있다면 맵 위젯과 같이 모든 것이 제대로 작동하도록 최신 버전으로 업데이트해야 한다.

```
conda upgrade -c esri arcgis
```

집필 당시 API의 가장 최신 버전은 1.4이고, 파이썬 3.5 이상이 필요하다. 다음과 같이 터미널에서 주피터 노트북 앱을 열거나 아나콘다 3에서 직접 애플리케이션을 실행해 설치를 테스트할 수 있다(번역 시점의 최신 버전은 1.8이다).

---

jupyter notebook

다음 코드를 실행하면 지도 창이 열리며 오류 메시지가 있는지 확인한다.

```
In: from arcgis.gis import GIS
    my_gis = GIS()
    my_gis.map()
```

ArcGIS Pro를 설치했다면, 파이썬 패키지 매니저를 사용해 Pro 내부의 conda 환경을 사용해 API를 설치할 수 있다. Python 탭을 찾아 **Add Package** 버튼을 클릭한다. `arcgis`를 찾아서 설치를 클릭한 후 약관에 동의한다.

문제 해결

다른 이유로 API를 로컬로 설치하고 사용할 수 없다면 Cloud(https://notebooks.esri. com/)에서 실행되는 API의 샌드박스 버전을 사용해볼 수 있다. 이 URL을 클릭하면 브라우저 창이 주피터 노트북과 함께 열리고, 사용자 고유의 노트북을 만들고 예제를 실행하며 API의 모든 기능을 사용할 수 있다.

모든 모듈, 클래스 설명 및 예제를 보여주는 온라인 API 레퍼런스는 다음 링크를 참고한다.

https://developers.arcgis.com/python/api-reference/

API 업데이트, 릴리스 노트, 그 외 자세한 내용은 다음 링크를 참고한다.

https://developers.arcgis.com/python/guide/release-notes/

API에 관한 모든 정보의 메인 페이지는 다음 링크에서 찾을 수 있다. 많은 문서, 사용자 가이드 및 API 참조 자료를 제공하는 훌륭한 소스다.

https://developers.arcgis.com/python/

Esri 사용자 계정 인증

이제 컴퓨터에 API를 설치했으니, 서로 다른 Esri 사용자 계정과 결합해 사용하는 방법에 관해 논의할 때가 됐다. 앞에서 말했듯이, API는 클라우드 환경에서 웹 GIS를 관리하고 상호작용하기 위해 만들어졌다. API를 사용해서 웹 또는 클라우드 GIS와 상호작용하려면 이 웹 GIS와 연결하기 위한 추가적인 Esri 사용자 계정이 필요하다. 컴퓨터에서 FTP 서버 또는 원격 웹 서버에 연결하고 사용자 이름 및 암호(또는 토큰)를 사용해 로그인 절차를 수행하는 것과 비교할 수 있다.

이 절차는 서버와 클라이언트 간의 안전한 연결과 올바른 콘텐츠에 관한 액세스를 보장한다.

서로 다른 Esri 사용자 계정

다음 Esri 사용자 계정은 파이썬 ArcGIS API를 사용해 ArcGIS Online에 관한 액세스를 제공한다.

1. **사용자 정보를 전달하지 않고 ArcGIS Online에 액세스할 수 있는 익명 사용자 계정**: 일부 기본 기능을 테스트하기 위한 빠른 솔루션이지만 개인화된 계정과 함께 제공되는 어떤 고급 기능도 제공하지 않는다. 9장의 세 가지 실습 중 두 가지를 더 진행하면서 이 옵션을 다룬다.
2. **ArcGIS 온라인 조직 계정**(또는 ArcGIS 계정용 포털): ArcGIS 온라인 또는 ArcGIS용 포털에 관한 유료 가입이 필요하다. 이 옵션은 가장 많은 기능을 제공하지만 여기서는 다루지 않는다.

3. **ArcGIS 엔터프라이즈 평가판 계정:** 이 옵션은 무료이며 지도 제작 및 콘텐츠 게시에 필요한 서비스 크레딧을 제공한다. 이 평가판 계정은 21일 동안만 유효하며 그 이후에는 유료 계좌로 전환해야 계속 유지된다. 더 진행하면서 평가판 계정에 관해 다룬다.

4. **무료 Esri 개발자 계정:** 이 계정은 ArcGIS 개발자 프로그램의 일부로, 개인용 앱 개발 및 테스트는 물론 온라인에서 ArcGIS를 사용할 경우 50개의 서비스 크레딧을 부여한다. 이 옵션은 더 진행하면서 다룬다.

5. 마지막으로 공개 ArcGIS 계정을 생성하고 웹 브라우저를 사용해 ArcGIS Online에 로그인할 수 있는 옵션이 있다. 로그인 세부 정보를 사용해 API를 통해 ArcGIS Online에 연결할 수 있지만 기능이 제한돼 있다. 이 옵션은 API의 1.3 버전에 추가됐으며 여기서 다루지 않는다.

앞에서 언급한 포인트를 요약하면 API로 ArcGIS Online에 액세스하기 위한 다양한 사용자 계정을 다뤘다. 개인화된 계정은 익명 계정보다 기능이 더 많다. 9장 후반부에서 두 가지 유형을 모두 예제에 사용할 것이다. 이제 API가 서로 다른 모듈로 어떻게 구성되고 어떤 기능을 제공하는지 살펴본다.

파이썬 ArcGIS API의 여러 모듈들

다른 파이썬 라이브러리와 마찬가지로, API에는 ArcGIS 플랫폼 정보 모델의 요소를 관리하고 작업하는 데 사용할 수 있는 파이썬 모듈, 클래스, 함수 및 타입이 있다. API는 고유한 툴을 필요로 하는 여러 사용자 그룹을 위한 것이기 때문에 13개의 다른 모듈로 구성됐다. 여기서 모두 다룰 필요는 없지만, 9장에서 가장 중요한 것은 다음과 같다.

1. **GIS 모듈:** 가장 중요한 모듈이며 ArcGIS Online 또는 ArcGIS Portal에서 호스팅되는 GIS의 진입점이다. GIS 모듈을 통해 GIS의 사용자, 그룹 및 콘텐츠를

관리한다. GIS라는 용어는 이러한 맥락에서 지도, 장면, 앱, 레이어, 분석 및 데이터 생성, 시각화 및 공유하기 위한 협업 환경을 말한다.

2. **특징 모듈**: 이 모듈은 API의 벡터 데이터 부분을 나타낸다. 벡터 데이터는 이 모듈을 통해 특징 데이터, 특징 레이어 또는 특징 레이어의 집합으로 표현된다. 개별 데이터 요소는 특징 객체로 표현되는 반면 FeatureSet, FeatureLayer 및 FeatureCollection과 같은 클래스는 특징 데이터의 서로 다른 그룹을 나타낸다.

3. **래스터 모듈**: 이 모듈에는 래스터 데이터와 이미지 레이어 작업을 위한 클래스 및 래스터 분석 기능이 포함돼 있다. 형상 모듈은 API의 벡터 데이터 컴포넌트를 나타내는 반면, 래스터 모듈은 래스터 데이터 컴포넌트다. 이 모듈은 이미지 서비스의 데이터를 보여주는 Imagerylayer 클래스를 사용하고, 즉석 이미지 처리를 위한 래스터 기능을 제공한다. 이미지 레이어는 지도 위젯을 사용해 시각화한다.

4. **지오프로세싱 모듈**: 이 모듈은 API에는 속하지 않지만 ArcGIS Online을 통해 제공되는 지오프로세싱 기능이 있는 툴박스를 임포트하는 데 필요하다. 이러한 지오프로세싱 툴박스는 파이썬 모듈로 임포트한 모듈에서 사용할 수 있는 기능을 호출해 툴을 호출한다. 또한 API 자체는 공간 데이터 타입에 의해 정의된 다른 모듈을 통해 이용 가능한 다양한 지오프로세싱 툴을 포함한다.

> 지오프로세싱 도구는 입력 데이터셋에서 시작해 GIS 데이터에 관한 연산을 수행한다. 그런 다음 해당 데이터셋에 관한 작업을 수행하고 마지막으로 작업 결과가 출력 데이터셋으로 반환된다.

5. **위젯 모듈**: GIS 데이터와 분석을 시각화할 수 있는 구성 요소를 제공하며 주피터 노트북 위젯 MapView를 포함한다. 이 위젯을 지도와 레이어를 시각화하는 데 사용한다. 단지 시각화 모듈만이 아니라 별도 매핑 모듈은 다른 매핑 레이어와 2D/3D 매핑 및 시각화 구성 요소를 제공한다.

알다시피 API는 지도 데이터 게시, 지리공간 분석 수행, 데이터 처리 등 다양한 작업과 사용자를 위한 여러 모듈을 제공한다. 모든 모듈은 스크립팅 언어로 파이썬을 사용해 GIS 데이터와 기능을 관리한다. 이제 API를 사용해 고급 작업으로 넘어가기 전에 몇 가지 기본 기능을 살펴본다.

연습 1 – API 임포팅 및 맵 위젯 사용하기

이제 API를 사용할 시간이다. 언급한 지침에 따라 API에 액세스할 수 있는 주피터 노트북 애플리케이션에서 새 노트북을 연다. 다음 코드를 입력하고 실행한다. 우선 API를 임포트해 모듈, 기능, 클래스를 사용할 수 있도록 한다.

```
In: import arcgis
In: from arcgis.gis import GIS
```

코드의 두 번째 줄은 다음과 같이 나눌 수 있다. arcgis.gis는 arcgis 모듈의 서브모듈 gis를 말한다. 임포트한 GIS는 지리적 위치 표시, 시각화, 분석 결과 등을 위한 지도 위젯을 포함하는 GIS 객체다. 다음으로 GIS 객체를 동일한 이름의 변수에 할당해 만들지만 소문자를 사용한다.

```
In: gis = GIS()
```

GIS의 괄호 사이에 로그인 세부 사항을 전달하지 않는 익명 로그인의 한 예다. 이제 지도 객체를 만들고 쿼리 위젯을 사용해 노트북에서 사용할 변수에 위젯을 할당한다.

```
In: map1 = gis.map('San Francisco')
    map1
```

지도를 표시하려면 변수 이름을 반복해 별도의 새 행에서 실행한다는 점에 유의한다. 샌프란시스코의 2D 컬러 지도가 주피터 노트북 애플리케이션에 나타난다.

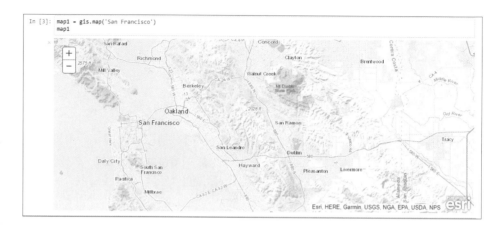

zoom 속성에 정수를 전달해 지도의 확대/축소 레벨을 조정한다.

```
In:    map1.zoom = 5
```

확대/축소 수준 값이 없는 지도 디스플레이는 기본 확대/축소 값 2를 제공한다. 큰 값을 사용하면 더 큰 스케일을 사용해 더 많은 세부 정보를 보여주는 영역을 얻는다. 이 지도는 ArcGIS Online이 데이터 매핑을 위한 배경으로 제공하는 몇 가지 베이스맵 중 하나다. 현재 표시할 베이스맵 타입을 쿼리할 수 있다.

```
In:    map1.basemap
Out:  'topo'
```

모든 객체 속성에 액세스하는 방법을 원할 수 있다. 이 작업은 객체 이름을 입력하고 **점**dot과 **탭**Tab을 차례로 눌러 수행한다. 그다음 사용 가능한 모든 속성을 포함하는 드롭다운 목록이 있는 창이 표시된다.

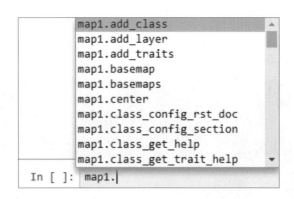

앞서 언급한 화면에 나열돼 있는 베이스맵 속성을 볼 수 있다. 지정된 속성에 관한 자세한 내용을 보려면 선택한 속성과 물음표를 차례로 선택한다. 그러면 하단에 더 많은 정보를 표시하는 정보 창이 열린다.

In: map1.basemaps?

또한 basemaps 속성을 직접 쿼리할 수 있으며 각 값에 관한 새 라인이 포함된 리스트 객체를 반환한다.

In: map1.basemaps

Out: ['dark-gray',
    'dark-gray-vector',
    'gray', ...

다음과 같이 사용 가능한 옵션 중 하나를 basemap 속성(단수임에 주목)에서 전달해 베이스맵을 변경해 사용한다.

In: map1.basemap = 'satellite'
    map1

이제 베이스맵이 샌프란시스코의 위성사진을 보여주고 있다.

다음으로 지도 위젯에 표시되는 지도의 좌표 참조 시스템CRS, coordinate reference system에 관해 쿼리할 것이다. 이 정보는 extent 속성으로 쿼리할 수 있으며, extent의 4개 좌표를 보여준다.

```
In: map1.extent

Out: {'spatialReference': {'latestWkid': 3857, 'wkid': 102100},
 'type': 'extent',
 'xmax': -13505086.994526163,
 'xmin': -13658266.799209714,
 'ymax': 4578600.169423444,
 'ymin': 4517450.546795281}
```

출력을 살펴보자. 베이스맵은 2D 맵을 공유하기 위한 JSON 형식으로 제공되는 웹 맵의 예다. 웹 맵은 서로 다른 애플리케이션, API 및 SDK에서 맵을 생성, 편집 및 표시할 수 있는 Esri 규격이다. 이러한 웹 맵은 ArcGIS Online과 같은 다양한 Esri 애플리케이션에 사용할 수 있다. 웹 맵 사양은 JSON이며, 출력된 결과를 실제로 살펴보면 대괄호를 사용하고 키-값 쌍을 사용해 어떻게 구조화됐는지 볼 수 있다.

공간 참조로 돌아가면, 이 정보는 웹 맵 JSON 계층의 최상위에 위치한 spatialReference 객체에 저장된다. 예에서는 공간 참조가 latestWKid: 3857과 wkid: 102100로 설정돼 있다. http://developers.arcgis.com에서 제공하는 Esri의 온라인 웹 맵 규격을 참조하면 둘 다 웹 매핑 애플리케이션의 사실상 표준이며 대부분의 주요 온라인 맵 공급자가 사용하는 웹 메르카토르 투영을 참조함을 알 수 있다.

이로써 API를 가져오고, 지도 객체를 만들고, 객체의 속성에 관한 정보를 표시하고, 지도 위젯을 사용하는 방법을 배운 API의 첫 실습이 끝났다. 다음 예제에서는 ArcGIS Online 콘텐츠로 작업을 시작해 지도 위젯에 추가하고, 개인화된 계정을 사용해 웹 지도를 만들고 그것들을 온라인으로 호스팅한다. 이 작업을 수행하려면 다음에서 다룰 개인화된 ArcGIS 온라인 계정을 먼저 생성해야 한다.

개인화된 ArcGIS 온라인 계정 만들기

이 예제에서는 ArcGIS Online의 사용자 계정이 필요하다. 계정을 통해 자신만의 지도 콘텐츠를 만들고, 웹 맵을 ArcGIS Online의 콘텐츠 폴더에 저장하고, 다른 사람과 콘텐츠를 공유하는 등의 작업을 할 수 있다. 이를 위한 두 가지 옵션을 다룬다. 가장 쉬운 방법은 ArcGIS Online의 일부 기능을 사용하는 데 필요한 서비스 크레딧과 함께 ArcGIS 개발자 계정을 만드는 것이다. 더 많은 옵션이 있는 ArcGIS Online의 무료 조직 평가판 계정을 만들 수도 있다.

ArcGIS Developer 계정을 만들려면 브라우저 창을 열고 https://developers.arcgis. com/sign-up으로 이동한다. Fist Name, Last Name, Email 항목을 입력한다.

다음으로 온라인에서 입력한 이메일 주소로 전송되는 확인 이메일을 받게 될 것이다. 이 메일에는 계정을 활성화하기 위해 클릭해야 하는 URL이 포함돼 있다. 그 후에는 계정을 설정하고 사용자 이름과 암호를 선택할 수 있다. 이 사용자 이름과 암호는 파이썬용 ArcGIS API를 사용해 ArcGIS Online에 로그인하는 데 사용한다. http://firstname-lastname.maps.arcgis.com과 같은 계정 URL 경로가 할당된다. 이 URL은 파이썬용 ArcGIS API를 사용해 ArcGIS Online에 로그인하는 경우에도 필요하다.

다음으로 공개 ArcGIS 계정을 만드는 방법을 설명한다. www.esri.com으로 이동해 ArcGIS Online 페이지 상단 메뉴바의 **Free Trial** 메뉴를 선택한다.

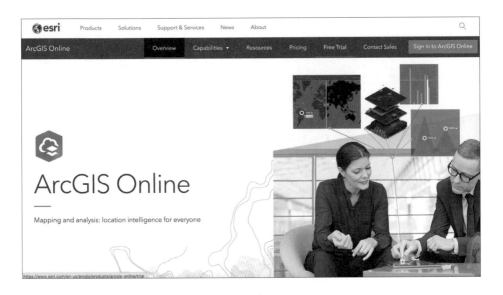

다음으로 개인적인 세부 사항을 채워야 하는 양식을 가진 새로운 페이지로 이동한 다음 ArcGIS 온라인 계정을 만든다. 사용자 이름과 암호를 ArcGIS Online의 로그인 세부 정보로 사용할 수 있다.

연습 2 - 지리공간 콘텐츠 검색, 표시, 설명하기

이번 예제에서는 온라인 콘텐츠를 검색해 지도에 추가하고 데이터를 설명한다. 지도 위젯을 ArcGIS Online의 개인 콘텐츠 폴더에 웹 맵을 직접 저장하는 것으로 마무리한다. API의 1.3 버전과 함께 제공되는 새로운 기능으로, 웹 맵을 쉽게 만들 수 있다. 사용할 콘텐츠는 캘리포니아 솔라노 카운티에 있는 자전거 도로가 들어 있는 특징 레이어 파일이다. 이 콘텐츠는 ArcGIS Online을 통해 이용할 수 있는데, API를 사용해 내용을 검색하고, 참조하며, 주피터 노트북에 지도 위젯을 추가할 수 있다.

먼저 개인 계정을 사용해 ArcGIS Online에 로그인한다. 코드를 읽고 다음과 같이 지시를 따른다.

```
In: import arcgis
In: from arcgis.gis import GIS
    gis = GIS()
```

이 코드에서는 개인 URL, 사용자 이름 및 암호로 시작하는 개인정보를 세 번째 줄의 대문자 GIS 괄호 안에 입력해야 한다. 무료 ArcGIS 개발자 계정을 만든 경우, 이 계정은 gis = GIS("https://firstname-lastname.maps.arcgis.com", "username", "password")와 유사하다. ArcGIS Online의 평가판 사용 기간을 신청했다면 첫 번째 URL은 https://www.arcgis.com이고 그다음 사용자 이름과 암호가 된다.

다음으로 관심 지역인 솔라노 카운티 지도를 연다.

```
In: map = gis.map("Solano County, USA")
    map.zoom = 10
    map
```

조직 외부에서 특정 콘텐츠를 검색하려면 특정 검색어가 포함된 다음 코드를 사용한다. 여기에서는 샌프란시스코에 있는 길과 근처에 있는 길을 이용했다.

```
In: search_result = gis.content.search(query="san francisco trail",
    item_type="Feature Layer", outside_org=True)
    search_result
```

이전 코드에서는 GIS 오브젝트의 content 속성을 이용해 콘텐츠를 검색했다. 개인화된 계정을 사용해, 조직 외부의 데이터를 검색하도록 지정한다. 쿼리로 샌프란시스코 근교의 "Feature Layer" 타입의 길을 찾고 있다. 다음으로 변수 이름을 반복해 결과를 반환한다. 이 경우 출력은 다음과 같은 목록처럼 보이지만 독자마다 다를 수 있다. 간결성을 위해 처음 3개의 검색 결과만 표시한다.

```
Out:  [<Item title:"National Park Service - Park Unit Boundaries"
       type:Feature
       Layer Collection owner:imrgis_nps>,

       <Item title:"National Park Service - Park Unit Centroids"
       type:Feature Layer
       Collection owner:imrgis_nps>,

       <Item title:"JUBA_HistoricTrail_ln" type:Feature Layer Collection
       owner:bweldon@nps.gov_nps>,...
```

항목은 리스트로 반환되며, 각 항목은 제목, 유형 및 소유자 이름으로 구성된다. 또한 주 피터 노트북을 사용한다면 다른 방법으로 이 항목 리스트를 보여줄 수 있다.

```
In:   from IPython.display import display
      for item in search_result:
      display(item)
```

이제 검색 결과는 섬네일 사진, 제목, 설명과 함께 반환된다. 제목도 하이퍼링크로, 콘텐츠를 뷰어에 표시하고 메타데이터를 참조할 수 있는 ArcGIS 온라인 웹 페이지로 이동한다. 특징 컬렉션에서 솔라노 카운티의 자전거 도로를 보여주는 데 관심이 있다. 이는 특징 레이어와 테이블로 이뤄진 컬렉션인데, 적절한 특징 레이어에 접근해 지도 위 젯에 추가하는 방법을 찾아야 한다.

Bike Trails
Service layer showing the bike trails customized for Solano County.

Feature Layer Collection by jlgoicochea
Last Modified: December 20, 2017
0 comments, 53 views

이제 이 특징 컬렉션의 자전거 도로 데이터를 지도에 표시한다. 이를 위해 다음과 같이 코드의 데이터 소스를 참조한다.

```
In:  bike_trails_item = search_result[8]
     bike_trails_item.layers
```

코드는 다음과 같이 작동하며, 첫 번째 라인은 Bike Trails 서비스 레이어를 포함하는 검색 결과 리스트에서 항목을 참조하는 변수를 생성한다. 다음으로, 이 항목의 레이어 속성을 사용해 항목이 얼마나 많은 레이어를 포함하는지 확인한다. 이 경우 인덱싱된 두 개의 레이어 0과 1이 있다.

다음으로 두 레이어의 이름을 얻는다. for 순환문을 이용해 레이어 이름을 출력한다.

```
In:   for lyr in bike_trails_item.layers:
          print(lyr.properties.name)
Out:  BikeTrails
      Parks
```

자전거 도로가 첫 번째 레이어에 저장돼 있음을 알 수 있다. 다음으로 Bike_trails_layer 변수에 할당해 서비스 레이어 내에서 참조한다. 또한 새로 생성된 변수를 반복해 특징 레이어 URL을 출력한다.

```
In: bike_trails_layer = bike_trails_item.layers[0]
In: bike_trails_layer
```

pandas 데이터프레임을 사용해 레이어와 함께 제공되는 속성 테이블을 시각화할 수 있다.

```
In: bike_df = bike_trails_layer.query().df
In: bike_df.head()
```

head() 기능을 사용해 출력을 처음 5행까지 제한하면 다음과 같이 출력된다.

	City	FIPS	GlobalID	LASTEDITOR	LASTUPDATE	LastDateEd	NAME_PCASE	OBJECTID	ParkName	SHAPESTLen	STRNAME	Shape_Le_2
0	Vacaville	095	26e2b128-2807-4d21-baac-a8301f28b769	D. Brownell	None	1.487030e+12	Solano	1		1095.065524	Orange Tree Cir	2813.794665
1	Vacaville	095	f1550bcc-e86c-447a-9a2c-edfce5232e92	D. Brownell	None	1.487030e+12	Solano	2		956.589403	Fruitville Rd	2463.651154
2	Vacaville	095	a5048391-4fc2-435d-a089-68afa3303244	D. Brownell	None	1.487030e+12	Solano	3		1890.319478	Elmira Rd	4869.496672
3	Vacaville	095	b0ff14c1-5e84-4ca9-b4d3-4d4038e14e41	D. Brownell	None	1.487030e+12	Solano	4		570.585094	Marshall Rd	1470.048489
4	Vacaville	095	0a64de95-93ce-4d72-a3a3-7179d6f493a2	D. Brownell	None	1.487030e+12	Solano	5		542.662844	Foothill Dr	1396.921075

이제 지도에 레이어를 추가하고 결과를 볼 수 있다.

```
In:  map.add_layer(bike_trails_layer)
     map
```

자전거 도로는 지도 위젯에서 지도 위에 표시된다. 도로가 보이지 않으면 몇 번 확대하거나 축소해야 할 수도 있고, 다음 결과를 볼 때까지 지도를 오른쪽으로 이동해 다른 자전거 도로를 베이스맵 위에 라인 세그먼트로 표시해야 할 수도 있다.

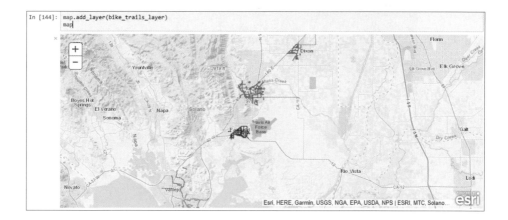

이제 이 지도 위젯에서 자신만의 웹 지도를 만든다. 이는 API의 최신 기능으로 ArcGIS Online에서 자신의 웹 맵을 만들고 호스팅하는 데 매우 강력하다. 웹 맵을 만드는 유일한 방법은 아니지만 API를 사용해 이 작업을 수행할 수 있는 방법의 한 예다. WebMap 클래스를 가져와 웹 맵을 저장할 wm이라는 변수를 통해 이 클래스의 인스턴스를 만들 수 있다. 저장 기능을 사용하면 이 지도 위젯을 조직의 콘텐츠 폴더에 웹 맵으로 저장할 수 있다.

```
In:  from arcgis.mapping import WebMap
     wm = WebMap()
     web_map_properties = {'title':'Bike Trails ',
     'snippet':'This map service shows bike trails in Solano County',
     'tags':'ArcGIS Python API'}
     web_map_item = wm.save(item_properties=web_map_properties)
     web_map_item
```

파이썬은 로그인 자격증명을 제공한 후 ArcGIS Online의 조직 페이지에 액세스하기 위해 파란색 밑줄의 URL을 클릭해 즉시 온라인으로 방문할 수 있는 항목을 반환한다.

Out[11]:

Bike Trails
This map service shows bike trails in Solano County

Web Map by
Last Modified: December 27, 2017
0 comments, 0 views

Overview 탭에서 메타데이터를 편집하고 Settings 탭에서 삭제할 수 있다(빨간색으로 표시된 이 옵션을 보려면 아래로 스크롤한다). 주피터 노트북으로 돌아가 파이썬을 사용해 서비스 URL에서 얻은 정보를 JSON 형식으로 결과를 반환하며, 처음 3개의 결과만 보여준다.

```
In: bike_trails_layer.properties
```

for 루프를 사용해 필드 이름을 표시할 수 있다.

```
In:    for field in bike_trails_layer.properties['fields']:
          print(field['name'])

Out: OBJECTID
     SHAPESTLen
     STRNAME
     ...
```

특징 레이어의 개별 속성(예: extent)에 액세스할 수도 있다.

```
In:    bike_trails_layer.properties.extent

Out: {
     "xmin": 6485543.788552672,
     "ymin": 1777984.1018305123,
     "xmax": 6634421.269668501,
     "ymax": 1958537.218413841,
     "spatialReference": {
     "wkid": 102642,
     "latestWkid": 2226
      }
    }
```

이것으로 두 번째 연습이 마무리됐다. 아울러 콘텐츠를 검색하고, 지도 위젯에 추가하고, 작업하고 있는 데이터를 설명하는 방법도 배웠다. 이제 래스터 모듈을 통해 래스터 이미지를 시각화하고 처리하는 방법을 살펴본다.

연습 3 – 래스터 데이터 및 API 지오프로세싱 함수 사용하기

이번 연습에서는 래스터 모듈을 살펴본다. Landsat 8 위성 이미지의 래스터 데이터로 작업하며, 데이터를 설명하고 ArcGIS Online의 지오프로세싱 기능을 사용하는 방법을 살펴본다. 항상 그렇듯이 익명 로그인을 사용해 arcgis 패키지와 gis 모듈을 가져오는 것부터 시작한다.

```
In: import arcgis
    from arcgis.gis import GIS
    from IPython.display import display
    gis = GIS()
```

다음으로 콘텐츠를 검색한다. 래스터 모듈에 사용되는 이미지의 데이터 타입인 Image Layer를 검색함을 명시한다. 결과를 최대 2로 제한한다.

```
In: items = gis.content.search("Landsat 8 Views", item_type="Imagery Layer",
    max_items=2)
```

다음으로, 항목들을 보여준다.

```
  In: for item in items:
          display(item)
```

출력은 다음과 같은 두 가지 항목을 보여준다.

Landsat 8 Views
Landsat 8 OLI, 30m Multispectral 8 band scenes with visual renderings and indices. Updated daily.

Imagery Layer by esri
Last Modified: October 06, 2017
0 comments, 135,763 views

MDA NaturalVue Satellite Imagery
This image service presents NaturalVue 15m satellite imagery of the world created by MDA Information Systems Inc.

Imagery Layer by esri
Last Modified: August 25, 2017
0 comments, 42,934 views

결과의 첫 번째 항목에 관심이 있으므로 다음과 같이 참조한다.

```
In: l8_view = items[0]
```

이제 파란색 Landsat 8 Views URL을 클릭해 이 항목을 조금 더 살펴보자. 데이터셋
에 관한 설명이 포함된 웹 페이지로 이동한다. 밴드 번호와 설명을 살펴본다. API는
landsat 레이어에서 사용할 수 있는 래스터 기능을 제공하며, 먼저 항목의 layers 속성
을 통해 이미지 레이어에 접근한다.

```
In: l8_view.layers
```

다음으로, 레이어를 참조하고 시각화한다.

```
In: l8_lyr = l8_view.layers[0]
    l8_lyr
```

결과는 전 지구를 커버하는 레이어를 보여준다.

파이썬 객체로 이미지 레이어를 사용하면 JSON에서 이전과 같이 반환된 사용 가능한 모든 속성을 출력할 수 있다.

```
In: l8_lyr.properties
```

좀 더 시각적으로 매력적인 이미지 레이어 항목 설명은 다음 코드를 사용해 출력한다.

```
In: from IPython.display import HTML
In: HTML(l8_lyr.properties.description)
```

pandas 데이터프레임을 이용해 다른 파장 대역을 더 자세히 탐구할 수 있다.

```
In: import pandas as pd
In: pd.DataFrame(l8_lyr.key_properties()['BandProperties'])
```

그 결과는 현재 pandas 데이터프레임 객체에 표시된다.

Out[13]:		BandName	WavelengthMax	WavelengthMin
	0	CoastalAerosol	450	430
	1	Blue	510	450
	2	Green	590	530
	3	Red	670	640
	4	NearInfrared	880	850
	5	ShortWaveInfrared_1	1650	1570
	6	ShortWaveInfrared_2	2290	2110
	7	Cirrus	1380	1360

이제 래스터 함수에 관해 알아본다. API는 서버 측에서 렌더링되고 사용자에게 반환되는 이미지 계층에서 사용할 래스터 함수 세트를 제공한다. 결과를 최소화하기 위해 위치나 영역을 지정해야 하며, 그 위치나 영역은 래스터 기능의 입력으로 사용된다. 래스

270

터 함수는 함께 연결해서 대규모 데이터셋에서도 작동할 수 있다. 다음 for 순환문은 이 특정 데이터셋에 사용할 수 있는 모든 래스터 함수를 보여준다.

```
In: for fn in l8_lyr.properties.rasterFunctionInfos:
        print(fn['name'])
```

결과는 사용 가능한 래스터 함수를 각 행별로 모두 보여준다.

```
Agriculture with DRA
Bathymetric with DRA
Color Infrared with DRA
Natural Color with DRA
Short-wave Infrared with DRA
Geology with DRA
Agriculture
Bathymetric
Color Infrared
Geology
Natural Color
Short-wave Infrared
NDVI Colorized
Normalized Difference Moisture Index Colorized
NDVI Raw
NBR Raw
None
```

이 정보는 앞서 출력한 전체 속성 목록에도 나와 있다. 다음으로 스페인 마드리드 지역을 보여주는 지도에 이러한 래스터 함수 중 일부를 시험해본다. 지도 인스턴스를 만드는 것으로 시작한다.

```
In: map = gis.map('Madrid, Spain')
```

그런 다음 각종 래스터 함수에 사용할 수 있는 지도 위젯에 위성사진을 추가한다.

```
In: map.add_layer(l8_lyr)
    map
```

출력은 다음과 같다.

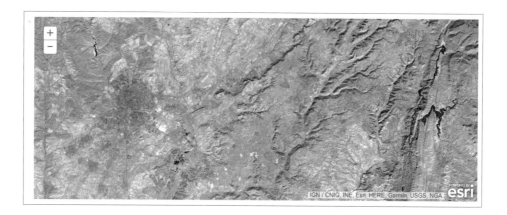

이제 래스터 함수를 적용하려면 래스터 모듈에서 apply 함수를 가져와야 한다.

In: from arcgis.raster.functions import apply

먼저 밴드 4, 3, 2를 이용해 역동적인 레인지 조절로 자연스러운 컬러 이미지를 연출한다.

In: natural_color = apply(l8_lyr, 'Natural Color with DRA')

다음과 같이 지도를 업데이트하고 이전과 어떻게 다른지 확인한다.

In: map.add_layer(natural_color)

결과는 다음과 같다.

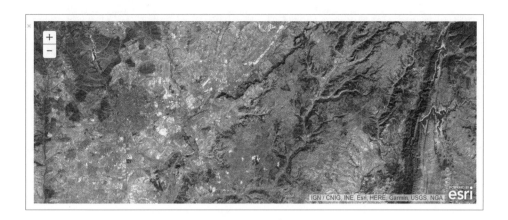

이번에는 농업 지도를 시각화한다.

```
In: agric = apply(l8_lyr, 'Agriculture')
In: map.add_layer(agric)
```

이 래스터 함수는 각각 단파장 적외선, 근적외선, 청색을 참조하는 밴드 6, 5, 2를 사용한다. 연구 영역이 다음의 세 가지 범주의 모두를 보여준다. 즉, 식물은 밝은 초록색이고, 스트레스를 받은 식물은 흐릿한 녹색이고, 없는 곳은 갈색이다. 지도 위젯에서 결과를 확인할 수 있다.

보다시피 래스터 모듈은 클라우드에서 래스터 이미지의 신속한 지오프로세싱을 가능하게 하며, 결과를 화면에 빠르게 반환해 보여준다. 이는 모듈의 많은 래스터 기능 중 하나일 뿐이며, 더 많은 기능이 있다. 이로써 파이썬의 래스터 모듈용 ArcGIS API를 사용해 래스터 이미지를 검색하고, 표시하고, ArcGIS Online의 지오프로세싱 기능을 사용하는 방법을 살펴봤다.

▌ 요약

9장에서는 파이썬 3.5를 기반으로 구축된 새로운 ArcGIS API를 소개했다. 클라우드 기반 ArcGIS 온라인 시스템에 저장된 데이터로 API, 주피터 노트북, 데이터 처리 방법을 배웠다. API를 다른 모듈로 구성하는 방법, API 설치 방법, 지도 위젯 사용 방법, 다른 사용자 계정을 사용해 ArcGIS Online에 로그인하는 방법, 벡터와 래스터 데이터로 작업하는 방법도 다뤘다. 일부 API 모듈을 사용해 ArcGIS 온라인 웹 맵을 만드는 방법과 파이썬 API를 사용해 기본적인 지리공간 분석을 수행하는 방법도 알 수 있었다.

10장에서는 검색 및 빠른 데이터 처리를 위해 클라우드 기반 데이터와 상호작용하기 위한 파이썬 도구를 소개한다. 특히 AWS 클라우드 인프라에 기반을 둔 Elasticsearch와 OmniSciDB GPU 데이터베이스의 활용에 초점을 맞춘다. 독자는 지리공간 검색, 지리 위치 데이터 처리, 지리적 위치 데이터, 파이썬 라이브러리를 사용해 이러한 서비스와 상호작용하는 방법을 배운다.

10

GPU 데이터베이스와
지오프로세싱

멀티코어 GPU의 출현과 함께, 이 향상된 기술을 이용하기 위한 새로운 데이터베이스 기술이 개발됐다. 샌프란시스코에 본사를 둔 스타트업 OmniSci(구 MapD)는 이런 기업의 한 예다.

GPU 기반 데이터베이스 기술은 2017년 오픈소스로 만들어졌으며, 아마존 웹 서비스AWS, 마이크로소프트 애저Azure 같은 클라우드 서비스에서 사용할 수 있다. GPU 병렬화의 잠재력을 관계형 데이터베이스와 결합함으로써, OmniSci 데이터베이스는 데이터를 기반으로 한 데이터베이스 쿼리 및 시각화 속도를 향상시킨다.

OmniSci는 사용자가 데이터베이스에 연결하고 쿼리를 자동화할 수 있는 파이썬 3 모듈인 pymapd를 만들었다. 이 파이썬 바인딩은 지리공간 전문가가 GPU 데이터베이스의 속도를 기존의 지리공간 구조에 통합해 분석과 질의 속도 향상을 할 수 있게 한다.

OmniSci의 핵심 제품(오픈소스 커뮤니티 버전과 상용 엔터프라이즈 버전)은 모두 pymapd를 지원한다.

파이썬 모듈 외에도 OmniSciDB는 데이터베이스 기술에 지리공간 기능을 추가했다. 거리 및 기능을 제공하는 공간 분석 엔진과 마찬가지로 포인트, 선, 폴리곤 저장이 지원된다. 또한 OmniSciDB는 데이터베이스를 백엔드로 해, 분석 대시보드를 빠르게 구축할 수 있는 시각화 컴포넌트 Immerse를 개발했다.

10장에서 다루는 내용은 다음과 같다.

- 클라우드에 GPU 데이터베이스 생성
- Immerse 및 SQL EDITOR를 사용해 데이터 시각화 살펴보기
- pymapd를 사용해 공간 및 테이블 데이터를 데이터베이스에 로드하기
- pymapd를 사용해 데이터베이스 쿼리하기
- 클라우드 데이터베이스를 GIS 아키텍처에 통합하기

▎클라우드 지오데이터베이스 솔루션

지리공간 데이터의 클라우드 저장소는 많은 GIS 아키텍처의 공통 부분이 됐다. 사내 솔루션에 관한 백업으로 사용되거나 사내 솔루션을 대체하거나, 인트라넷 기반 시스템에 관한 인터넷 지원을 제공하는 로컬 솔루션과 결합되는 형태로 클라우드는 GIS 미래의 큰 부분이다.

ArcGIS Online, CARTO, 맵박스 및 현재 OmniSci를 통해 지리공간 데이터를 지원하는 클라우드 데이터 저장소의 옵션은 그 어느 때보다 많다. 각각은 시각화 컴포넌트와 다른 타입의 데이터 저장소를 제공하고, 각자 다른 방식으로 데이터 및 소프트웨어와 통합된다.

ArcGIS Online은 독립형 옵션(직접 데이터 업로드)을 제공하면서도 ArcGIS 엔터프라이즈(이전의 ArcGIS 서버)와 통합돼 로컬 지오데이터베이스에 저장된 엔터프라이즈 REST^{REpresentational State Transfer} 웹 서비스를 사용한다. ArcGIS Online은 AWS^{Amazon Web Services} 위에 구축돼 있으며 모든 서버 아키텍처가 사용자로부터 감춰져 있다. 엔터프라이즈 통합에는 많은 클라우드 토큰(크레딧)을 포함하는 높은 수준의 라이선스(비용)가 필요하며, 클라우드 계정 내에서 저장 및 분석에는 이런 토큰이 많이 사용된다.

CARTO에서 제공하는 클라우드 PostGIS 저장 공간은 지리공간 데이터 파일을 업로드할 수 있다. 파이썬 패키지 CARTOframes(14장, '클라우드 지오데이터베이스 분석 및 시각화'에서 다룬다)가 출시됨에 따라 스크립팅을 사용해 클라우드 데이터셋을 업로드하고 업데이트할 수 있다. 파이썬을 사용하면 CARTO 계정으로 Builder 애플리케이션을 사용해 사용자 지정 웹 맵을 신속하게 구축하는 동시에 최신 데이터셋을 유지하는 엔터프라이즈 솔루션의 일부가 될 수 있다. CARTO는 저장소 레벨이 다른 두 계층의 유료 계정을 제공한다.

맵박스는 모바일 앱용 커스텀 베이스맵을 만들기 위한 지도 툴에 초점을 맞추고 있지만 WebGL의 자바스크립트 라이브러리인 MapBoxGL과 같은 데이터셋 및 지도 생성 툴의 클라우드 데이터 저장소도 제공한다. 새로운 MapBoxGL-Jupyter 모듈로 파이썬을 이용해 데이터에 접속할 수 있다.

OmniSci는 언급된 것과 유사한 해결책을 제공하지만 여러 측면에서 다르다. 로컬이나 클라우드에서 사용할 수 있는 데이터베이스의 오픈소스 버전(OmniSciDB Core Community Edition)이 있으며, 대기업 고객을 위한 엔터프라이즈 버전이 있다. OmniSciDB는 관계형 데이터베이스 스키마를 갖고 있고 기존의 RDBMS와 같은 쿼리에 SQL을 사용하지만, GPU를 사용해 쿼리를 가속화한다. OmniSciDB는 아마존 AWS, 구글 클라우드 플랫폼 및 마이크로소프트 애저에 클라우드를 구축할 수 있다. OmniSciDB는 GPU가 없는 서버에도 설치할 수 있지만 다른 지오데이터베이스에 비해 효과적인 속도 향상은 감소한다.

모든 지오데이터베이스는 데이터 쿼리를 위해 주피터 노트북 환경을 지원하지만, OmniSciDB에는 Immerse 시각화 플랫폼 내 SQL EDITOR가 통합돼 있다. OmniSci DB는 pymapd를 사용할 때 아파치 애로우^{Arrow}로 데이터를 업로드하고 INSERT문을 지원하는 동시에 Immerse 데이터 임포터(SHP, GeoJSON, CSV 포함)를 사용해 데이터를 로드할 수 있다.

빅데이터 프로세싱

데이터 과학 분석과 지리공간 분석의 경우 빅데이터를 접하는 것은 그 어느 때보다 일반적이다. OmniSciDB는 행을 검색하고 클라이언트에게 데이터를 반환할 때 엄청나게 빠르기 때문에 실시간 데이터베이스를 강화하거나 대용량 데이터셋에 관한 쿼리에 매우 유용하다.

OmniSciDB는 CPU 바인딩 데이터베이스에 비해 빅데이터셋 처리에 있어 놀라운 속도를 제공한다. 각 GPU 카드에 포함된 코어 수가 많기 때문에 병렬 프로세스는 더 빨리 실행된다. 이는 데이터셋을 수십억 분의 밀리초 단위로 쿼리하고 분석할 수 있음을 의미한다.

OmniSciDB 아키텍처

OmniSciDB의 아키텍처는 OmniSciDB Core(GPU 기반 데이터베이스), OmniSciDB Immerse(데이터 시각화 컴포넌트) 및 데이터 과학 운영 및 지리공간 애플리케이션을 지원하는 기타 관련 기술과 API를 결합한 것이다.

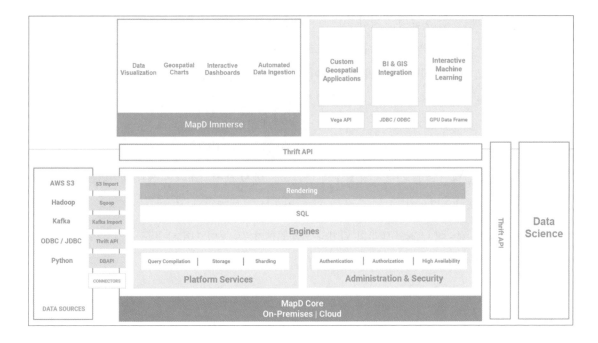

pymapd뿐만 아니라 빠른 쿼리 속도와 API를 통해 구성 요소를 함께 사용하거나 별도로 사용해 지오데이터베이스와 시각화를 만들 수 있다. 데이터 마이그레이션을 돕기 위해 여러 데이터 임포트용 드라이버가 존재하며, Thrift API는 내보내기나 소프트웨어 패키지 및 Immerse와의 통신을 위한 데이터를 제공할 수 있다.

클라우드 대 로컬 대 혼합

지오데이터베이스에 의존적인 많은 다른 타입의 조합 때문에 아키텍처에 관한 선택 사항 또한 매우 다양하다. 어떤 조직은 모든 데이터를 클라우드로 이전하고, 데이터 및 분석 툴을 서로 다른 서버에 두지만 대부분은 사내 지오데이터베이스를 엔터프라이즈 시스템으로 유지한다. 클라우드 기반과 로컬 지오데이터베이스 간의 균형을 이루는 제삼의 아키텍처도 매우 인기가 있다. 이를 통해 데이터베이스 백업은 항상 이용 가능한 클라우드 서비스에서 지원되며 데이터 서비스는 인터넷에 노출되는 데이터셋과 서비스를 제한하면서 조직 방화벽 외부에 도달할 수 있다.

이러한 솔루션 간의 균형은 처리 속도와 저장소 비용에 따라 결정된다. 로컬 설치 및 유지 관리를 할 수 있거나 클라우드에서 호스팅할 수 있는 OmniSciDB는 모든 종류의 조직적 요구 사항에 적합하다. 쿼리 및 데이터 처리 속도를 통해 클라우드 데이터 리소스를 로컬로 저장된 데이터셋과 동일한 방식으로 사용할 수 있다. pymapd를 사용하면 데이터셋을 로컬로 유지하면서도 클라우드에서 쉽게 미러링할 수 있으며, 로컬로 저장된 데이터를 클라우드 기반 데이터와 비교해 지리공간 분석에 통합할 수 있다. 조직이 선택하는 기술적 구조는 사용자의 요구와 다른 소스에서 생성되거나 수집된 데이터셋의 크기에 의존적이다.

OmniSciDB는 이 구조의 일부가 되거나 전체 GIS가 될 수 있으며 사내, 클라우드 또는 둘 다에 위치하든 초고속으로 Spatial SQL 쿼리를 지원한다.

클라우드에 OmniSciDB 인스턴스 생성하기

OmniSciDB 및 Immerse가 혼합된 로컬 및 클라우드 기반 GIS 사용 가능성을 살펴보려면 클라우드에 인스턴스(가상 서버)를 생성한다. 이 클라우드 데이터베이스는 pymapd를 사용해 로컬로 접근해 쿼리 및 데이터 관리 작업을 한다.

AWS를 이용하면 GPU를 지원하는 서버를 만들 수 있다. 여기서 AWS를 사용하는 동안, OmniSciDB는 구글 클라우드나 마이크로소프트 애저와 같은 다른 클라우드 서비스에 로드할 수 있을 뿐만 아니라 로컬에도 설치할 수 있다. 이러한 다른 클라우드 서비스는 커뮤니티 버전도 제공한다.

AMI 검색하기

p2.xarge AWS 인스턴스에서 플랫폼의 오픈소스 버전인 OmniSciDB Community Edition을 사용할 것이다. 사전 설치된 커뮤니티 버전의 AMI^{Amazon Machine Images}를 이용할 수 있다. 핵심 데이터베이스 기술은 무료지만, p2 인스턴스는 여전히 관련된 비용이 들며, AWS 프리티어에서는 이용할 수 없다.

추천받은 p2.8xlarge보다 p2.xlarge를 선택해 시간당 비용을 7달러에서 1달러로 절감했다. 소프트웨어를 저렴하거나 무료 평가판을 사용하려면 가상 머신 또는 전용 리눅스 서버에 다운로드해 설치한다.

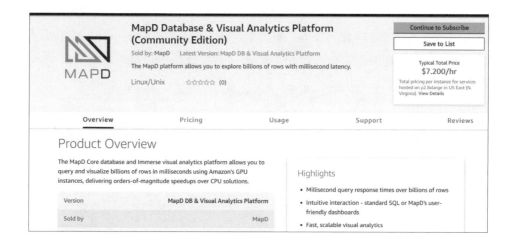

 로컬 설치를 위해 이 웹사이트에서 커뮤니티 버전(컴파일된 버전과 소스 코드 모두)을 다운로드한다.

https://www.omnisci.com/platform/downloads

AWS 계정 만들기

데이터베이스 인스턴스를 생성하려면 AWS 계정이 필요하다. aws.amazon.com에 가서 계정을 등록한다. 이 계정은 계좌에 묶여 있는 신용카드나 직불카드가 필요하다.

 MapD AWS AMI 설치에 관한 공식 문서를 다음 링크에서 살펴본다.

http://docs-hoarder.mapd.com/v3.3.1/getting-started/get-started-aws-ami/

키 쌍 생성하기

키 쌍을 생성하면 보안 셸 또는 SSH 연결을 사용해 원격으로 AWS 인스턴스에 액세스할 수 있다. EC2 대시보드에서 키 쌍을 생성하려면 아래로 스크롤한 후 왼쪽 패널의 NETWORK & SECURITY 그룹에서 Key Pairs를 선택한다. 키 쌍의 이름을 지정하고 Create를 눌러 개인 키를 컴퓨터 또는 USB 스틱의 안전한 위치에 저장한다. SSH를 사용해 인스턴스에 연결할 때마다 이 키가 필요하다. (.pub 확장자를 포함한) 해당 공개 키는 AWS 계정에 저장되며 인스턴스에 연결할 때 개인 키와 일치하도록 사용된다.

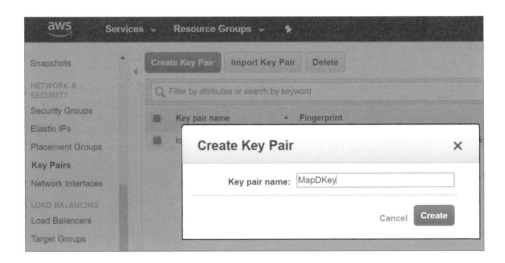

인스턴스 실행하기

계정이 설정되면 AWS Management Console에서 EC2로 이동한다. EC2 대시보드에서 Launch Instance를 선택해 AWS 인스턴스 선택 도구를 연다.

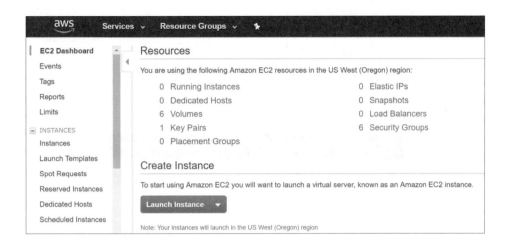

버전 선택하기

왼쪽 패널에서 **AWS Marketplace**를 클릭한 후 OmniSci 데이터베이스를 검색한다. OmniSciDB를 검색 상자에 입력하면 두 가지 버전이 보인다. MapD 소프트웨어는 무료로 포함돼 있으므로 MapD 핵심 데이터베이스 커뮤니티 버전을 선택했다.

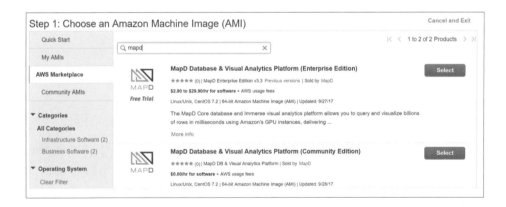

Select 버튼을 눌러 원하는 버전을 선택하고 Instance Types 메뉴로 이동한다.

인스턴스 검색하기

사용 가능한 Instance Types 내에서 일부만 지원된다. 이러한 p2 인스턴스는 다양한 수준의 CPU, 메모리 및 GPU를 제공한다. 비용상의 이유로 p2.xlarge 인스턴스를 선택했지만 프로덕션 레벨 컴퓨팅에는 p2.8xlarge가 권장된다.

인스턴스 타입을 선택한 후에는 인스턴스의 세부 내역을 설명하고 AWS 에코시스템 내에서 백업 저장소를 허용하는 몇 가지 메뉴가 있다. 조직의 요구 사항에 맞춰 매개변수를 설정한다.

보안 그룹 설정하기

보안 그룹 설정은 인스턴스에 액세스할 수 있는 사용자와 인스턴스에 액세스할 수 있는 위치를 제어하기 때문에 중요하다. Source 탭에서는 IP 주소를 사용해 인스턴스에 연결할 수 있는 시스템을 결정할 수 있다.

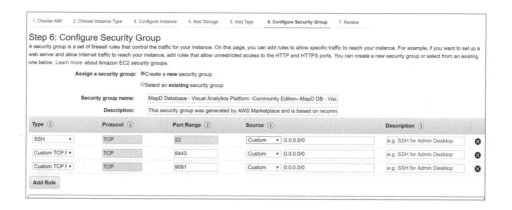

보안을 위해 SSH의 소스를 자신의 IP로 조정한다. 이는 나중에 인터넷을 통해 어디에서나 연결할 수 있도록 업데이트할 수 있다. 완료되면 기존 키 쌍을 인스턴스에 할당해 명령줄 OmniSciDB에 직접 연결할 수 있다.

Immerse 환경

인스턴스를 설정하면 설치된 Immerse 환경에 관한 액세스는 브라우저를 사용해 수행할 수 있다. Immerse 환경에서는 데이터를 가져올 수 있고 대시보드를 만들 수 있으며 SQL 쿼리를 실행할 수 있다.

Immerse로 로깅하기

EC2 대시보드에서 OmniSciDB 인스턴스가 시작됐는지 확인한다. 인스턴스의 IP 주소(개인 IP가 아닌 공인 IP 주소)와 EC2 대시보드의 인스턴스 목록 아래에 있는 Instance ID를 복사한다. Instance ID가 올바른지 확인하기 위해 OmniSciDB 인스턴스가 강조 표시돼 있는지 확인한다.

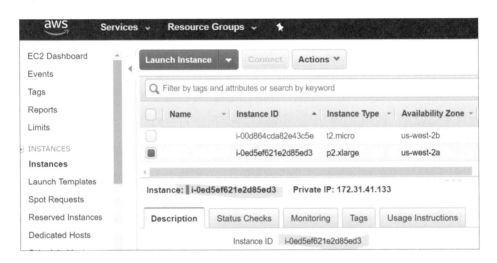

브라우저를 열고 포트 번호 8443과 함께 URL 표시줄에 공개 IP 주소를 입력한다. 다음은 URL의 예다.

https://ec2-54-200-213-68.us-west-2.compute.amazonaws.com:8443/

HTTPS를 사용해 연결하고 포트 번호가 포함돼 있는지 확인한다. 브라우저에서 연결이 불안정하다고 경고하면 페이지 하단에 있는 Advanced 링크를 클릭한다. 연결이 완료되면 사용자와 데이터베이스가 미리 채워진 상태에서 로그인 페이지가 열린다. Instance ID를 암호로 추가하고 Connect를 누른다.

OmniSciDB 조건을 읽고 I Agree를 클릭한 다음 Immerse 환경에 들어간다.

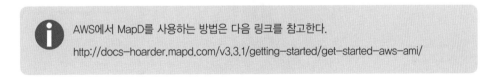

AWS에서 MapD를 사용하는 방법은 다음 링크를 참고한다.

http://docs-hoarder.mapd.com/v3.3.1/getting-started/get-started-aws-ami/

기본 대시보드

Immerse 환경이 시작되면 포함된 기본 DASHBOARDS를 탐색해 가능한 것을 파악한다.

뉴욕 택시 데이터셋

NYC 택시 승차 대시보드는 1,300만 건의 데이터 포인트가 있는 데이터베이스 테이블을 사용해 데이터베이스의 속도를 보여준다. 지도를 확대/축소할 때마다 데이터베이스를 다시 조회하고 포인트가 밀리초 이내에 재생성된다. 데이터를 탐색하고 다른 차트 및 지도 유형을 포함하도록 대시보드를 변경하는 일은 매우 재미있다.

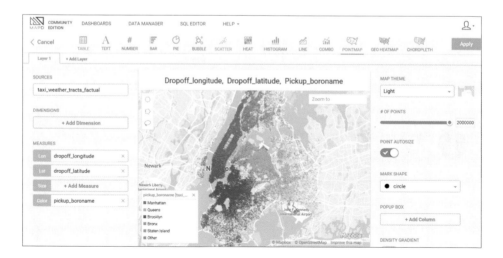

CSV 가져오기

OmniSci Immerse에 내장된 데이터 임포터를 사용해 CSV 형식의 데이터셋를 쉽게 가져올 수 있다. DATA MANAGER로 이동해 Import Data를 선택한다. 다음 페이지에서 Add Files 버튼을 클릭하고 주노 시티^{City of Juneau} 주소가 포함된 CSV 데이터셋을 드래그앤드롭으로 로드한다. 데이터가 일단 로드되면 업로드된 데이터로 OmniSciDB 데이터베이스 테이블이 생성된다. 데이터를 검토하고 새 이름을 추가하거나 기본 이름(파일 이름으로 생성)을 그대로 사용한다. Save Table을 클릭하면 데이터베이스 테이블이 생성된다.

LON	LAT	NUMBER	STREET	UNIT	CITY	
float ▾	float ▾	string [dict. encode] ▾	string [dict. encode] ▾	string [dict. encode] ▾	string [dict. encode] ▾	s
-118.266138	33.8322606	555	E CARSON ST	122	CARSON, CA	
-118.2661821	33.8323022	555	E CARSON ST	123	CARSON, CA	
-118.2661022	33.8323007	555	E CARSON ST	124	CARSON, CA	
-118.2671387	33.8322883	555	E CARSON ST	80	CARSON, CA	
-118.2671301	33.832222	555	E CARSON ST	81	CARSON, CA	
-118.2671873	33.8322531	555	E CARSON ST	79	CARSON, CA	
-118.2672867	33.8322445	555	E CARSON ST	82	CARSON, CA	
-118.2672381	33.8322797	555	E CARSON ST	83	CARSON, CA	
-118.2672294	33.8322134	555	E CARSON ST	84	CARSON, CA	

Table Preview — Cancel — Import Settings — city_of_carson — Save Table

차트 만들기

이제 데이터베이스에 데이터셋을 추가한 상태에서 DASHBOARDS 탭을 선택해 Immerse를 테스트한다. 동적 차트, 테이블, 히스토그램, 히트맵 등을 생성해 새로운 대시보드에 추가할 수 있다. 이 예에서는 CSV에서 로드된 데이터를 사용해 간단한 도넛 차트를 작성한다. 도시 이름과 관련된 레코드의 수를 차트에 추가한다.

SQL EDITOR 사용하기

내장된 SQL EDITOR를 사용해 SQL문을 실행할 수 있다. 결과는 SQL EDITOR에 주피터 노트북과 같은 인터랙티브 테이블로 나타난다.

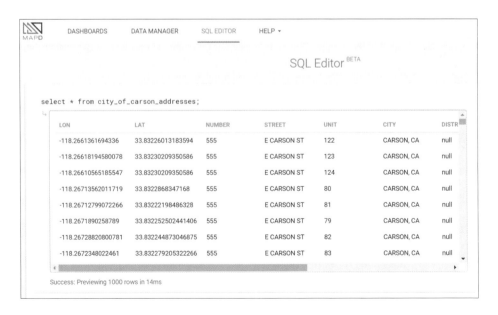

SQL문은 빠르게 실행되며 select 구문으로 분석을 수행할 수 있는 공간 SQL 명령을 포함한다.

지리공간 데이터 사용하기

OmniSciDB는 지오메트리와 지오그래피 데이터 타입을 지원하며, x/y 또는 경도 및 위도 쌍으로 데이터를 표시하는 좌표 열을 사용해 대화형 맵을 생성할 수도 있다. 포인트 지도, 히트맵 및 단계 구분도는 Immerse 대시보드 환경을 사용해 쉽게 만들고 스타일링할 수 있다.

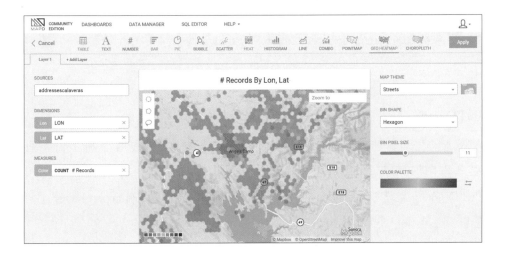

이 데이터 시각화는 카라베라스 카운티 주소 CSV를 DATA MANAGER를 사용해 OpenAddresses에서 Immerse 인스턴스로 로드한 다음 LON 및 LAT 열을 사용해 히트맵을 만들었다.

터미널에서 데이터베이스 연결하기

통합 자바 기반 터미널 또는 다른 터미널 솔루션을 사용해 데이터베이스에 연결한다. 내 로컬 컴퓨터가 윈도우를 사용하고 OS에 통합된 단말기가 없어서, PuTTY를 설치했다. 이 무료 SSH 소프트웨어를 사용하면 인증을 위해 앞서 생성한 키 쌍을 사용해 윈도우 시스템에서 리눅스 명령줄 서버에 연결할 수 있다. 윈도우용 다른 터미널 솔루션을 사용하거나 다른 운영체제를 사용하는 경우 터미널에 관한 올바른 SSH 절차를 사용해 인스턴스에 연결한다. 필요한 개인 키 포맷 변환을 제외하면 단계는 유사하다.

 PuTTY 터미널 다운로드 링크는 다음과 같다.
https://www.chiark.greenend.org.uk/~sgtatham/putty/

PuTTYgen

AWS 인스턴스에 관한 연결을 승인하려면 AWS 계정에 관해 생성된 개인 키를 관련 프로그램 PuTTYgen을 사용해 PuTTY 키 형식으로 변환해야 한다. **시작** 메뉴에서 PuTTYgen을 열고 Conversions 메뉴를 클릭한다. 드롭다운 탭에서 Import Key를 선택한다

AWS에서 다운로드한 개인 키를 선택할 수 있는 파일 대화상자가 열린다. 이 개인 키는 .pem 확장자를 가진다.

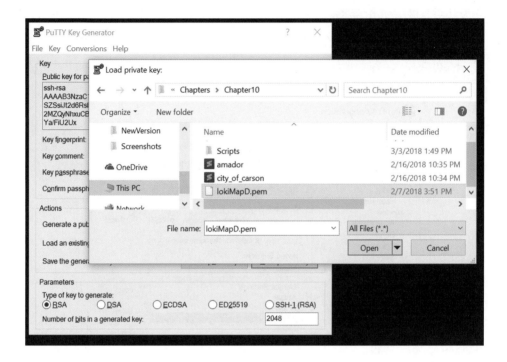

Open을 클릭하면 키를 가져온다. PuTTY 포맷으로 개인 키를 생성하려면 선택적 키 구문(사용자를 추가로 식별하고 기억해야 하는 단어 또는 몇 개)을 제공하고 Actions 섹션에서 Save Private Key를 누른다. 폴더를 선택하고 키를 저장하면 파일 확장자가 .ppk가 된다.

연결 설정

PuTTY를 사용해 인스턴스에 연결하려면 몇 가지 설정이 필요하다. 연결을 생성하려면 인스턴스의 공인 IP 주소를 호스트 이름 필드에 붙여 넣고 포트가 22로 설정돼 있는지, 연결 유형이 SSH인지 확인한다. Save 버튼을 클릭해 Saved Sessions 섹션의 설정을 저장한다.

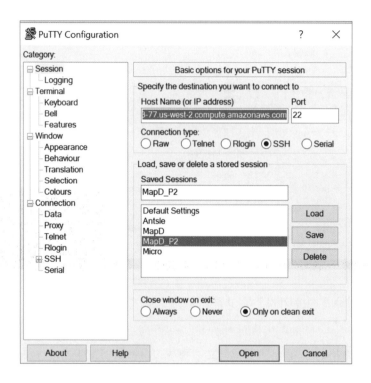

개인 키 사용하기

설정이 로드되면 왼쪽에 있는 SSH 드롭다운을 클릭한다. 새 메뉴에서 인증을 눌러 새 메뉴로 전환한 다음 PuTTY 형식으로 변환한 개인 키를 찾아본다.

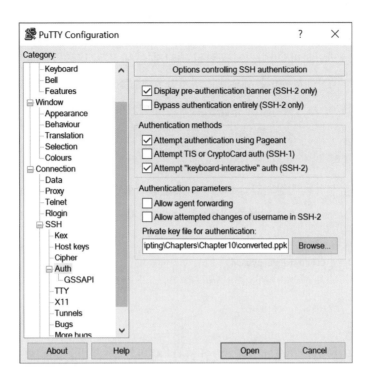

키를 찾았으면 **Open**을 눌러 연결을 설정한다. 서버에서 OmniSciDB를 시작하려면 /raidStorage/prod/mapd/bin 폴더로 이동해 {Instance-ID}를 자신의 인스턴스 ID로 바꿔서 다음 코드를 실행한다.

```
./mapdql mapd -u mapd -p {Instance-ID}
```

연결을 설정하는 데 문제가 있는 경우, AWS 인스턴스의 보안 그룹이 사용 중인 현재 컴퓨터의 연결을 허용하도록 설정돼 있는지 확인한다. Security Group 설정이 내 IP고 컴퓨터의 IP가 다른 경우에는 연결할 수 없다.

pymapd 설치하기

pymapd 설치는 간단하며, 파이썬에 포함된 패키지 설치 프로그램인 conda와 pip에서 모두 지원된다. 10장에서 pip를 사용하고 있지만, conda를 사용해도 아무 문제가 없으며 다른 콘다 지원 소프트웨어와의 통합을 위해 추천되기도 한다.

conda 설치 명령

pymapd 모듈이 저장된 저장소인 conda forge에 연결하려면 conda install -c conda-forge를 사용한다. conda에 관한 자세한 내용은 1장, '패키지 설치와 관리'를 참조한다.

```
conda install -c conda-forge pymapd
```

pip 설치 명령

pymapd 모듈은 파이썬 Installer 패키지인 pip를 사용할 수도 있다. 파이썬 재단 저장소 PyPi.org에서 얻을 수 있다.

```
pip install pymapd
```

설치 명령을 실행하면 필요한 지원 모듈과 함께 pymapd wheel을 다운로드해 설치한다.

파이썬 터미널(또는 IDLE)을 열고 import pymapd를 입력해 모듈이 설치됐는지 테스트한다. 오류가 없으면 pymapd는 성공적으로 설치된 것이다.

296

다른 옵션으로 깃허브 https://github.com/mapd/pymapd에서 pymapd를 다운로드한다.

연결 생성하기

pymapd 모듈에는 사용자 이름, 비밀번호, 호스트 서버 IP/도메인, 데이터베이스 이름 등의 연결 정보가 필요한 connect 클래스가 포함돼 있다(사용자 및 데이터베이스 이름 모두 기본 값은 mapd이다). AWS 인스턴스의 경우 OmniSciDB 및 Immerse의 기본 비밀번호는 앞에서 표시한 대로 EC2 Dashboard의 인스턴스 정보 섹션에서 사용할 수 있는 인스턴스 ID이다.

사용자 계정, 비밀번호

AWS AMI OmniSciDB 인스턴스에 연결하는 경우 공인 IP 주소를 호스트로 사용하고 인스턴스 ID를 password로 사용한다. 다음 코드는 connection 패턴이다.

```
from pymapd import connect
connection = connect(user="mapd", password= "{password}",
    host="{my.host.com}", dbname="mapd")
cursor = connection.cursor()
```

다음은 인스턴스 값들을 채운 연결 예다.

```
connection = connect(user="mapd", password= "i-0ed5ey62se2w8eed3",
host="ec2-54-212-133-87.us-west-2.compute.amazonaws.com", dbname="mapd")
```

데이터 커서

SQL 명령(공간적 혹은 기타)을 실행하기 위해 데이터 커서를 만든다. 커서는 connection 클래스의 일부로 execute 명령을 사용해 문장을 실행하는 데 사용된다. 결과는 리스트로 반환되고 for 루프를 사용해 반복해서 쿼리 결과에 액세스할 때 사용된다.

```
from pymapd import connect
connection = connect(user="mapd", password= "{password}",
    host="{my.host.com}", dbname="mapd")
cursor = connection.cursor()
sql_statement = """SELECT name FROM county;"""
cursor.execute(sql_statement)
results = list(cursor)
for result in results:
    print(result[0])
```

결과는 county에서 가져온 튜플 리스트이고, 인덱스 0를 사용해 접근해 튜플을 얻는다.

테이블 생성하기

연결이 설정되면 OmniSciDB 인스턴스에서 테이블을 생성하는 파이썬 스크립트에서
SQL문을 실행할 수 있다. 다음 구문은 MULTIPOLYGON 지오메트리 타입, 정수 id 필드 및
3개의 VARCHAR 타입 필드(또는 문자열)를 사용해 county 테이블을 만든다.

```
from pymapd import connect
connection = connect(user="mapd", password= "{password}",
    host="{my.host.com}", dbname="mapd")
cursor = connection.cursor()
create = """CREATE TABLE county ( id integer NOT NULL,
  name VARCHAR(50), statefips VARCHAR(3),
  stpostal VARCHAR(3), geom MULTIPOLYGON );
"""
cursor.execute(create)
connection.commit()
```

다음 코드 블록은 POINT 지오메트리 타입, 정수형 id 필드 및 address 라는 VARCHAR 타입
필드를 사용해 address 테이블을 생성한다.

```
from pymapd import connect
connection = connect(user="mapd", password= "{password}",
    host="{my.host.com}", dbname="mapd")
cursor = connection.cursor()
create = """CREATE TABLE address ( id integer NOT NULL PRIMARY KEY,
  address VARCHAR(50), geom Point );
"""
cursor.execute(create)
connection.commit()
```

INSERT 구문

데이터베이스에 데이터를 추가하는 한 가지 방법은 SQL INSERT문을 사용하는 것이다. 마지막 섹션에서 작성된 데이터베이스 테이블 내에서 데이터 행을 생성한다. pyshp 모듈을 사용해 쉐이프파일을 읽고 포함된 데이터를 INSERT 구문 템플릿에 추가할 수 있다. 이 구문은 커서에 의해 실행된다.

```
from pymapd import connect
import shapefile
connection = connect(user="mapd", password= "{password}",
    host="{my.host.com}", dbname="mapd")
import shapefile
import pygeoif
cursor = connection.cursor()
insert = """INSERT INTO county
    VALUES ({cid},'{name}','12','FL','{geom}');
"""
countyfile = r'FloridaCounties.shp'
county_shapefile = shapefile.Reader(countyfile)
county_shapes = county_shapefile.shapes()
county_records = county_shapefile.records()
for count, record in enumerate(county_records):
    name = record[3]
    county_geo = county_shapes[count]
    gshape = pygeoif.Polygon(pygeoif.geometry.as_shape(county_geo))
    geom = gshape.wkt
```

```
    insert_statement = insert.format(name=name, geom=geom,cid=count+1)
    cursor.execute(insert_statement)
```

이 과정은 시간이 많이 소요될 수 있으므로, 데이터베이스에 데이터를 추가하는 몇 가지 다른 방법이 있다.

아파치 애로우로 데이터 로드하기

pyarrow 모듈과 pandas를 사용해, 데이터를 OmniSciDB 데이터베이스에 쓸 수 있다.

```
import pyarrow as pa
import pandas as pd
from pymapd import connect
import shapefile
connection = connect(user="mapd", password= "{password}",
    host="{my.host.com}", dbname="mapd")
cursor = connection.cursor()
create = """CREATE TABLE juneau_addresses (
  LON FLOAT, LAT FLOAT,
  NUMBER VARCHAR(30),STREET VARCHAR(200) );
"""
cursor.execute(create)
df = pd.read_csv('city_of_juneau.csv')
table = pa.Table.from_pandas(df)
print(table)
connection.load_table_arrow("juneau_addresses", table)
```

포함 여부 확인

이 코드는 폴리곤 분석 도구의 공간 SQL 지점인 ST_Contains를 사용해 카운티 데이터베이스 테이블에 관한 데이터 조회 속도를 테스트한다. 카운티 테이블의 지오메트리 열 (geom)은 ST_Contains에 첫 번째 입력이며, WKT 포인트가 두 번째로 추가된다. SQL문이 실행되면, 카운티 지오메트리 중 하나가 WKT 포인트로 설명된 포인트를 포함하는지 여부를 찾기 위해 포인트는 테이블의 모든 행과 비교된다.

```
import pymapd
from pymapd import connect
connection = connect(user="mapd", password= "{password}",
     host="{my.host.com}", dbname="mapd")
import time
point = "POINT(-80.896146 27.438610)"
cursor = connection.cursor()
print(time.time())
sql_statement = """SELECT name FROM county where ST_Contains(geom,'{0}');""".
format(point) cursor.execute(sql_statement)
print(time.time())
result = list(cursor) print(result)
print(time.time())
```

이 스크립트의 결과는 다음과 같다.

```
C:\Packt\PythonScripting\Chapters\Chapter10\Scripts>python Chapter10_4.py
1520266202.7939787
1520266202.8661702
('Okeechobee',)
('Okeechobee',)
1520266202.8661702
```

지리공간 쿼리는 출력된 시간으로 알 수 있듯이 매우 빠르게 실행된다. 오키초비^{Okeechobee} 폴리곤에 포인트의 위치가 포함돼 있음을 발견하는데 불과 몇 밀리초밖에 걸리지 않는다.

사용 가능한 다른 공간 SQL 명령

OmniSciDB 데이터베이스 내에서 사용할 수 있는 공간 SQL 명령 수는 계속 추가되고 있다. 다음을 포함한다.

- ST_Transform(좌표 체계 변경)
- ST_Distance(거리 분석)

- ST_Point(포인트 객체 생성)

- ST_XMin, ST_XMax, ST_YMin, ST_YMax(상자의 경계 처리)

더 많은 기능이 매일 추가되고 있으며 올해 말 PostGIS 및 다른 공간 데이터베이스 SQL 기능에 근접할 것이다. 이런 SQL 명령들과 고유한 프런트엔드 대시보드 도구 Immerse 는 지오데이터베이스 배포를 위한 강력한 새로운 옵션이다.

▌ 요약

OmniSciDB와 같은 클라우드 기반 GPU 데이터베이스를 사용하면 Immerse 시각화 스튜디오는 GIS 설계와 구현을 할 때 도움이 된다. 테이블과 공간 쿼리에서 속도와 클라우드 신뢰성을 모두 제공하고, 생성 및 게시가 간단한 대화형 대시보드(자바스크립트 기술기반의 D3.js, MapBox GL 자바스크립트)로 데이터를 공유할 수 있다.

OmniSciDB 파이썬 모듈 pymapd를 사용하면 클라우드 데이터가 쿼리 엔진의 통합 부분이 될 수 있다. 데이터를 클라우드로 이동하거나 로컬에서 사용할 수 있다. 분석은 GPU 병렬화의 힘을 이용해 신속하게 수행할 수 있다. OmniSciDB를 클라우드의 가상 서버에 설치하거나 로컬에 설치해 소프트웨어의 잠재력을 테스트해볼 만하다.

11장에서는 Flask, SQLAlchemy, GeoAlchemy2의 사용법을 배우고 PostGIS 지오데이터베이스 백엔드에서 대화식 웹 맵을 만들 것이다.

11

Flask와 GeoAlchemy2

파이썬은 항상 강력한 인터넷 기능을 갖고 있었다. 표준 라이브러리에는 HTTP 처리, SMTP 메시지 및 URL 요청 모델이 포함돼 있다. 내장된 웹 기능을 확장하거나 개선하기 위해 수천 개의 서드파티 모듈이 개발됐다. 시간이 지남에 따라 몇 개의 모듈들은 복잡하고 역동적인 웹사이트의 생성과 유지 보수를 관리하기 위해 작성된 코드 라이브러리인 파이썬 웹 프레임워크에 통합됐다.

파이썬 웹 프레임워크 사용 방법과 지리공간 기능 추가 방법을 더 잘 이해하기 위해 Flask의 MVC 프레임워크를 구현해볼 것이다. 순수한 파이썬 웹 프레임워크인 Flask는 SQLAlchemy, GeoAlchemy2, Jinja2 HTML 템플릿 시스템과 결합해 지리공간 기능을 사용하는 웹 페이지를 만들 수 있다.

11장에서 배울 내용은 다음과 같다.

- Flask 웹 프레임워크
- SQLAlchemy 데이터베이스 관리
- GeoAlchemy2
- ORM을 사용해 PostGIS에 연결하기
- Jinja2 웹 페이지 템플릿 시스템

▌ Flask와 컴포넌트 모듈

Flask는 Django, GeoDjango와 다르게 모든 기능을 포함하지 않는다. 대신 필요에 따라 다수의 지원 모듈을 설치할 수 있다. 이는 개발자에게 더 많은 자유를 주지만, 또한 필요한 컴포넌트를 따로 설치해야 한다. 11장에서 지리공간 컴포넌트로 Flask 애플리케이션을 만들 수 있는 몇 가지 모듈을 선택했다. 다음 절에서는 PostGIS 데이터베이스 백엔드로 웹기반 인터페이스를 통해 공간 쿼리 기능을 사용해 웹사이트를 생성하는 모듈을 설정, 설치, 활용하는 방법을 자세히 살펴본다.

설정

Flask 애플리케이션과 PostgreSQL 및 PostGIS 데이터베이스 컴포넌트에 연결을 보장하기 위해 여러 가지 중요한 파이썬 모듈이 필요하다. 이들 모듈은 pip를 사용해 설치하며, pip는 https://pypi.python.org/pypi에 등록된 모듈의 온라인 리포지터리인 PyPI에 연결된다.

모듈에 포함된 내용은 다음과 같다.

- Flask는 순수 파이썬 MVC 웹 프레임워크(http://flask.pocoo.org/)
- Flask-SQLAlchemy는 여러 데이터베이스 백엔드에 연결할 수 있는 데이터베이스 ORM 모듈이다(http://flask-sqlalchemy.pocoo.org/2.3/). 이 모듈은 SQLAlchemy를 설치한다.
- GeoAlchemy2는 SQLAlchemy 모듈 및 Postgres/PostGIS 백엔드를 기반으로 파이썬 모듈을 사용해 지리공간 데이터 칼럼과 ORM 공간 쿼리를 허용한다(https://geoalchemy-2.readthedocs.io/en/latest/).
- Flask-WTForms은 Flask가 각 웹 페이지의 로직을 전달하고 입력을 처리하는 WTForms(https://wtforms.readthedocs.io/en/latest/)에 구축된 웹 폼 모듈이다.
- SQLAlchemy-Utils는 데이터베이스 생성 및 삭제를 관리하는 데 사용한다(https://github.com/kvesteri/sqlalchemy-utils/).
- psycopg2는 PostgreSQL 데이터베이스와 연결하기 위해 사용되고 SQLAlchemy 모듈에서 사용된다(http://initd.org/psycopg/).
- pyshapefile(또는 pyshp)은 이 예제에서 사용된 쉐이프파일을 읽고 데이터베이스 테이블에 추가하는 데 사용된다(https://pypi.python.org/pypi/pyshp).
- 마지막으로 pygeoif는 데이터베이스에 지오메트리 데이터를 입력하기 위해 쉐이프파일 바이너리 인코딩을 WKT 인코딩으로 변환하는 데 사용한다.

다른 중요한 지원 모듈은 Flask와 함께 자동으로 설치되며, 여기에는 Jinja2 템플릿 시스템(http://jinja.pocoo.org/)과 WSGI 모듈(http://werkzeug.pocoo.org/)이 포함된다.

pip로 모듈 설치하기

시스템에 여러 버전의 파이썬이 설치돼 있고 virtualenv 모듈로 가상 환경을 사용하지 않는 경우 명령행에서 pip -V 옵션을 사용해 파이썬 3 버전인지 확인한다.

```
C:\Python36\Scripts>pip -V
pip 9.0.1 from c:\python36\lib\site-packages (python 3.6)
```

명령행에서 올바른 pip를 호출하는 것이 확실하면 모듈을 설치한다. 필요한 pip 명령과 각 명령이 생성하는 예상 출력의 몇 가지 예를 살펴보자.

pip로 Flask 설치하기

먼저 Flask 모듈을 직접 설치한다. pip 명령 pip install flask를 사용한다.

```
C:\Python36\Scripts>pip install flask
```

pip는 Flask와 필요한 의존성을 PyPI에서 찾은 다음 setup.py를 실행해 모듈을 설치한다.

```
C:\Users\admin\AppData\Local\Programs\Python\Python36\Scripts>pip install flask
Collecting flask
  Using cached Flask-0.12.2-py2.py3-none-any.whl
Collecting itsdangerous>=0.21 (from flask)
  Using cached itsdangerous-0.24.tar.gz
Collecting Werkzeug>=0.7 (from flask)
  Using cached Werkzeug-0.12.2-py2.py3-none-any.whl
Collecting Jinja2>=2.4 (from flask)
  Using cached Jinja2-2.9.6-py2.py3-none-any.whl
Collecting click>=2.0 (from flask)
  Using cached click-6.7-py2.py3-none-any.whl
Collecting MarkupSafe>=0.23 (from Jinja2>=2.4->flask)
  Using cached MarkupSafe-1.0.tar.gz
Installing collected packages: itsdangerous, Werkzeug, MarkupSafe, Jinja2, click, flask
  Running setup.py install for itsdangerous ... done
  Running setup.py install for MarkupSafe ... done
Successfully installed Jinja2-2.9.6 MarkupSafe-1.0 Werkzeug-0.12.2 click-6.7 flask-0.12.2 itsdangerous-0.24
```

pip로 Flask-SQLAlchemy 설치하기

pip install flask-sqlalchemy 명령을 사용해 flask-sqlalchemy의 wheel 파일을 설치하고 필요한 의존성을 설치한다.

C:\Python36\Scripts>pip install flask-sqlalchemy

---

install 명령은 PyPI에서 flask-sqlechemy의 wheel 파일(pip이 모듈을 설치하는 데 사용하는 사전 빌드 파일 포맷)을 찾아 설치 프로세스를 실행한다.

```
C:\Users\admin\AppData\Local\Programs\Python\Python36\Scripts>pip install flask-sqlalchemy
Collecting flask-sqlalchemy
  Downloading Flask_SQLAlchemy-2.3.2-py2.py3-none-any.whl
Requirement already satisfied: SQLAlchemy>=0.8.0 in c:\users\admin\appdata\local\programs\python\python36\lib\site-packa
ges (from flask-sqlalchemy)
Requirement already satisfied: Flask>=0.10 in c:\users\admin\appdata\local\programs\python\python36\lib\site-packages (f
rom flask-sqlalchemy)
Requirement already satisfied: Jinja2>=2.4 in c:\users\admin\appdata\local\programs\python\python36\lib\site-packages (f
rom Flask>=0.10->flask-sqlalchemy)
Requirement already satisfied: itsdangerous>=0.21 in c:\users\admin\appdata\local\programs\python\python36\lib\site-pack
ages (from Flask>=0.10->flask-sqlalchemy)
Requirement already satisfied: Werkzeug>=0.7 in c:\users\admin\appdata\local\programs\python\python36\lib\site-packages
(from Flask>=0.10->flask-sqlalchemy)
Requirement already satisfied: click>=2.0 in c:\users\admin\appdata\local\programs\python\python36\lib\site-packages (fr
om Flask>=0.10->flask-sqlalchemy)
Requirement already satisfied: MarkupSafe>=0.23 in c:\users\admin\appdata\local\programs\python\python36\lib\site-packag
es (from Jinja2>=2.4->Flask>=0.10->flask-sqlalchemy)
Installing collected packages: flask-sqlalchemy
Successfully installed flask-sqlalchemy-2.3.2
```

pip로 GeoAlchemy2 설치하기

pip install GeoAlchemy2 명령을 사용해 PyPI에서 모듈을 호출하고 wheel 파일을 다운로드한 다음 파이썬 Lib/site-package 폴더에 설치한다.

C:\Python36\Scripts>pip install GeoAlchemy2

---

pip로 Flask-WTForms, WTForms 설치하기

WTForms 모듈과 Flask-WTF 인터페이스로 웹 페이지를 상호작용하게 할 웹 폼을 만들 수 있다. `pip install flask-wtf` 명령을 사용해 설치한다.

```
C:\Python36\Scripts>pip install flask-wtf
```

pip로 psycopg2 설치하기

pscycopg2는 PostgreSQL 데이터베이스에 연결하는 데 사용되는 파이썬 모듈이다. 아직 설치하지 않았다면 `pip install psycopg2` 명령을 사용해 설치한다.

```
C:\Python36\Scripts>pip install psycopg2
```

pip로 SQLAlchemy-Utils 설치하기

이 유틸리티를 통해 데이터베이스를 빠르게 생성할 수 있다.

```
C:\Python36\Scripts>pip install sqlalchemy-utils
```

pip로 pyshapefile (또는 pyshp) 설치하기

pyshapefile 모듈은 쉐이프파일을 읽고 쓸 수 있다.

```
C:\Python36\Scripts>pip install pyshp
```

pip로 pygeoif 설치하기

pygeoif 모듈은 지리공간 데이터 포맷 변환을 허용한다.

```
C:\Python36\Scripts>pip install pygeoif
```

Flask 애플리케이션 개발하기

Flask와 GeoAlchemy2의 기본 사항을 살펴보기 위해 Flask 웹 애플리케이션을 빌드하고 포함된 웹 서버를 사용해 로컬에서 테스트하고 배포한다. 이 웹 애플리케이션은 사용자가 전국에 위치한 다양한 경기장과 관련된 카운티, 주 및 디스트릭트를 찾을 수 있게 해준다. 이 애플리케이션은 미국 지질 조사USGS, United States Geological Survey 데이터 카탈로그에서 쉐이프파일을 다운로드하는 것을 포함하며, GeoAlchemy2 ORM을 사용한 지리공간 쿼리와 SQLAlchemy ORM을 사용한 테이블 관계 검색을 수행하는 뷰(웹 요청을 처리하는 파이썬 함수)가 있다.

이 애플리케이션은 데이터베이스와 데이터베이스 테이블을 생성하는 두 개의 스크립트가 필요하다. 해당 스크립트는 이 책 코드 패키지의 Chapter11 폴더에 있으며 진행하면서 더 구체화한다. 최종 제품은 Leaflet 자바스크립트 지도를 사용해 ORM 기반 공간 쿼리 및 관계 쿼리 결과를 표시하는 웹 애플리케이션이 될 것이다.

데이터 소스에서 데이터 다운로드하기

프로젝트를 시작하려면 USGS 데이터 카탈로그에서 데이터를 다운로드한다. 이 프로젝트는 미국의 NBA 경기장, 주, 디스트릭트, 카운티 4개의 쉐이프파일을 사용한다.

 USGS에는 다운로드에 사용할 수 있는 많은 미국의 쉐이프파일이 있다.

https://www.sciencebase.gov/catalog/item/503553b3e4b0d5ec45b0db20

카운티, 디스트릭트, 주 및 경기장 쉐이프파일

US_County_Boundaries 데이터는 다음 링크의 USGS 데이터 카탈로그에서 사용할 수 있는 폴리곤 쉐이프파일이다.

https://www.sciencebase.gov/catalog/item/4f4e4a2ee4b02db615738

화면에서 보이는 zip 다운로드 링크를 클릭하라. 프로젝트 폴더(예: C:\GeospatialPy3\ Chapter11)에 압축을 풀면 11장에서 사용할 수 있다.

Arenas_NBA 쉐이프파일 링크는 다음과 같다.

https://www.sciencebase.gov/catalog/item/4f4e4a0ae4b07f02db5fb54d

Congressional_Districts 쉐이프파일 링크는 다음과 같다.

https://www.sciencebase.gov/catalog/item/4f4e4a06e4b07f02db5f8b58

US_States 쉐이프파일 링크는 다음과 같다.

https://www.sciencebase.gov/catalog/item/4f4e4783e4b07f02db4837ce

이 쉐이프파일은 최신은 아니지만(예를 들어 넷츠 경기장은 여전히 브루클린 뉴저지에 있는 것으로 돼 있다), 여기서 살펴보는 것은 응용 기법(그리고 그들이 기하학적 데이터 유형을 다루는 방법)이지, 데이터 그 자체가 아니기 때문에 데이터의 일시적인 품질은 무시한다.

데이터베이스, 데이터 테이블 생성하기

애플리케이션 데이터를 저장할 데이터베이스와 테이블을 만들기 위해 SQLAlchemy와 GeoAlchemy2 클래스와 메서드를 사용한다. 다음 코드는 Chapter11_0.py 스크립트에 있다. 이 코드는 PostgreSQL에 접속하고 웹 애플리케이션의 백엔드를 구성할 데이터베이스 및 데이터 테이블을 만들 수 있다. 이 라이브러리를 임포트한다.

```python
from sqlalchemy import create_engine
from sqlalchemy_utils import database_exists, create_database,drop_database

from sqlalchemy import Column, Integer, String, ForeignKey, Float
from sqlalchemy.orm import relationship
from geoalchemy2 import Geometry
from sqlalchemy.ext.declarative import declarative_base
```

데이터 테이블을 만들고 쿼리하기 위해 데이터베이스 서버에 연결하려면 create_engine 함수와 연결 문자열 포맷을 사용해 다음과 같이 표현한다.

```python
conn_string = '{DBtype}://{user}:{pword}@{instancehost}:{port}/{database}'
engine = create_engine(conn_string, echo=True)
```

연결 문자열은 모든 파이썬 데이터베이스 모듈에서 사용된다. 여기에는 일반적으로 RDBMS 타입, 사용자 이름, 암호, 인스턴스 호스트(로컬 시스템에 설치된 데이터베이스 서버의 IP 주소 또는 로컬호스트), 옵션으로 포트 번호 및 데이터베이스 이름이 포함된다. 예를 들어 연결 문자열은 다음과 같다.

```python
connstring = 'postgresql://postgres:bond007@localhost:5432/chapter11'
engine = create_engine(connstring, echo=True)
```

이 예에서 postgresql은 RDBMS 타입, postgres는 사용자 이름, bond007은 암호, local host는 인스턴스 호스트, 5432는 PostgreSQL의 기본 포트다. 설치할 때 포트를 변경하지 않았다면 연결 문자열에서 제외할 수 있고, chapter11은 데이터베이스 이름이다. echo=True 구문은 표준 출력 창에 관한 데이터베이스 로그를 생성하는 데 사용된다. 메시지를 끄려면 echo 값을 False로 한다.

 이 패턴에 관한 더 자세한 설명은 다음 링크에서 찾을 수 있다.
http://docs.sqlalchemy.org/en/latest/core/engines.html

이 데이터베이스의 경우 다음 포맷을 사용할 수 있다. 괄호를 포함한 {user} 및 {pword}로 PostgreSQL 서버의 사용자 이름과 암호를 바꾼다.

```
conn_string ='postgresql://{user}:{pword}@localhost:5432/chapter11'
engine = create_engine(conn_string, echo=True)
```

연결 문자열이 유효하면 create_engine 함수는 engine 변수에 객체를 반환하며, 이 객체는 스크립트 전체에 걸쳐 데이터베이스 작업을 수행하는 데 사용된다.

#drop_database(engine.url)는 주석 처리했지만, 데이터베이스를 삭제한 후 스크립트를 사용해 다시 생성해야 하는 경우 제거할 수 있다. 연결 문자열에 관한 참조인 SQLAlchemy create_engine의 url 속성을 호출한다.

```
# 데이터베이스를 다시 생성해야 하는 경우 주석을 제거한다.
#drop_database(engine.url)
```

database_exists 함수에 의존하는 if not 조건문에 데이터베이스와 데이터 테이블 생성문이 포함된다. 조건이 True를 반환하면 (데이터베이스가 존재하지 않는 경우) engine 변수는 create_database 함수로 전달된다.

```
# 데이터베이스가 존재하지 않음을 확인하고
# 존재하지 않는다면 생성하고, PostGIS 확장과 테이블을 생성한다.
if not database_exists(engine.url):
    create_database(engine.url)
```

신규 데이터베이스에 PostGIS 확장 테이블 추가하기

create_database 함수 바로 아래에서 engine.connect 함수를 사용해 데이터베이스에 직접 SQL문을 전달한다. 이 SQL 구문("CREATE EXTENSION postgis")은 새 데이터베이스 내에서 공간 칼럼과 쿼리를 활성화한다.

```
# engine을 사용해 데이테베이스 연결을 생성한다.
# 이 연결은 새로운 데이터베이스가 PostGIS 익스텐션을 사용할 수 있게 한다.
conn = engine.connect()
conn.execute("commit")
try:
    conn.execute("CREATE EXTENSION postgis")
except Exception as e:
    print(e)
    print("extension postgis already exists")
conn.close()
```

데이터베이스가 이미 공간적으로 활성화된 경우 try/except 블록을 사용한다. print문에서 출력된 내용을 확인해 다른 예외가 발생하지 않는지 확인한다.

데이터베이스 테이블 정의

파이썬 MVC 웹 프레임워크 세계에서 데이터베이스 테이블은 모델이다. 웹사이트에서 데이터를 저장하기 위해 사용하며, 파이썬 클래스로 생성하고 모델링한다. 이런 클래스는 데이터베이스 관리 코드의 대부분을 포함하는 슈퍼클래스에서 미리 작성된 기능을 서브클래싱하거나 상속하므로, 문자열이나 정수 등의 기본 데이터 타입과 지오메트리 같은 고급 클래스를 사용해 테이블의 칼럼을 간단히 정의할 수 있다.

이러한 클래스 정의된 테이블은 모델 코드를 변경할 필요 없이 여러 개의 RDBMS 에서 생성할 수 있다. GeoAlchemy2는 PostgreSQL/PostGIS에서만 작동하지만 SQL Alchemy 모델은 SQL Server, Oracle, Postgres, MySQL 등을 포함한 다양한 데이터베이스에서 테이블을 생성하는 데 사용할 수 있다.

declarative_base 클래스

SQLAlchemy 데이터베이스 클래스의 경우, declarative_base라는 기본 클래스는 데이터베이스 메서드 및 속성의 상속을 허용한다. SQLAlchemy의 슈퍼클래스 마법이 존재하며, 여러 SQL 버전에서 데이터베이스 SQL문을 처리해 모든 RDBMS 사용에 필요한 코드를 단순화한다.

```
# Base 모델을 정의
Base = declarative_base()
```

데이터베이스 테이블 모델 클래스

일단 기본 클래스가 호출되거나 인스턴스화되면 모델 클래스로 전달할 수 있다. 이 클래스는 모든 파이썬 클래스와 마찬가지로 클래스에 내부적으로 데이터 처리에 유용한 함수, 속성 및 메서드를 포함한다. 11장에서 모델은 내부 함수를 포함하지 않고 칼럼만 정의한다.

 SQLAlchemy 모델과 내부 함수에 관해서는 다음 링크를 참고한다.
http://docs.sqlalchemy.org/en/latest/orm/tutorial.html

테이블 속성

RDBMS 데이터베이스에서 생성된 데이터 테이블의 이름은 모델 클래스의 __tablename__ 속성과 일치한다. 각 테이블의 기본 키는 관계 및 쿼리에 사용되며, 반드시 primary_key 키워드를 사용해 정의해야 한다. Column 클래스와 String, Float 및 Integer 타입 클래스는 SQLAlchemy에서 호출되며, 기본 RDBMS 내에서 생성될 테이블 칼럼을 정의하는 데 사용한다(따라서 프로그래머는 주요 RDBMS에서 사용되는 각 SQL에 관해 CREATE TABLE문을 손대지 않도록 한다).

예를 들어 Arena 클래스는 WGS 1984 좌표계(http://spatialreference.org/ref/epsg/wgs-84/)에 해당하는 SRID 또는 EPSG 공간 참조 시스템 ID가 4326인 POINT 지오메트리 타입, 문자열 name 필드, 2개의 Float 필드(longitude, latitude) 4개의 칼럼을 관리하는 데 사용된다.

```python
# Arena 데이터베이스 테이블을 모델링한 Arena 클래스를 정의한다.
class Arena(Base):
    __tablename__ = 'arena'
    id = Column(Integer, primary_key=True)
    name = Column(String)
    longitude = Column(Float)
    latitude = Column(Float)
    geom = Column(Geometry(geometry_type='POINT', srid=4326))
```

Arena 클래스와 마찬가지로 다음 클래스는 문자열 name 칼럼을 사용한다. 지오메트리 타입의 경우 SRID 4326도 사용하지만, 이러한 지오메트리 모델링에 사용되는 복잡한 다중 폴리곤 지오메트리를 저장하기 위해 MULTIPOLYGON 지오메트리를 사용한다. County, District, State 클래스처럼 테이블과 관계가 있는 경우에는 테이블 간 관계와 쿼리를 관리하는 데 사용하는 특수 클래스도 있다.

이러한 특수 클래스는 ForeignKey 클래스와 relationship 함수를 포함한다. ForeignKey 클래스에 id 매개변수를 전달하고 Column 클래스로 전달해 하위 행을 상위 클래스와 연결한다. relationship 함수는 양방향 쿼리를 허용한다. backref 키워드는 조인된 테이블 모델의 인스턴스를 인스턴스화하는 함수를 생성한다.

```
# County 클래스 정의
class County(Base):
    __tablename__ = 'county'
    id = Column(Integer, primary_key=True)
    name = Column(String)
    state_id = Column(Integer, ForeignKey('state.id'))
    state_ref = relationship("State",backref='county')
    geom = Column(Geometry(geometry_type='MULTIPOLYGON',srid=4326))
# District 클래스 정의
class District(Base):
    __tablename__ = 'district'
    id = Column(Integer, primary_key=True)
    district = Column(String)
    name = Column(String)
    state_id = Column(Integer, ForeignKey('state.id'))
    state_ref = relationship("State",backref='district')
    geom = Column(Geometry(geometry_type='MULTIPOLYGON',srid=4326))
```

County 클래스와 District 클래스는 State 클래스를 호출하는 세션 쿼리를 허용하면서 State 클래스와 관계를 맺게 된다. 이 관계를 통해 카운티나 디스트릭트가 위치한 미국 주를 쉽게 찾을 수 있다. state_id 칼럼은 관계를 만들고 state_ref 필드는 상위 State 클래스를 참조한다.

State 클래스의 경우, 카운티와 디스트릭트는 자체 backref 참조를 가지며, 부모 State 클래스가 연관된 counties/districts에 접근할 수 있다.

```
# State 클래스 정의
class State(Base):
    __tablename__ = 'state'
    id = Column(Integer, primary_key=True)
    name = Column(String)
    statefips = Column(String)
```

```
    stpostal = Column(String)
    counties = relationship('County', backref='state')
    districts = relationship('District', backref='state')
    geom = Column(Geometry(geometry_type='MULTIPOLYGON',srid=4326))
```

테이블 생성하기

실제로 테이블을 생성하기 위해 두 가지 방법을 사용할 수 있다. 테이블 모델 클래스는
각 테이블을 별도로 만드는 데 사용할 수 있는 create 함수를 갖는 내부_table_ 메서드
를 갖고 있다. 테이블을 삭제하기 위해 호출하는 drop 함수도 있다.

코드에서 테이블을 생성하기 위해 try/except 구문을 사용한다. 예외가 발생한 경우
(즉, 테이블이 이미 존재하는 경우) 테이블이 삭제된 후 생성된다. 다음은 State 테이블 생성
문의 예다.

```
# State 클래스에서 State 테이블을 생성
# 존재하는 경우 삭제하고 재생성한다.
try:
    State.__table__.create(engine)
except:
    State.__table__.drop(engine)
    State.__table__.create(engine)
```

또는 모든 데이터베이스 테이블은 Base 메서드의 metadata와 create_all 함수를 사용해
정의된 클래스에서 생성할 수 있다.

```
Base.metadata.create_all(engine)
```

신규 데이터 테이블로 데이터 삽입하기

데이터베이스를 만들고 데이터베이스 내에서 데이터베이스 테이블을 정의하고 생성하면 데이터를 추가할 수 있다. 두 번째 스크립트인 Chapter11_1.py는 다운로드한 쉐이프파일에 포함된 데이터를 검색하고 읽는 데 사용되며, for 순환문은 데이터를 읽고 각 데이터베이스 테이블에 저장하는 데 사용된다. SQLAlchemy 세션 관리자는 데이터를 쿼리하고 테이블에 커밋하는 데 사용한다.

필요한 모듈 임포트하기

데이터를 처리하고 가져오기 위해 몇 개의 새로운 모듈을 사용한다. pyshapefile 모듈 (또는 pyshp, shapefile 모듈)은 쉐이프파일에 연결해 그 안에 들어 있는 지오메트리와 속성 데이터를 읽는 데 사용한다. pygeoif 모듈은 geo_interface로 알려진 프로토콜을 구현하는 순수 파이썬 모듈이다.

이 프로토콜은 예를 들어 지리공간 데이터 형식을 파이썬 객체로 변환하는 파이썬 객체 레벨 인트로스펙션을 허용한다. GeoAlchemy2 ORM을 사용해 데이터베이스에 삽입할 수 있도록 바이너리에 저장된 쉐이프파일 지오메트리를 WKT 지오메트리로 변환하는 데 사용된다.

```
# shapefile 모듈은 쉐이프파일을 읽는데 사용되고
# pygeoif 모듈은 지오메트리 타입간 변환에 사용된다.
import shapefile
import pygeoif
```

 프로토콜에 관한 자세한 내용은 다음 링크에서 다룬다.
https://gist.github.com/sgillies/2217756

데이터베이스와 테이블에 연결하려면 SQLAlchemy ORM 및 기타 SQLAlchemy 함수를 임포트한다.

```
from sqlalchemy import create_engine
from sqlalchemy.ext.declarative import declarative_base
from sqlalchemy import Column, Integer, String, ForeignKey, Float
from sqlalchemy.orm import sessionmaker
from sqlalchemy.orm import relationship
```

데이터를 데이터베이스 테이블의 지오메트리 칼럼에 추가하려면 GeoAlchemy2 Geometry 데이터 타입을 사용한다.

```
# GeoAlchemy2의 Geometry 칼럼은 SQLAlchemy ORM을 확장
from geoalchemy2 import Geometry
```

스크립트에서 다운로드한 쉐이프파일을 찾기 위해 파이썬에 내장돼 있고 OS에 구애받지 않는 Tkinter 모듈과 filedialog 메서드를 사용한다.

```
# 내장된 Tkinter GUI 모듈은 filedialog를 허용한다.
from tkinter import filedialog
from tkinter import Tk
```

데이터베이스 연결은 SQLAlchemy의 create_engine 함수를 사용해 다시 생성한다. 또한 데이터베이스에 연결되는 engine 변수에 바인딩하고 세션 관리자를 사용해 session을 생성한다.

```
# SQLAlchemy 함수를 사용해 chapter11 데이터베이스에 연결한다.
conn_string = 'postgresql://postgres:password@localhost/chapter11'
engine = create_engine(conn_string)
Session = sessionmaker(bind=engine)
session = Session()
```

session은 관리하고 있는 쿼리와 커밋(데이터베이스에 쓰기)을 허용한다. 카운티, 디스트릭트 및 주 사이의 데이터베이스 관계를 생성하기 위해 for 순환문 내에서 데이터베이스 테이블에 쿼리해야 한다. 데이터베이스 테이블 모델은 다시 스크립트 내에서 정의되며, declarative_base 클래스에서 서브클래싱한다. 이 클래스 정의는 마지막 스크립트 내 정의와 일치한다.

쉐이프파일 검색과 읽기

쉐이프파일을 검색하고 찾을 수 있는 파일 대화상자를 만들려면 Tkinter의 Tk 클래스를 인스턴스로 만들어 root 변수에 할당한다. tk 클래스는 불필요한 작은 콘솔 창을 생성하므로 root.withdraw 함수를 사용해 회피한다.

```
# TKinter 모듈을 초기화하고 콘솔 생성을 회피한다.
root = Tk()
root.withdraw()
```

파일 대화상자는 filedialog.askopenfilename 메서드를 사용해 생성한다. 이 메서드는 파일 대화상자 창의 제목, 초기 디렉터리 및 파일 대화상자를 사용하는 동안 표시돼야 하는 파일 확장자를 포함해 다수의 인수를 허용한다. 다음은 Arena 쉐이프파일을 선택하는 대화상자 코드다.

```
# Tkinter의 filedialog를 사용해 Arena 쉐이프파일을 찾는다.
root.arenafile = filedialog.askopenfilename(initialdir = "/",
                        title = "Select Arena Shapefile",
                        filetypes = (("shapefiles","*.shp"),
                        ("all files", "*.*")))
```

스크립트에서 다운로드한 각 쉐이프파일에 관해 이 작업을 반복한다. 파일 대화상자를 사용한 후, 각 쉐이프파일은 문자열 타입의 파일 경로를 root 변수에 전달하고 파일 경로는 속성에 저장된다.

쉐이프파일 데이터 액세스하기

쉐이프파일 내의 데이터에 액세스하기 위해 각 파일 경로 속성을 Reader 클래스에 전달해 pyshp Reader 클래스를 호출한다. 인스턴스화 클래스는 쉐이프파일의 속성 데이터와 지오메트리 데이터에 각각 접근할 수 있도록 records와 shapes 메서드를 모두 갖는다.

```
# shapefils을 임포트하고 pyshp의 Reader 클래스를 사용해 Arena 쉐이프파일을 읽는다.
arena_shapefile = shapefile.Reader(root.arenafile)
arena_shapes = arena_shapefile.shapes()
arena_records = arena_shapefile.records()
```

데이터를 읽고 반복 가능한 변수에 할당하면 for 구문을 사용해 반복할 수 있다. pyshp Reader records 메서드를 사용해 액세스한 데이터는 shapes 메서드를 사용해 액세스한 데이터에 해당되므로, enumerate 함수를 사용해 만든 루프 카운터는 shapes 메서드로 만든 지오메트리 리스트에서 현재 기록과 해당 지오메트리 데이터 사이의 인덱스를 일치시키는 데 사용된다.

Arena 쉐이프파일 지오메트리의 경우 Reader의 shapes 메서드는 좌표 쌍이 있는 리스트로 데이터를 반환한다. Arena 클래스 지오메트리 칼럼은 POINT 데이터 타입이므로 POINT(X Y) WKT 템플릿을 사용해 데이터베이스 테이블에 데이터를 쓸 수 있다. SRID(4326)는 GeoAlchemy2 확장 WKT(EWKT) 요구 사항에 따라 문자열의 시작 부분에 포함된다.

 GeoAlcheym2 ORM에 관한 더 자세한 내용은 다음 링크를 참고한다.
http://geoalchemy-2.readthedocs.io/en/0.4/orm_tutorial.html

각 순환마다 새로운 Arena 클래스를 인스턴스화해 arena 변수에 할당한다. name 필드는 인덱스값 6에 위치한 Reader record 데이터 항목을 가져와 arena 변수에 할당하는 반면 지오메트리 데이터는 현재 반복되는 count의 arena_shapes 데이터 항목에서 가져와 arena.longitude와 arena.latitude 칼럼에 할당한다.

그런 다음 이 좌표를 문자열 format 메서드에 전달해 EWKT 템플릿을 포맷하고 arena. geom 속성에 할당한다. 일단 arena 칼럼 데이터가 할당되면 session.add를 사용해 세션에 추가한다. 마지막으로, 세션의 commit 메서드를 사용해 데이터베이스에 데이터를 저장한다.

```
# 반복해서 쉐이프파일에서 Arena 데이터를 읽는다.
for count, record in enumerate(arena_records):
    arena = Arena()
    arena name = record[6]
    print(arena.name)
    point = arena_shapes[count].points[0]
    arena.longitude = point[0]
    arena.latitude = point[1]
    arena.geom = 'SRID=4326;POINT({0} {1})'.format(point[0], point[1])
    session.add(arena)
session.commit()
```

주 클래스(및 카운티 및 디스트릭트)의 경우, 이름, 연방정보처리표준(FIPS) 코드, 우편번호를 인덱싱을 이용해 속성 데이터에서 추출한다. pygeoif는 먼저 지오메트리를 pygeoif. MultiPolygon 포맷으로 변환한 후 WKT로 변환해 문자열 템플릿으로 전달하고 geom 필드에 EWKT로 표기한다.

```
# 반복해서 쉐이프파일에서 주 데이터를 읽는다.
for count, record in enumerate(state_records):
    state = State()
    state.name = record[1]
    state.statefips = record[0]
    state.stpostal = record[2]
    state_geo = state_shapes[count]
    gshape =
```

```
    pygeoif.MultiPolygon(pygeoif.geometry.as_shape(state_geo))
    state.geom = 'SRID=4326;{0}'.format(gshape.wkt)
    session.add(state)
    if count % 10 == 0:
        session.commit()
session.commit()
```

주에 관한 지오메트리 데이터의 크기가 크기 때문에 10번 반복할 때마다 데이터베이스에 커밋한다. 마지막 commit에서 나머지 데이터를 저장한다.

쿼리 사용하기

District 및 County 데이터 테이블의 경우, FIPS 코드와 연관된 주 데이터를 찾기 위해 새로 추가된 주 데이터에 관한 쿼리가 마지막으로 추가된다. session.query를 사용해 주 클래스를 쿼리하고 filter 인수를 해당 디스트릭트 FIPS 코드를 filter_by 메서드에 전달해 주 데이터를 필터링한 다음, 올바른 state를 호출할 수 있다. state.id 필드 값은 디스트릭트의 state_id 칼럼 간의 관계를 만들기 위해 사용된다.

```
# State 테이블에 쿼리하고 state를 찾기 위해 STFIPS 데이터를 사용한다.
for count, record in enumerate(district_records):
    district = District()
    district.district = record[0]
    district.name = record[1]
    state = session.query(State).filter_by(statefips=record[4]).first()
    district.state_id = state.id
    dist_geo = district_shapes[count]
  gshape=pygeoif.MultiPolygon(pygeoif.geometry.as_shape(dist_geo))
    district.geom = 'SRID=4326;{0}'.format(gshape.wkt)
    session.add(district)
    if count % 50 == 0:
        session.commit()
session.commit()
```

County 테이블도 이와 유사하게 반복하며 State 쿼리를 포함하고 있다. 완료된 코드를 보려면 스크립트를 확인한다. 모든 데이터가 데이터 테이블에 저장되면 세션을 닫고 엔진을 해제한다.

```
session.close()
engine.dispose()
```

Flask 애플리케이션 컴포넌트

백엔드 데이터베이스와 테이블을 만들고 데이터를 로드하고 테이블 간의 관계를 모델링하고 생성했으므로 이제 Flask 애플리케이션을 만들 스크립트를 작성할 차례다. 이 스크립트는 웹 요청을 처리하고, 데이터베이스를 쿼리하고, HTTP 응답을 반환하는 뷰, 모델 및 폼을 포함한다.

arena 테이블에 저장된 모든 NBA 경기장들을 드롭다운 목록으로 나열하고, 사용자가 공간 쿼리 및 테이블 관계에서 경기장 정보를 포함하는 팝업과 함께 지도에 위치를 표시하는 이 웹 애플리케이션은 아레나 애플리케이션이라고 부른다.

웹 개발의 MVC 방법론은 웹 애플리케이션의 필요한 컴포넌트 간의 분리를 허용한다. 이러한 컴포넌트에는 데이터베이스 모델(앞에서 설명한 SQLAlchemy 모델), 애플리케이션 입력을 위한 웹 폼 및 요청을 라우팅하는 컨트롤러 오브젝트가 포함된다. 컴포넌트의 분리는 별도의 스크립트에 반영한다.

각 컴포넌트를 독립적으로 만들면 애플리케이션의 다른 컴포넌트에 영향을 주지 않고 쉽게 조정할 수 있다. 데이터베이스 모델은 필수 모듈과 함께 models.py 스크립트에 포함된다. 웹 폼(드롭다운 리스트, 입력 필드 등 웹 페이지 구성 요소를 만드는 파이썬 클래스)은 forms.py 스크립트에 포함된다. URL 엔드포인트와 해당 URL에 관한 웹 요청 처리를 포함하는 모든 뷰는 views.py 스크립트에 포함된다. 컨트롤러는 Flask 클래스에 생성돼 app 변수에 할당되는 객체다. 웹 애플리케이션의 각 URL 엔드포인트는 app.route 를 사용해 정의하며 웹 요청을 처리하고 HTTP 응답을 반환하는 로직을 포함하는 파이썬 함수(뷰)를 갖는다.

컨트롤러는 웹 요청을 올바른 URL 엔드포인트로 라우팅하는 데 사용되며 GET과 POST HTTP 요청을 구별한다. 이는 views.py 스크립트에 작성한다.

HTML 템플릿은 웹 요청의 처리 결과를 표시하는 데 사용한다. Jinja2 템플릿 시스템을 사용해 웹 폼에 포함된 데이터를 HTML 템플릿으로 전달하고, 완전한 웹 페이지 요청을 웹 브라우저로 다시 전송한다. 이 애플리케이션의 템플릿에는 웹 페이지 내에서 지도를 표시하는 Leaflet을 포함한 자바스크립트 라이브러리에 관한 링크가 포함된다.

폴더 구조와 컨트롤러 객체

애플리케이션의 개별 컴포넌트를 포함하려면 특정 폴더 구조를 사용하는 것이 좋다. 이는 독립성을 유지하면서도 필요한 경우 컴포넌트가 상호 참조할 수 있게 한다. 컴포넌트의 한 부분에 관한 조정은 가능한 한 분리된 컴포넌트의 수정이 필요 없어야 한다.

아레나 애플리케이션은 arenaapp 폴더에 포함돼 있다.

arenaapp 폴더 안에는 app.py 스크립트와 application 폴더가 있다.

app.py 스크립트는 애플리케이션에서 app 컨트롤러 객체를 가져오고 app.run 메서드를
호출해 웹 애플리케이션을 시작한다.

```
from application import app
app.run()
```

파이썬 __init__.py 스크립트를 추가해 폴더 애플리케이션을 임포트 가능하게 하고 컴
포넌트 스크립트 내의 코드에 앱 액세스를 허용한다. 이 특수 스크립트는 폴더가 모듈
임을 파이썬 실행 파일에 알려준다.

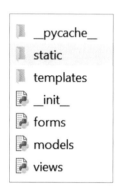

__init__.py 내부에서 app 객체를 정의하고 설정한다. app 객체는 웹 애플리케이션이 백
엔드('SQLALCHEMY_DATABASE_URI')에 연결해 세션 관리 및 암호화를 수행하는 설정 딕셔너리
를 포함한다. 이 스크립트에 환경 설정을 포함시켰지만, 큰 애플리케이션은 환경 설정
을 별도의 config.py 스크립트로 분리한다는 점에 유의한다.

```
import flask
app = flask.Flask(__name__)
conn_string = 'postgresql://postgres:password@localhost:5432/chapter11' app.
config['SQLALCHEMY_DATABASE_URI'] = conn_string
app.config['SECRET_KEY'] = "SECRET_KEY"
app.config['DEBUG'] = True
import application.views
```

애플리케이션을 더 쉽게 디버깅할 수 있도록 DEBUG 값을 True로 설정했다. 출시할 때는
False로 설정한다. 'SECRET_KEY'를 고유한 키로 교체한다.

 Flask 웹 애플리케이션 설정에 관한 더 자세한 내용은 다음 링크를 참고한다.
http://flask.pocoo.org/docs/latest/config/

모델

아레나 애플리케이션의 경우, model.py 스크립트에 애플리케이션에 사용할 모델들이
포함된다. 앞에서 설명한 바와 같이 이러한 모델은 데이터베이스 칼럼 정의를 포함하
고 있으며 데이터 처리를 위한 내부 함수를 갖는 파이썬 클래스다. 단순화된 모델에
는 SQLAlchemy 및 GeoAlchemy2 클래스를 사용하는 데이터 칼럼 정의만 포함한다.
데이터베이스에 연결하려면 app 객체를 임포트한다. app.config['SQLALCHEMY_DATABASE_
URI']를 비롯한 SQLAlchemy create_engine 함수에 사용할 수 있는 데이터베이스 연결
문자열을 저장하는 설정 변수를 만든다.

```
from application import app
# 데이터베이스 연결과 세션 관리는 SQLAlchemy 함수로 관리된다.
from sqlalchemy import create_engine
from sqlalchemy.ext.declarative import declarative_base
from sqlalchemy import Column, Integer, String, ForeignKey, Float
from sqlalchemy.orm import sessionmaker
from sqlalchemy.orm import relationship
from geoalchemy2 import Geometry
engine = create_engine(app.config['SQLALCHEMY_DATABASE_URI'])
Session = sessionmaker(bind=engine)
session = Session()
Base = declarative_base()
```

간결함을 위해서 앞서 설명한 바와 같이 모델 클래스 정의의 상세한 기술은 생략했다.
자세한 내용은 arenaapp/application 폴더의 models.py 스크립트를 살펴보자.

폼

웹 애플리케이션에서 웹 폼은 사용자로부터 데이터를 받아 유효성 확인 및 처리를 위해 서버로 전송하는 데 사용된다. 필요한 폼(예: 드롭다운, 입력 필드, 심지어 사용자에게 숨겨지는 암호 필드)을 생성하려면 Flask-WTF 모듈과 WTForms 모듈을 사용한다. 이러한 모듈은 폼 컴포넌트를 생성하고 입력된 데이터가 해당 필드에 유효한지 확인하는 클래스가 포함된다. 간단한 애플리케이션을 위해 1개의 폼만 만들었다.

ArenaForm 폼은 FlaskForm 클래스에서 상속되며 description 속성과 selections 필드를 포함한다. 이 필드는 SelectField로 웹 페이지에 드롭다운 목록을 생성한다.

설명 문자열이 필요하며 키워드 선택을 사용해 드롭다운 목록에서 사용 가능한 선택 목록을 생성한다. 드롭다운 목록의 구성원이 뷰에서 동적으로 생성되므로 여기에서 빈 목록이 choices 키워드로 전달된다.

```
from flask_wtf import FlaskForm
from wtforms import SelectField
class ArenaForm(FlaskForm):
    description = "Use the dropdown to select an arena."
    selections = SelectField('Select an Arena',choices=[])
```

TextField, BooleanField, StringField, FloatField, PasswordField 및 기타 많은 필드 클래스는 WTForms에서 복잡한 웹 애플리케이션의 구현에 사용할 수 있다. 또한 파이썬 객체이기 때문에, 뒤에서 배우게 될 폼은 즉시 다른 데이터 속성을 포함하도록 업데이트할 수 있다.

뷰

Flask 뷰는 앱 컨트롤러 객체 및 app.route URL 정의와 함께 사용할 때 웹 요청을 수락하고 처리하고 응답을 반환하는 코드를 작성하는 파이썬 함수다. 뷰는 웹 애플리케이션의 핵심으로, 웹 페이지와 폼을 데이터베이스와 테이블에 연결할 수 있다. 뷰를 생성하기 위해 많은 Flask 함수와 함께 모든 애플리케이션 컴포넌트를 임포트한다. 폼과 모델은 app 객체와 마찬가지로 각 스크립트에서 임포트한다.

```
from application import app
from flask import render_template,jsonify, redirect, url_for, request
from .forms import *
from .models import *
```

아레나 애플리케이션의 경우, 두 개의 애플리케이션 URL 엔드포인트를 생성하는 두 개의 뷰를 정의했다. 첫 번째 뷰 home은 IP 주소 루트로 요청을 리디렉션하기 위해서만 배치된다. Flask 함수 redirection과 url_for를 사용해 루트 주소로 전송되는 모든 웹 요청은 arenas 뷰로 리디렉션된다.

```
@app.route('/', methods=["GET"])
def home():
    return redirect(url_for('arenas'))
```

두 번째 뷰 arenas는 더 복잡하다. GET 및 POST 요청 메서드를 모두 허용한다. request 메서드에 따라 처리 및 반환되는 데이터는 다르지만 모든 Flask HTML 템플릿이 저장되는 application/template 폴더에 저장된 index.html 템플릿에 의존한다. 다음은 완전한 뷰 코드다.

```
@app.route('/arenas', methods=["GET","POST"])
def arenas():
    form = ArenaForm(request.form)
    arenas = session.query(Arena).all()
    form.selections.choices = [(arena.id,
                                arena.name) for arena in arenas]
    form.popup = "Select an Arena"
    form.latitude = 38.89517
    form.longitude = -77.03682
    if request.method == "POST":
```

```
        arena_id = form.selections.data
        arena = session.query(Arena).get(arena_id)
        form.longitude = round(arena.longitude,4)
        form.latitude = round(arena.latitude,4)
        county=session.query(County).filter(
        County.geom.ST_Contains(arena.geom)).first()
        if county != None:
            district=session.query(District).filter( District.geom.ST_Intersects(arena.
geom)).first()
            state = county.state_ref
            form.popup = """The {0} is located at {4}, {5}, which is in {1} County, {3},
and in {3} Congressional District
{2}.""".format(arena.name,county.name, district.district, state.name, form.longitude,
form.latitude)
        else:
            form.popup = """The county, district, and state could not be located using
point in polygon analysis"""
        return render_template('index.html',form=form)
    return render_template('index.html',form=form)
```

뷰 해부하기

뷰의 URL은 http://{localhost}/arenas이다. 데코레이터(@app.route 등)라는 특수한 파이썬 객체를 사용하면 사용하고자 하는 URL을 요청 처리를 수용하고 처리할 함수와 연결할 수 있다. 함수와 URL은 이름이 같을 필요는 없지만, 일치시키는 게 일반적이다.

```
@app.route('/arenas', methods=["GET","POST"])
def arenas():
```

폼 사용하기

데코레이터 및 함수 선언 아래에는 forms.py에서 ArenaForm을 호출하고 request.form 함수를 매개변수로 전달한다. 이는 ArenaForm에 기능을 추가하고 필요에 따라 요청 자체의 매개변수에 접근할 수 있다. ArenaForm 객체가 변수 형태로 전달되면 데이터를 채울 수 있다. 이 데이터는 Arena 모델에 관한 SQLAlchemy 세션 쿼리에서 제공된다. 이 쿼리는 Arena 테이블에서 모든 행의 데이터를 요청하고 all 메서드를 사용해 arenas 변수로 전달한다(반환되는 행을 제한하는 filter_by 메서드와 반대다).

ArenaForm의 selections 필드는 현재 비어 있기 때문에, 리스트 컴프리헨션을 사용해 리스트에 포함된 arena 객체들을 반복해서 id와 name 필드를 리스트 안에 있는 튜플에 추가한다. 이렇게 하면 드롭다운 목록이 채워지고 목록의 각 선택 항목에는 값(id)과 레이블(name)이 지정된다.

```
form = ArenaForm(request.form)
arenas = session.query(Arena).all()
form.selections.choices = [(arena.id,
                            arena.name) for arena in arenas]
form.popup = "Select an Arena"
form.latitude = 38.89517
form.longitude = -77.03682
```

선택 항목을 채운 후 세 가지 새로운 속성 popup, latitude 및 longitude가 폼에 추가된다. 처음에 이 속성들은 단지 플레이스홀더일 뿐이고 경기장 데이터에서 파생된 것이 아니다. 그러나 웹 애플리케이션이 실행되고 사용자가 드롭다운 목록에서 영역을 선택하고 나면 이러한 플레이스홀더 값은 arenas 테이블과 다른 테이블에 관한 쿼리에서 파생된 데이터로 대체된다.

request 메서드 평가하기

다음 행은 request.method 속성을 사용해 HTTP 요청 방법이 POST인지 확인하는 조건부 행이다.

```
if request.method == "POST":
```

URL arenas에 관한 초기 요청은 GET 요청이기 때문에 코드는 if 조건문을 False로 평가하며, 하단으로 들여쓴 코드 섹션을 건너뛰고 index.html 템플릿과 현재 생성된 폼을 반환한다.

```
return render_template('index.html',form=form)
```

이 함수는 render_template 함수를 사용해 index.html 템플릿을 반환하고 ArenaForm 변수를 템플릿에 전달해, Jinja2 템플릿 시스템이 완성된 웹 페이지를 생성해 요청한 웹 브라우저로 전송한다. 템플릿의 모든 이중 브라켓 변수는 폼의 해당 데이터로 채워진다 (예: 선택 항목이 드롭다운 목록에 추가됨).

POST 요청

사용자가 목록에서 경기장을 선택하고 Find Data 버튼을 누르면 HTML 폼은 뷰에 POST 요청을 보낸다. if 조건이 True라면 뷰는 기본 좌표 쌍 및 popup 값을 사용하는 대신 arena 위치 좌표 쌍과 사용자 지정 popup을 생성해 요청을 처리한다.

```
if request.method == "POST":
    arena_id = form.selections.data
    arena = session.query(Arena).get(arena_id)
    form.longitude = round(arena.longitude,4)
    form.latitude = round(arena.latitude,4)
```

---

form.selections.data 속성은 목록에서 선택한 경기장의 id를 검색하는 데 사용되며 arena_id 변수로 전달된다. 이 id는 SQLAlchemy ORM의 get 메서드를 통한 데이터베이스 쿼리에 사용된다. form.longitude 및 form.latitude 필드는 쿼리에서 반환된 arena 객체의 데이터 필드에서 채울 수 있다.

공간 쿼리

카운티와 디스트릭트를 찾기 위해 ST_Contains 및 ST_Intersects 두 개의 PostGIS 공간 분석 기법을 사용한다. 첫 번째 쿼리는 경기장이 카운티 내에 있는지 여부를 결정한다. 없다면 결과는 null이다.

```
county=session.query(County).filter(
            County.geom.ST_Contains(arena.geom)).first()
if county != None:
    district=session.query(District).filter(
            District.geom.ST_Intersects(arena.geom)).first()
```

ST_Contains를 두 쿼리에 모두 사용할 수 있지만 GeoAlchemy2 ORM이 지오메트리 칼럼을 사용할 때 모든 PostGIS 함수에 액세스할 수 있다는 것을 보여주고 싶었다. 이러한 검색은 SQLAlchemy filter 메서드와 GeoAlchemy2 ORM을 결합해 공간 분석을 기반으로 쿼리 결과를 반환할 수 있다.

관계 쿼리

카운티 쿼리가 성공했다면, 구 쿼리를 수행한 다음, 관계 속성(state_ref)을 사용해 카운티가 위치한 주를 찾는다.

```
state = county.state_ref
```

카운티, 디스트릭트, 주 모델 정의에서 확립된 양방향 관계는 이를 가능하게 한다. 이 state 객체는 상태 모델 클래스의 멤버로 상태 이름을 검색하는 데 사용한다. 사용자 정의 popup을 만들기 위해 문자열 템플릿 포맷을 사용해 요청된 arena를 설명하는 세부 사항으로 popup을 채운다. 결과는 변수 form.popup에 할당한다.

마지막으로 채워진 폼은 다시 한 번 Index.html 템플릿으로 전달되지만, 이번에는 선택한 경기장에 관한 데이터를 포함하고 있다.

```
return render_template('index.html',form=form)
```

다음은 오라클 경기장에 관한 쿼리 결과 애플리케이션 화면이다.

웹 지도 템플릿

index.html 템플릿 내에서 폼 데이터는 이중 괄호로 묶인 변수 내부에 접근한다. 이러한 변수는 자바스크립트 내부 또는 HTML 내에 위치한다. 이 예에서는 form.latitude, form.longitude 변수가 지도의 초기 중심점을 정의하는 지도 자바스크립트 내부에 위치한다.

```
var themap = L.map('map').setView([{{form.latitude}}, {{form.longitude}}], 13);
```

요청된 경기장의 위치에 marker를 생성하려면 사용자 정의 팝업을 사용해 위치 좌표와 popup 필드를 추가한다.

```
L.marker([{{form.latitude}}, {{form.longitude}}]).addTo(themap)
  .bindPopup("{{form.popup}}").openPopup();
```

POST 요청을 하기 위해 POST 메서드를 사용하는 HTML 폼은 form.description 및 form.selection 속성이 있다. HTML 폼의 버튼은 누르면 POST 요청이 생성된다.

```
<form method="post" class="form">
  <h3>{{form.description}}</h3>
  {{form.selections(class_='form-control',placeholder="")}}
  <br>
  <input type="submit" value="Find Data">
</form>
```

로컬에서 웹 애플리케이션 실행하기

애플리케이션을 로컬로 실행하려면 파이썬 실행 파일을 사용해 arenaapp 폴더에 있는 app.py 스크립트를 호출하면 된다. 명령행을 열고 스크립트 인수를 전달한다.

```
C:\Python36>python C:\GeospatialPy3\Chapter11\Scripts\arenaapp\app.py
```

웹 서버에서 이 애플리케이션을 실행하는 것은 11장의 범위를 벗어나지만 파이썬 실행 파일과 app.py에서 웹 요청을 처리할 수 있도록 WSGI 핸들러를 사용해 웹 서버를 구성해야 한다. 아파치 웹 서버의 경우 mod_wsgi 모듈이 인기가 있다. IIS(인터넷 정보 서비스)를 사용하는 윈도우 서버의 경우 wfastcgi 모듈은 매우 유용하며 마이크로소프트 웹 플랫폼 설치 관리자에서 사용할 수 있다.

아파치와 mod_wsgi 모듈에 관한 자세한 내용은 다음 링크를 살펴본다.
http://flask.pocoo.org/docs/latest/deploying/mod_wsgi/
매우 유용한 IIS 설치 지침은 다음 링크를 참고한다.
http://netdot.co/2015/03/09/flask-on-iis/

▮ 요약

11장에서는 Flask MVC 웹 프레임워크와 추가로 사용 가능한 일부 컴포넌트 모듈 사용법에 관해 알아봤다. 이러한 모듈에는 SQLAlchemy ORM, 지리공간 쿼리를 위한 GeoAlchemy2 ORM, 웹 데이터 처리를 위한 WTForms, 웹 페이지 템플릿 작성을 위한 Jinja2 템플릿 시스템이 포함된다. 데이터베이스 테이블을 만들고, 데이터 테이블과 테이블 간 관계를 추가하고, 지리공간과 관계 쿼리를 활용해 동적 웹 페이지를 생성하는 웹 애플리케이션을 만들었다.

여기서 살펴본 코드를 기반으로 하는 재미있는 과제는 최신 데이터가 아닌 경우 사용자가 올바른 위치로 이동할 수 있도록 아레나 애플리케이션에 편집 기능을 추가하는 것이다. 고급 기능을 사용하고 싶다면 GeoAlchemy2 ORM 문서를 살펴보자.

12장에서는 유사한 MVC 웹 프레임워크인 Django와 GeoDjango 공간 컴포넌트를 살펴본다. 많은 기본 기능을 포함하는 철학을 가진 Django는 다른 방식으로 웹 애플리케이션에 내재된 동일한 문제를 해결하지만, Flask와 비교하면 모듈 선택의 자유가 적다.

## 12

GeoDjango

Django 파이썬 웹 프레임워크는 2005년에 만들어졌으며, 수년 동안 꾸준히 지원되고 개선돼 왔다. 한 가지 주요 개선 사항은 공간 데이터 타입과 쿼리에 관한 추가 지원이다. 이러한 노력으로 GeoDjango는 지리공간 데이터베이스 모델과 지리공간 쿼리를 활용하는 웹 뷰를 지원할 수 있게 됐다.

GeoDjango는 이제 표준 Django 컴포넌트이며, 특정 설정을 이용해 활성화할 수 있다. 2017년 12월, 새로운 장기 지원 버전으로 Django 2가 출시됐다. 현재 파이썬 3.4, 3.5, 3.6을 지원한다.

12장에서 배울 내용은 다음과 같다.

- Django, GeoDjango 설치 및 설정하기
- 지도 편집을 포함한 Django 관리 패널 기능
- LayerMapping으로 쉐이프파일을 테이블에 로드하는 방법
- GeoDjango 쿼리
- Django URL 패턴
- Django 뷰

▌ Django, GeoDjango 설치 및 설정하기

Flask에 비해 Django는 모든 것이 포함된 프레임워크다. SQLAlchemy에 의존하는 Flask와 달리 별도의 데이터베이스 코드 패키지 없이도 데이터베이스 백엔드를 지원하는 모듈을 포함한다. Django에는 웹 인터페이스를 통해 데이터를 쉽게 편집하고 관리할 수 있는 관리 패널도 포함돼 있다. 이는 데이터베이스 상호작용과 웹 처리를 위해 더 적은 수의 모듈이 설치되고 더 많은 코드가 포함된다는 것을 의미한다.

Flask와 Django 사이에는 몇 가지 큰 차이점이 있다. Django는 Flask보다 더 구조화된 방식으로 뷰와 모델 URL을 구분한다. Django는 데이터베이스 테이블에도 파이썬 클래스를 사용하지만 데이터베이스 지원이 내장돼 있다. 지리공간 데이터베이스의 경우 별도의 모듈이 필요 없다. Django는 광범위한 데이터베이스에서 지오메트리 칼럼을 지원하지만 PostgreSQL과 PostGIS가 가장 많이 사용된다.

많은 파이썬 3 모듈처럼, Django 개발은 리눅스 개발 환경에 적합하다. 윈도우 설치를 지원하지만 윈도우 내 환경변수의 수정과 관리자 레벨의 제어가 요구된다. Django는 GDAL 및 OGR 라이브러리에 액세스하려면 관리자 레벨의 권한이 필요하다.

Django에서 GeoDjango까지

이 절에서 Django에 GeoDjango 설정을 추가 설치하고, Django에 공간 기능을 제공하는 GDAL 및 OGR을 포함한 필수 라이브러리를 추가한다. 파이썬 3용 Django 2 모듈을 설치하고 GeoDjango 구성 요소를 구성하는 것은 여러 단계에 따라 달라진다. 여기에는 다음이 포함된다.

1. pip를 사용해 Django 2 설치
2. 공간 데이터베이스 설치 및 사용(아직 설치되지 않은 경우)
3. GDAL/OGR/PROJ4/GEOS 설치
4. 윈도우 환경변수 구성
5. 프로젝트 생성
6. settings.py 열기
7. INSTALLED_APPS에 django.contrib.gis 추가하기
8. 공간 데이터베이스를 가리키도록 데이터베이스 설정 구성

Django 설치하기

Django 2는 PyPI에서 호스팅되므로 pip를 사용해 설치한다. 또한 수동으로 다운로드해 설치할 수 있다. pip를 사용해 Django를 설치하면 필요한 의존성인 pytz도 설치된다. Django는 PyPI에서 wheel을 내려받아 설치한다. Django 2는 최근 출시된 주요 업데이트여서 pip로 정확한 버전을 설치해야 한다. 다음 명령으로 Django 2.0을 설치한다(번역 시점의 최신 버전은 3.0.5이다).

```
C:\Python36\Scripts>pip install Django==2.0
```

이 모듈은 지원 모듈과 함께 설치된다.

```
Collecting Django==2.0
  Downloading Django-2.0-py3-none-any.whl (7.1MB)
    100% |                                    | 7.1MB 173kB/s
Collecting pytz (from Django==2.0)
  Using cached pytz-2017.3-py2.py3-none-any.whl
Installing collected packages: pytz, Django
Successfully installed Django-2.0 pytz-2017.3
```

12장에서는 Django 2.0을 사용한다. 프로젝트를 시작하려면 최신 버전의 Django 2를 사용한다. https://www.djangoproject.com/에서 Django 2.0 문서를 확인할 수 있다.

 가상 환경을 사용하는 경우 각 환경에 관해 특정 버전의 Django를 지정할 수 있다. 그렇지 않고 여러 버전의 파이썬이 설치돼 있다면 올바른 pip 버전을 사용해 파이썬 3 폴더 구조 내에 Django를 설치한다.

PostGIS와 psycopg2 설치하기

12장에서는 PostGIS를 사용할 것이다. 설치된 PostGIS가 없는 경우, PostgreSQL에 공간 확장 추가 기능을 설치하는 방법을 설명한 7장, '지오데이터베이스로 지오프로세싱'을 참조한다. 또한 다음 코드를 사용해 psycopg2 모듈을 설치한다.

```
C:\Python36\Scripts>pip install psycopg2
```

데이터베이스 생성하기

Chapter12_0.py 스크립트를 통해 데이터베이스 테이블을 생성할 수 있다. chapter12라는 PostgreSQL 데이터베이스를 생성하고 새 데이터베이스에 공간 기능을 추가했다. 아래 연결 설정에서 자격증명, (필요한 경우) 호스트 및 포트를 조정한다. psycopg2 및 connect 함수를 사용해 데이터베이스 서버에 연결하는 connection 클래스를 생성한다. 이 클래스는 cursor 객체를 생성하는 cursor 함수를 가지며 SQL문을 실행할 수 있다. 이 절에서 데이터베이스를 생성한다.

```
import psycopg2
connection = psycopg2.connect(host='localhost',
user='{user}',password='{password}', port="5432")
connection.autocommit = True
cursor = connection.cursor()
cursor.execute('CREATE DATABASE chapter12')
```

지리공간 데이터베이스를 만들려면 PostGIS 공간 추가 기능 설치 여부를 확인한다. 새 데이터베이스에 연결하고 데이터베이스에 공간 기능 테이블을 추가하는 다음 SQL문을 전달한다.

```
import psycopg2
connection = psycopg2.connect(dbname='chapter12', host='localhost', user='{user}',
password='{password}', port="5432")
cursor = connection.cursor()
connection.autocommit = True
cursor.execute('CREATE EXTENSION postgis')
connection.close()
```

이제 PostGIS 데이터베이스가 생성되고 공간 기능이 활성화됐다

GDAL/OGR

Django의 내장형 지리공간 지원은 OSGeo^Open Source Geospatial Foundation에서 이용할 수 있는 코드 라이브러리를 사용해야 한다. OGR을 포함하는 GDAL 라이브러리는 벡터 및 래스터 데이터셋을 다룬다. 이 라이브러리는 반드시 설치해야 하고, 5장, '벡터 데이터 분석'과 6장, '래스터 데이터 처리'에서 분석에 관한 자세한 내용을 참고한다. 아직 설치되지 않은 경우 https://trac.osgeo.org/osgeo4w/에서 OSGeo4W 설치 프로그램을 사용한다. 시스템에 맞는 설치 프로그램을 선택한다. 설치 프로그램은 QGIS와 GRASS

그리고 다른 오픈소스 지리공간 프로그램도 설치한다. 설치 프로그램을 다운로드해 실행하고 출력 파일을 로컬 드라이브에 저장한다. 이 파일 경로(예: C:\OSGeo4W)는 윈도우 환경변수를 수정할 때 중요하다.

 리눅스 및 MacOS에서 GeoDjango를 구성하는 설치 지침은 다음 링크를 확인한다. https://docs.djangoproject.com/en/2.0/ref/contrib/gis/install/

윈도우 환경변수 수정하기

윈도우 내의 시스템 경로 및 기타 환경변수를 편집하려면 관리 권한이 필요하다. 편집 단계는 다음과 같다.

1. 관리자 권한 계정으로 로그인한다.
2. 윈도우 탐색기를 열고 왼쪽 창에서 PC 아이콘을 마우스 오른쪽 버튼으로 클릭한다.
3. 컨텍스트 메뉴에서 Properties를 선택한다.
4. Advanced system settings를 클릭한다.
5. 다음 메뉴에서 Environment Variables를 클릭한다.
6. 시스템 변수에서 Path를 선택하고 Edit를 클릭하거나 경로값을 두 번 클릭한다
7. OSGeo4W의 bin 폴더를 파일 경로(예: C:\OSGeo4W\bin)를 경로에 추가한다.

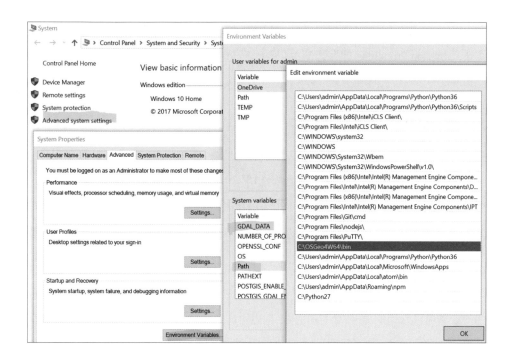

 이 예에서 파이썬 3.6 폴더는 경로 환경변숫값의 위치 때문에 파이썬 3.6 뒤에 파이썬 2.7이 경로에 추가됐다. 이는 명령행에 파이썬을 입력하면 파이썬 3.6이 실행됨을 의미한다.

GDAL_DATA 변수와 PROJ_LIB 변수가 필요하다. PostGIS가 설치된 경우 이미 GDAL_DATA 변수가 생성됐지만, 없다면 시스템 변수 상자 아래에 있는 New 버튼을 클릭한다. 변수 이름(GDAL_DATA)과 변숫값(예: C:\OSGeo4W64\share\gdal)을 추가한다.

동일한 방법으로 PROJ_LIB 변수를 추가한다.

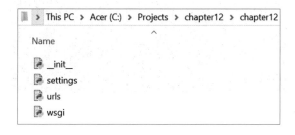

새 변수를 저장하려면 OK를 클릭하고, 첫 번째 설정 대화상자를 나오려면 다시 OK를 클릭하고 System Properties 메뉴를 닫는다.

프로젝트와 애플리케이션 생성하기

이제 Django가 설치됐으니 프로젝트를 만들어보자. Django는 명령행 인수를 허용하는 스크립트가 관리하는 두 가지 레벨이 있다. 이 두 레벨은 프로젝트와 애플리케이션이다. 프로젝트에는 많은 애플리케이션이 있을 수 있고, 때로는 애플리케이션에 여러 개의 프로젝트가 있을 수 있다. 이 구조는 프로젝트 레벨 코드의 적용을 받는 관련 애플리케이션 간의 코드를 재사용할 수 있도록 한다.

Django는 프로젝트 생성을 통제하기 위해 관리 파일인 django-admin.py를 사용한다. 파이썬 3 폴더의 Scripts 폴더에 설치된다. 일반적으로 django-admin.py 파일을 새 프로젝트 폴더로 복사하고, 프로젝트 폴더에서 작업하면서 필요한 명령행 인수를 전달하지만, Scripts 폴더가 경로 환경변수에 포함된 경우 명령행에서 호출할 수도 있다.

C:\Projects와 같이 프로젝트의 폴더를 만들고, django-admin.py를 복사한다.

명령행 인수 startproject

명령행 인수는 django-admin.py로 startproject를 만드는 데 사용된다. 프로젝트를 생성하려면 명령 프롬프트를 열고 이전에 생성한 폴더로 이동한다. django-admin.py에 startproject와 chapter12를 전달해 이 폴더에 프로젝트를 만든다.

startproject는 무엇을 만드는가?

django-admin.py에 startproject 및 chapter12 두 개의 인수를 전달해서 다수의 스크립트와 하위 폴더를 만들었다. 루트 폴더는 chapter12이며, manage.py라는 중요한 스크립트와 프로젝트 폴더인 chapter12 폴더를 포함하고 있다.

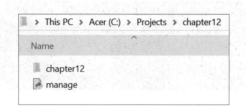

프로젝트 폴더 안에는 settings.py와 urls.py를 포함한 몇 가지 중요한 스크립트가 있다.

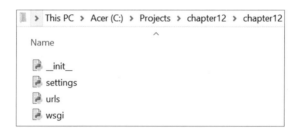

이 파일들은 기본 플레이스홀더로, 프로젝트와 애플리케이션을 구성하기 위해 준비돼 있다. 진행하면서 프로젝트의 세부 사항과 함께 setting.py와 urls.py도 편집한다. 세 번째 파일인 wsgi.py는 웹 애플리케이션 배포에 사용된다.

manage.py로 애플리케이션 생성하기

이제 root 폴더, Projects 폴더 및 관련 스크립트가 생성됐다. root 폴더 안에는 애플리케이션 및 프로젝트의 설정 및 관리에 사용되는 manage.py가 있다. 이 절에서는 manage.py와 명령행 인수 startapp을 사용해 애플리케이션을 만든다.

명령 프롬프트를 사용해 디렉터리를 루트 폴더로 이동한다. `django-admin.py`와 다르게 파이썬 실행 파일에 인수를 전달해 `manage.py`를 실행해야 한다. 다음과 같이 `manage.py`에 인수 `startapp`과 애플리케이션의 이름 `arenas`를 전달한다.

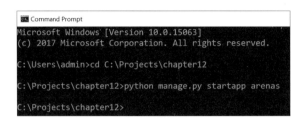

manage.py는 무엇을 만드는가?

`startapp arenas` 명령을 `manage.py`에 전달해 arenas 폴더를 만들었다. 모든 애플리케이션은 root 폴더내 project 폴더에 생성된다.

폴더 안에는 나중에 설정하고 추가할 자동 생성된 스크립트가 들어 있다. 또한 migrations 폴더가 있는데, Django에서 데이터베이스를 편집하는 스크립트를 저장하는 데 사용된다. 스크립트 `admin.py`, `models.py` 및 `views.py`는 12장에서 사용한다.

346

settings.py 설정하기

프로젝트와 새로운 애플리케이션이 생성되면, GeoDjango를 사용하기 위한 다음 단계는 프로젝트 폴더에 포함된 settings.py를 설정하는 것이다. 데이터베이스 연결에 관한 세부 사항(사용자, 암호, 데이터베이스 이름 등)을 추가하고 INSTALLED_APPS 설정을 조정한다.

새 데이터베이스 연결 추가하기

IDLE이나 다른 IDE를 사용해 chapter12 프로젝트 폴더의 settings.py를 연다. 아래로 스크롤해 DATABASES 변수로 이동한다. 로컬 SQLite 데이터베이스로 설정된 이 변수는 PostGIS 확장을 사용해 PostgreSQL로 조정한다.

기본은 다음과 같다.

```
DATABASES = {
    'default': {
        'ENGINE': 'django.db.backends.sqlite3',
        'NAME': os.path.join(BASE_DIR, 'db.sqlite3'), }
}
```

이제 3장, '지리공간 데이터베이스 소개'의 PostGIS 설치 부분을 참고해 username과 password를 대체해 다음 항목으로 변경한다.

```
DATABASES = {
    'default': {
        'ENGINE': 'django.contrib.gis.db.backends.postgis',
            'NAME': 'chapter12',
            'USER': '{username}',
            'PASSWORD': '{password}',
        'HOST': '127.0.0.1',
            'PORT':'5432'
    },
}
```

또한 HOST 옵션에 localhost를 나타내는 빈 문자열을 사용할 수 있다. 만약 PostSQL이 다른 시스템에 설치된 경우 HOST 옵션을 데이터베이스 서버의 IP 주소로 조정한다. 다른 포트에 있는 경우 PORT 옵션을 조정한다.

스크립트를 저장하고 종료하진 않는다.

새로 설치된 앱 추가하기

settings.py에서 변수 INSTALLED_APPS을 찾는다. 여기에는 애플리케이션을 지원하는 데 사용되는 내장 핵심 애플리케이션이 나열돼 있다. 여기에 내장된 Django GIS 애플리케이션 django.contrib.gis 그리고 새로운 애플리케이션인 arenas를 추가한다.

INSTALLED_APPS는 리스트이며 편집할 수 있다. 초기 INTALLED_APPS는 다음과 같다.

```
INSTALLED_APPS = [
    'django.contrib.admin',
    'django.contrib.auth',
    'django.contrib.contenttypes',
    'django.contrib.sessions',
    'django.contrib.messages',
    'django.contrib.staticfiles',
]
```

다음과 같이 편집한다.

```
INSTALLED_APPS = [
        'django.contrib.admin',
        'django.contrib.auth',
        'django.contrib.contenttypes',
        'django.contrib.sessions',
        'django.contrib.messages',
        'django.contrib.staticfiles',
        'django.contrib.gis',
        'arenas',
 ]
```

settings.py를 저장하고 스크립트를 닫는다. 이제 사용자 정의 arenas 앱과 Django GIS 라이브러리를 설치된 앱 패키지 관리자에 추가해 GeoDjango를 설정했다. 다음으로, manage.py와 OGR을 사용해 쉐이프파일을 읽고 데이터 모델을 자동으로 생성한다.

▌ 애플리케이션 만들기

이 애플리케이션은 데이터베이스 테이블의 지오메트리 필드를 사용해 지리공간 분석을 수행한다. 이를 위해 쉐이프파일과 LayerMapping 내장 메서드를 사용해 데이터베이스 테이블을 만들고 채워야 한다. 완료된 애플리케이션은 요청을 처리하고 응답을 반환할 뷰와 URL을 연결하기 위해 URL 패턴 매칭이 필요하다. 템플릿은 처리된 데이터를 브라우저에 전달하는 데 사용된다. 뷰는 POST와 GET 요청을 모두 처리하고 다른 뷰로 리디렉션하도록 개발한다.

이제 GeoDjango를 설정했으므로 NBA Arenas 애플리케이션을 manage.py라는 Django 프로젝트 관리 스크립트를 사용해 만들 수 있다.

manage.py

manage.py 스크립트는 프로젝트를 설정하고 관리하는 데 도움이 되는 많은 작업을 수행한다. 테스트 목적으로, 로컬 웹 서버를 만들 수 있다(runserver를 인수로 사용). 데이터베이스 스키마 마이그레이션을 관리하며(makemigration 및 migrate를 사용), 테스트 등을 위한 내장 파이썬 3 셸(셸 사용)이 있다.

```
C:\Projects\chapter12>python manage.py shell
Python 3.6.3 (v3.6.3:2c5fed8, Oct  3 2017, 18:11:49) [MSC v.1900 64 bit (AMD64)] on win32
Type "help", "copyright", "credits" or "license" for more information.
(InteractiveConsole)
>>>
```

이 절에서는 데이터 및 스키마 소스로 쉐이프파일을 사용하고 데이터베이스 테이블을 만들고 채우기 위해 manage.py를 사용한다.

데이터 모델 생성하기

GeoDjango를 설정한 후 manage.py에서 사용할 수 있는 새로운 함수 ogrinspect는 자동으로 지오메트리 칼럼이 있는 데이터 테이블 모델을 models.py에 배치할 수 있다.

Django의 내장 기능은 OGR을 사용해 쉐이프파일 데이터를 검사하거나 읽어서 파이썬 클래스 데이터 모델과 쉐이프파일 필드 이름과 데이터베이스 칼럼 사이를 매핑하는 매핑 딕셔너리를 만든다.

이 절에서는 11장, 'Flask와 GeoAlchemy2'에서 다운로드한 쉐이프파일을 사용한다. 또한 코드 패키지에서 사용할 수 있다. 4개의 쉐이프파일과 관련 파일들을 arenas 애플리케이션 폴더 내의 data 폴더에 복사한다.

명령 프롬프트를 열고 프로젝트 폴더로 이동한다. 4개의 쉐이프파일(Arenas_NBA.shp, US_states.shp, US_county_boundaries.shp, commission_Districts.shp)이 있는 data 폴더를 검사하고 manage.py를 사용해 데이터 모델을 생성한다. 결과는 models.py에 복사된다. 이 모델에서 데이터베이스 테이블을 생성한 후에 필드 매핑 딕셔너리를 사용해 테이블이 채워진다.

```
C:\Projects\chapter12>python manage.py ogrinspect arenas\data\Arenas_NBA.shp
Arenas --srid=4326 --mapping
```

이 명령은 지오메트리 열과 4326 SRID를 가진 데이터 모델을 생성한다. --mapping 옵션으로 생성된 필드 매핑 딕셔너리는 키(데이터 모델 열 이름)와 값(모형 파일 필드 이름)을 매핑하는 파이썬 딕셔너리다. 다음은 출력된 일부분이다.

```
C:\Projects\chapter12>python manage.py ogrinspect arenas\data\Arenas_NBA.shp Arenas --srid=4326 --mapping
# This is an auto-generated Django model module created by ogrinspect.
from django.contrib.gis.db import models

class Arenas(models.Model):
    sector = models.CharField(max_length=30)
    subsector = models.CharField(max_length=22)
    primary_ty = models.CharField(max_length=45)
    date_creat = models.CharField(max_length=15)
    date_modif = models.CharField(max_length=24)
    comp_affil = models.CharField(max_length=29)
    name1 = models.CharField(max_length=66)
```

import 라인, 데이터 모델 및 필드 매핑 딕셔너리를 포함한 출력을 arenas\models.py로 복사한다. models.py의 자동 생성된 import 라인 위에 데이터 모델 클래스 정의를 복사한다.

 TIP 명령 프롬프트 기본값에서 Quick Edit 옵션을 켜면 명령행에서 복사가 쉽다. 옵션을 켰다면 마우스를 끌어서 텍스트를 선택한다. 텍스트 블록이 선택되면 Enter를 누른다.

멀티폴리곤

멀티폴리곤 지오메트리 타입을 가진 다른 세 가지 형상 파일에 관해서는 manage.py에 ogrinspect와 인수 -multi를 전달한다. 이 옵션을 사용해 데이터 모델에 멀티폴리곤 지오메트리 칼럼을 생성한다.

이 명령은 US_States.shp 파일에서 데이터 모델을 생성한다.

```
C:\Projects\chapter12>python manage.py ogrinspect arenas\data\US_States.shp
US_States \
    --srid=4326 --mapping --multi
```

결과는 다음과 같다.

```python
# ogrinspect로 자동 생성된 Django 모델 모듈
from django.contrib.gis.db import models
class US_States(models.Model):
    stfips = models.CharField(max_length=2)
    state = models.CharField(max_length=66)
    stpostal = models.CharField(max_length=2)
    version = models.CharField(max_length=2)
    dotregion = models.IntegerField()
    shape_leng = models.FloatField()
    shape_area = models.FloatField()
    geom = models.MultiPolygonField(srid=4326)
# US_States 모델용 자동 생성된 'LayerMapping' 딕셔너리
    us_states_mapping = {
    'stfips': 'STFIPS',
    'state': 'STATE',
    'stpostal': 'STPOSTAL',
    'version': 'VERSION',
    'dotregion': 'DotRegion',
    'shape_leng': 'Shape_Leng',
    'shape_area': 'Shape_Area',
    'geom': 'MULTIPOLYGON',
}
```

데이터 모델과 필드 매핑 딕셔너리를 포함해 출력을 models.py로 복사한다. manage.py (즉, shapefile name 및 table name)로 인수를 조정해 카운티 및 디스트릭트 쉐이프파일에 관해 이 과정을 반복하고 모델이 추가되면 models.py를 저장한다.

데이터베이스 마이그레이션

Django는 데이터베이스 마이그레이션 개념을 사용해 데이터베이스의 변경 내용을 기록하고 실행한다. 이러한 변경에는 테이블 생성과 스키마 변경이 포함된다.

이제 데이터 모델을 생성했으니 모델 변경을 위해 models.py를 검사하고 데이터베이스 변경을 생성하기 위한 SQL 구문을 계산한 다음, 데이터베이스 테이블 열이 models.py 코드 정의와 일치하기 위해 필요한 마이그레이션을 실행하는 것이 포함된다. 이 마이그레이션은 되돌릴 수 있다.

makemigrations

마이그레이션을 시작하려면 makemigrations를 manage.py로 전달한다. 이 인수에서는 models.py의 내용을 검사해 마이그레이션 프로세스를 시작한다. 모든 파이썬 클래스 데이터 모델을 읽고 해당 SQL을 생성한다.

```
C:\Projects\chapter12>python manage.py makemigrations
Migrations for 'arenas':
  arenas\migrations\0001_initial.py
    - Create model Arenas
    - Create model Counties
    - Create model Districts
    - Create model US_States
```

새 스크립트가 생성돼 migrations 폴더에 추가된다. 이 초기 데이터베이스 마이그레이션 스크립트는 Migration 클래스를 생성하고 CreateModel 메서드를 사용한 여러 마이그레이션 작업을 포함한다. 이러한 마이그레이션 생성 작업은 chapter12 데이터베이스에 새로운 테이블을 생성한다. Migration 클래스에 필드를 추가하거나 제거해야 할 때 테이블을 변경하는 방법도 있다.

sqlmigrate

sqlmigrate 명령을 사용해 makemigrate 작업에서 생성된 SQL문을 확인한다. manage.py에 sqlmigrate, 애플리케이션 레이블(arenas) 및 마이그레이션 이름(0001)을 전달하면 출력은 다음과 같다.

```
C:\Projects\chapter12>python manage.py sqlmigrate arenas 0001
BEGIN;
--
-- Create model Arenas
--
CREATE TABLE "arenas_arenas" ("id" serial NOT NULL PRIMARY KEY, "sect
or" varchar(30) NOT NULL, "subsector" varchar(22) NOT NULL, "primary_
ty" varchar(45) NOT NULL, "date_creat" varchar(15) NOT NULL, "date_mo
```

모든 데이터 모델은 SQL로 변환됐으며, 기본 키와 필드 길이에 관한 정의가 자동으로 추가됐다.

migrate

마이그레이션 스크립트가 생성되면 마침내 데이터베이스 마이그레이션을 수행할 수 있다. 이 작업은 settings.py에 지정된 데이터베이스 내에서 테이블을 생성한다. manage.py에 migrate 인자를 전달한다.

C:\Projects\chapter12>python manage.py migrate

결과는 다음과 같다.

```
Operations to perform:
  Apply all migrations: admin, arenas, auth, contenttypes, sessions
Running migrations:
  Applying contenttypes.0001_initial... OK
  Applying auth.0001_initial... OK
  Applying admin.0001_initial... OK
  Applying admin.0002_logentry_remove_auto_add... OK
  Applying arenas.0001_initial... OK
  Applying contenttypes.0002_remove_content_type_name... OK
  Applying auth.0002_alter_permission_name_max_length... OK
  Applying auth.0003_alter_user_email_max_length... OK
  Applying auth.0004_alter_user_username_opts... OK
  Applying auth.0005_alter_user_last_login_null... OK
  Applying auth.0006_require_contenttypes_0002... OK
  Applying auth.0007_alter_validators_add_error_messages... OK
  Applying auth.0008_alter_user_username_max_length... OK
  Applying auth.0009_alter_user_last_name_max_length... OK
  Applying sessions.0001_initial... OK
```

데이터베이스에 테이블이 생성됐다. pgAdmin4(또는 다른 데이터베이스 GUI 도구)를 열어 데이터베이스 내의 테이블을 확인하거나 psql을 열고 명령행 인터페이스를 사용한다.

 django-admin.py와 manage.py에 사용 가능한 모든 인수를 살펴보려면 다음 링크의 문서를 참고한다.

https://docs.djangoproject.com/en/2.0/ref/django-admin/

LayerMapping

쉐이프파일에서 생성된 데이터베이스 테이블을 채우기 위해 Django는 `LayerMapping`이라는 내장 개념이 있다. `manage.py`에서 생성된 필드 매핑 딕셔너리를 사용해 `django.contrib.gis.utils`의 `LayerMapping` 클래스와 함께 사용하면 쉐이프파일에 포함된 데이터를 추출해 데이터베이스 테이블에 로드할 수 있다.

`LayerMapping` 인스턴스를 인스턴스화하려면 데이터 모델, 관련 필드 매핑 및 쉐이프파일의 위치를 클래스로 전달한다.

`load.py`라는 새 파일을 만들어 Arenas 애플리케이션에 저장한다. 파일에 다음 코드를 추가한다.

```
import os
from django.contrib.gis.utils import LayerMapping
from .models import US_States, Counties, Arenas, Districts
```

`models.py`를 열고 모든 필드 매핑 딕셔너리를 `load.py`에 복사한다. 그런 다음 os 모듈을 사용해 변수에 쉐이프파일 경로를 할당한다. 다음은 US_County_Boundary.shp용 딕셔너리와 경로 변수다.

```
us_counties_mapping = {
'stfips' : 'STFIPS', 'ctfips' : 'CTFIPS', 'state' : 'STATE', 'county' :
```

```
'COUNTY',
'version' : 'VERSION', 'shape_leng' : 'Shape_Leng', 'shape_area' :
'Shape_Area', 'geom' : 'MULTIPOLYGON'
}
counties_shp = os.path.abspath(os.path.join(os.path.dirname(__file__),
'data','US_County_Boundaries.shp'),
)
```

코드 패키지에 제공된 load.py에 설명된 대로 모든 쉐이프파일에 이 단계를 반복한다. 이러한 경로 변수와 매핑 딕셔너리는 레이어 매핑에 필요하다.

레이어 매핑 실행하기

load.py의 하단에 다음 코드가 포함된 run 함수를 만든다. 매핑의 이름(예: us_states_mapping)은 딕셔너리 이름과 일치해야 한다는 점에 주의한다.

```
def run(verbose=True):
    lm = LayerMapping(
        US_States, states_shp, us_states_mapping,
        transform=False, encoding='iso-8859-1',
    )
    lm.save(strict=True, verbose=verbose)
    lm = LayerMapping(
        Counties, counties_shp, us_counties_mapping,
        transform=False, encoding='iso-8859-1',
    )
    lm.save(strict=True, verbose=verbose)
    lm = LayerMapping(
        Districts, districts_shp, districts_mapping,
        transform=False, encoding='iso-8859-1',
    )
    lm.save(strict=True, verbose=verbose)
    lm = LayerMapping(
        Arenas, arenas_shp, arenas_mapping,
        transform=False, encoding='iso-8859-1',
    )
    lm.save(strict=True, verbose=verbose)
```

스크립트를 실행하기 위해, manage.py를 사용한다. 인수를 사용해 파이썬 셸을 호출한 다음 load.py 파일을 가져와 로컬 셸 내에서 run 함수를 실행한다.

```
>>> from arenas import load
>>> load.run()
```

run 함수를 호출해 실행하면 쉐이프파일의 데이터 행을 데이터베이스 테이블로 가져 온다.

```
C:\Projects\chapter12>python manage.py shell
Python 3.6.3 (v3.6.3:2c5fed8, Oct  3 2017, 18:11:49) [MSC v.1900 64 bit (AMD64)] on win32
Type "help", "copyright", "credits" or "license" for more information.
(InteractiveConsole)
>>> from arenas import load
>>> load.run()
Saved: US_States object (1)
Saved: US_States object (2)
Saved: US_States object (3)
Saved: US_States object (4)
Saved: US_States object (5)
```

함수가 성공적으로 완료되면 데이터베이스 테이블이 채워진다. 이제 내장된 관리 패널 인 Django의 매우 유용한 기능을 살펴볼 수 있다.

관리 패널

Django 프레임워크는 혼잡한 뉴스룸 환경에서 개발됐다. 처음부터 기자와 편집자가 자 신들의 기사에 접근할 수 있는 내장된 관리 패널이 필요했다.

이 개념은 대부분의 웹사이트가 관리 작업을 위한 인터페이스를 요구하기 때문에 계속 지원돼 왔다. 이는 매우 유용하고 편리한 인터페이스로, 사용하는 사이트에 관한 기술 적 지식은 필요 없다.

GeoDjango 관리 패널

GeoDjango로 구축된 웹사이트도 다르지 않으며, GeoDjango 웹사이트 관리 패널은 지오메트리 데이터의 표시와 편집까지 지원한다. OpenLayers JavaScript 라이브러리는 데이터 시각화가 가능하도록 패널 템플릿에 포함돼 있다. 또한 그룹이나 사용자 편집과 같은 정상적인 관리 업무와 권한도 허용한다.

admin.py

관리 패널을 통해 models.py에 저장된 데이터 모델에 액세스하려면 Arenas 애플리케이션 내에서 자동 생성된 admin.py 스크립트를 업데이트해야 한다. IDE에서 파일을 열고 다음 코드를 추가해 원본 코드에 복사한다.

```
from django.contrib.gis import admin
from .models import US_States, Counties, Arenas, Districts
admin.site.register(US_States, admin.GeoModelAdmin)
admin.site.register(Counties, admin.GeoModelAdmin)
admin.site.register(Arenas, admin.GeoModelAdmin)
admin.site.register(Districts, admin.GeoModelAdmin)
```

스크립트를 저장하고 종료한다.

createsuperuser

첫 번째 단계는 슈퍼유저를 만드는 것이다. 이 사용자는 관리 패널에 접근할 수 있다. 이를 위해 createsuperuser 인수를 manage.py에 전달하고 지시 사항을 하나씩 표시한다.

```
C:\Projects\chapter12>python manage.py createsuperuser
Username: loki
Email address: email@server.com
Password:
Password (again):
Superuser created successfully.
```

슈퍼유저는 이제 제공된 암호와 사용자 이름을 사용해 관리 패널에 로그인할 수 있다.

runserver

슈퍼유저가 생성되면 manage.py에 runserver를 인수를 전달해 로컬 웹서버를 시작한다.

```
C:\Projects\chapter12>python manage.py runserver
Performing system checks...

System check identified no issues (0 silenced).
December 19, 2017 - 13:01:24
Django version 2.0rc1, using settings 'chapter12.settings'
Starting development server at http://127.0.0.1:8000/
Quit the server with CTRL-BREAK.
```

localhost가 기본적으로 포트 8000에서 열린다(http://127.0.0.1:8000). 관리 패널은 http: //127.0.0.1:8000/admin에서 사용할 수 있다. 웹 브라우저를 열고 관리 패널 URL로 이동한 후 슈퍼유저 정보를 입력한다.

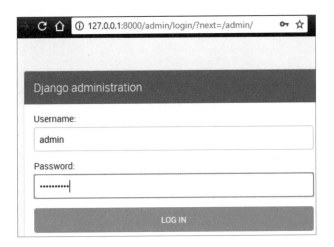

정보를 입력하면, 관리 패널에 사용 가능한 모델과 인증 및 권한 섹션이 표시된다. 이 모델은 처음에 이름 끝에 s가 함께 표시된다. 비록 여기서 이 작업에 중점을 두지 않지만, 이 작업은 무시할 수 있다.

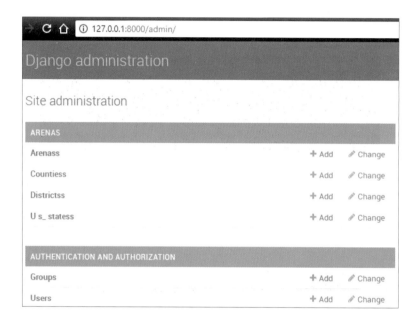

ARENAS 아래의 U_s_statess 모델을 클릭한 다음 상태 객체 목록에서 첫 번째 객체를 클릭하면 다음과 같이 나타난다.

이 필드는 관리 패널을 통해 편집할 수 있으며, 심지어 주의 지오메트리(또는 이 경우 푸에르토리코)도 포함된 OpenLayers 편집 플러그인을 사용해 편집할 수 있다. 편집 후 Save를 누른다. 이 인터페이스에서 데이터 행을 삭제할 수도 있다.

> 다음 링크에서 전체 관리 패널 문서를 살펴본다.
> https://docs.djangoproject.com/en/2.0/ref/contrib/admin/

URLs

마지막으로, HTML 폼 섹션 내에서 설명과 드롭다운 목록으로 이동하고 인증에 필요한 숨겨진 토큰(CSRF)을 포함할 위치를 지정한다. 모델이 생성되고 데이터가 관련 테이블에 추가되면 웹 요청을 처리하고 요청을 완료하는 데 필요한 데이터를 반환하는 뷰를 생성할 시점이다.

요청을 올바르게 라우팅하려면 먼저 뷰와 쌍을 이룰 URL을 생성한다. 이를 위해서는 프로젝트 레벨과 애플리케이션 레벨 구성이 모두 필요하다. Flask와 달리, URL은 파이썬 데코레이터를 사용하는 뷰에 포함되지 않는다. 그 대신 애플리케이션이나 뷰에 매핑될 별도의 스크립트에 포함된다.

URL 패턴

Django URL 패턴은 매우 깨끗하고 간단하며 URL이 짧고 기억에 남는 멋진 웹사이트를 만든다. 이를 가능하게 하기 위해 요청된 URL과 뷰(또는 뷰와 일치하는 애플리케이션 수준 URL)를 일치시킨다. URL과 목적지는 urlpatterns라고 부르는 리스트 안에서 일치한다.

프로젝트 폴더(C:\Projects\chapter12\chapter12)의 settings.py 바로 아래에 urls.py 스크립트가 있다. 이 스크립트는 프로젝트 레벨의 URL 라우팅을 제어한다. 이 애플리케이션의 경우, arenas 폴더 안에 애플리케이션 레벨 URL을 추가하고 애플리케이션 URL에 프로젝트 레벨 URL 라우팅을 지정한다.

프로젝트 레벨 urls.py를 열고 기존 코드 위에 다음 코드를 복사한다.

```
from django.urls import include, path
from django.contrib.gis import admin
urlpatterns = [
  path('', include('arenas.urls')),
  path('arena/', include('arenas.urls')),
  path('admin/', admin.site.urls),
]
```

이 코드는 요청을 애플리케이션 레벨 urls.py 파일의 두 개의 다른 URL로 리디렉션하며, 추가로 요청을 더 정렬할 수 있다. 관리 URL로 전송되는 모든 요청은 관리 코드에 의해 처리된다.

path 함수는 URL 경로(예: http://127.0.0.1:8000/arenas로 가는 'arenas/')와 요청을 수락할 뷰 또는 애플리케이션 레벨 코드 등 두 가지 필수 매개변수를 허용한다. include 함수는 Arenas 애플리케이션에서 사용 가능한 URL을 프로젝트 레벨 URL에 추가하는 데 사용한다.

애플리케이션 레벨 URL을 생성하려면 Arenas 애플리케이션 폴더 내에 urls.py 스크립트를 생성하고 다음 코드를 복사한다.

```python
from django.urls import path
from . import views
urlpatterns = [
    path('', views.index, name='index'),
    path('arena', views.arena, name='arena'),
]
```

이번에는 path 함수가 views.py 스크립트 내부 뷰로 요청을 보낸다. 기본 URL과 arena URL은 모두 뷰로 리디렉션된다. 선택적 파라미터 이름 또한 포함된다.

Django 2.0에서는 Django URL 패턴의 큰 변화가 도입됐다는 점에 유의한다. 이전의 Django 버전은 path 함수를 사용하지 않고 url이라는 유사한 함수를 사용한다. 최신 버전의 Django를 사용하고 있는지 확인한다.

뷰

뷰는 애플리케이션의 핵심이며 Django에서는 파이썬 함수의 형태를 취한다. GET과 POST 웹 요청을 모두 수용하며 다양한 응답과 함께 동일한 함수 내에서 다중 작업을 허용한다. 뷰 함수에서 요청을 분석하는 방법, 데이터베이스 테이블 쿼리 방법, 쿼리 결과(Django의 QuerySets)의 처리 방법, 처리된 데이터와 함께 브라우저로 전송되는 폼 및 템플릿을 설계한다.

이제 URL 패턴이 갖춰졌으니 URL로 전송된 웹 요청을 수용하고 처리할 몇 가지 뷰를 작성해야 한다. 이러한 뷰는 models.py의 데이터베이스 테이블 모델 클래스를 쿼리해 Arenas 클래스에 포함된 각 NBA 경기장과 관련된 위치 데이터를 찾는다.

필수 폴더와 파일

첫 번째 단계는 폼 및 템플릿 파일이 있는 필수 폴더를 만드는 것이다. 뷰에서 웹 응답에는 요청된 데이터를 보여줄 수 있는 미리 생성된 템플릿이 필요하기 때문이다(이 경우 NBA 경기장의 위치가 요청됨).

forms.py

Django에서는 웹 폼을 사용해 사용자 입력을 뷰에 제출한다. 드롭다운 목록에서 NBA 경기장 이름을 선택하고 웹 맵을 해당 위치로 확대하려면 새 스크립트인 forms.py를 만들어야 한다. IDE를 열고 다음 코드를 새 파일에 복사한다.

```
from django import forms
from .models import Arenas
class ArenaForm(forms.Form):
    name = ""
    description = "Use the dropdown to select an arena."
    selections =
    forms.ChoiceField(choices=Arenas.objects.values_list('id','name1'),
                            widget=forms.Select(),required=True)
```

이 절에서 forms.Form에서 서브클래싱을 통해 폼 클래스를 만든다. name 필드, description 필드, ChoiceField가 있다. ChoiceField는 해당 영역의 ID와 이름으로 채워지는 드롭다운 목록을 만든다. 다른 필드는 뷰 내에서 ArenaForm 클래스에 추가되며 여기서 정의하지 않는다. 이 폼과 필드는 다음 절에서 작성한 템플릿에 삽입된다. 이 파일을 forms.py로 Arenas 애플리케이션 폴더에 저장한다.

템플릿 폴더

template 폴더를 완성된 코드 패키지에서 Arenas 애플리케이션 폴더로 복사한다. template 폴더 안에는 arenas라는 폴더가 있고 index.html 템플릿 HTML 파일이 있다. 이 파일은 웹 지도를 생성하는 자바스크립트 부분을 포함한다. 그 지도에는 NBA 경기장의 위치가 표시돼 있다.

Django 템플릿은 런타임에 데이터를 템플릿으로 전달하는 {{form.field}} 형식으로 표시되는 플레이스홀더를 사용해 요청의 구체적인 내용을 제공한다. 이러한 플레이스홀더는 index.html 전체에 걸쳐 존재한다. Django에서 사용할 고유의 템플릿 언어가 내장돼 있으며, Flask에서 사용하는 Jinja2도 포함돼 있다.

index.html의 첫 번째 부분은 현재 NBA 경기장의 경도와 위도가 Leaflet 자바스크립트에 추가돼 확대/축소 레벨 13으로 해당 위치의 지도 창을 중심으로 하는 부분이다.

```
var themap = L.map('map').setView([ {{form.latitude}}, {{form.longitude}}], 13);
```

다음으로 강조해야 할 부분은 현재 NBA 경기장에 관한 경도, 위도 및 사용자 지정 팝업을 마커에 추가하는 부분이다.

```
L.marker([ {{form.latitude}},{{form.longitude}}]).addTo(themap)
.bindPopup("{{form.popup}}").openPopup();
```

마지막으로 HTML 폼 섹션 내에서 description과 드롭다운 목록에서 갈 곳을 지정하고 POST 요청의 인증에 필요한 숨겨진 토큰(CSRF)을 포함한다. 버튼은 input 태그에 의해 생성된다.

```
<form method="post" class="form">
    <h3>{{form.name}}</h3>
    <h4>{{form.description}}</h4>
  {{form.selections}}
  <br>
  <input type="submit" value="Find Data">
  {% csrf_token %}
</form>
```

이 모든 플레이스홀더는 뷰가 처리되고 데이터가 요청된 브라우저로 반환될 때 채워진다.

뷰 작성하기

마침내 뷰를 개발할 모든 준비가 됐다. IDE 내의 Arenas 애플리케이션 폴더에서 views. py를 연다. 필요한 라이브러리, 모델, 폼 그리고 모듈을 가져온다.

```
from django.shortcuts import render, redirect
from django.http import HttpResponse, HttpResponseNotFound
from .models import US_States, Counties, Districts, Arenas
from .forms import ArenaForm
from django.views.decorators.http import require_http_methods
import random
```

다음으로 index, arena 두 개의 뷰를 만들고, 뷰가 아닌 queryarena 함수를 하나 만든다. 이들은 urls.py에 추가한 URL과 일치한다. index 함수에서 반환하는 것은 매우 간단하며 arena 함수로 리디렉션된다. 뷰의 경우, 허용된 HTTP 요청 메서드를 결정하기 위해 데코레이터를 사용한다.

인덱스 뷰

index 뷰는 허용된 HTTP 요청을 제한하기 전에 데코레이터(require_http_methods)를 사용해 요청 데이터를 수용해 arena 뷰로 리디렉션하는 파이썬 함수다.

```
@require_http_methods(["GET", "POST"])
def index(request):
        return redirect(arena)
```

queryarena 함수

아래의 arena 함수는 초기 GET 요청에 관한 임의의 경기장을 선택해 선택된 NBA 경기장에 관한 데이터베이스 모델로부터 데이터를 가져온다. 쿼리 자체는 queryarena 함수에 의해 처리된다. 이 함수는 선택된 경기장의 명칭을 파라미터로 허용한다. 이것은 모든 아레나 모델 객체를 쿼리(또는 필터링)하는 데 사용된다. 이 ORM^Object-Relational Mapping 필터 방법에는 필드가 매개변수로 필요하며, 이 경우 필드를 name1이라고 한다.

filter가 하는 일의 예로 만약 경기장의 이름이 오라클이라면, filter는 영어로 번역된 오라클 아레나라는 이름을 가진 모든 NBA 경기장을 찾는다. filter 함수의 결과는 리스트로 반환되므로, 인덱스 0을 사용해 목록에서 첫 번째 결과를 검색한다. 결과는 filter 파라미터를 만족한 Arenas 클래스의 데이터 행을 나타내는 객체다.

```
def queryarena(name):
    arena = Arenas.objects.filter(name1=name)[0]
    state = US_States.objects.filter(geom__intersects=arena.geom)
    if state:
        state = state[0]
        county = Counties.objects.filter(geom__contains=arena.geom)[0]
        district = Districts.objects.filter(geom__contains=arena.geom)[0]
        popup = "This arena is called " + arena.name1 + " and it's located at "
        popup += str(round(arena.geom.x,5))+ "," + str(round(arena.geom.y,5) )
        popup += "It is located in " +state.state + " and in the county of " + county.
county
```

```
        popup += " and in Congressional District " + district.district
        return arena.name1, arena.geom.y, arena.geom.x, popup
    else:
        return arena.name1, arena.geom.y, arena.geom.x, arena.name1 + " is not in the
United States"
```

일단 arena 객체가 인스턴스화되면 지오메트리 필드가 filter 연산에 사용된다. 그러나 filter는 필드를 필터링하는 대신 지리공간 분석을 사용한다.

GeoDjango에서 제공하는 geom_intersects 메서드에 arena.geom을 전달해 교차 연산을 수행해 경기장이 존재하는 주를 찾는다. if/else 조건문은 경기장이 (예를 들어 토론토의 경기장이 아닌) 미국에 위치해 있는지 확인해 반환할 정확한 값을 결정한다.

경기장이 미국 내에 위치한다면 경기장 지오메트리는 경기장을 포함하는 카운티와 디스트릭트를 결정하는 데 다시 사용된다. 이번에 지리공간 연산은 geom_contains이다. 필터는 카운티 객체와 구역 객체를 반환한다. 반환된 객체는 leafleat 지도의 지도 마커에 추가될 사용자 지정 팝업을 생성하는 데 사용된다. 이 팝업에는 경기장의 위도와 경도, 경기장 이름, 경기장이 속한 카운티, 주의 이름, 주 내의 디스트릭스 갯수가 포함돼 있다.

arena 뷰

arena 뷰는 request 객체를 허용하고 ArenaForm 객체를 인스턴스화해 request에 대응하는 데 필요한 데이터를 수집한다. Arenas 모델 객체 쿼리와 value_list 메서드는 모든 arena의 ID와 이름이 포함된 파이썬 리스트를 생성한다. request 메서드(GET 또는 POST)는 적절한 응답을 결정하기 위해 조건부로 사용된다.

GET 요청이 수신되면(즉, 웹 페이지가 처음 열림) 임의의 arena 객체가 생성돼 템플릿으로 전달되며, 이는 포함된 지도에 있는 arena를 보여준다. 임의의 arena를 얻기 위해 arena의 이름과 ID(값) 리스트를 사용한다. 일단 리스트가 생성되면 리스트 컴프리헨션은 arena 이름을 포함하는 새로운 리스트를 생성하는 데 사용된다.

random 모듈과 목록의 이름(길이)을 사용해 리스트에서 arena 이름을 선택하는 데 사용되는 랜덤 인덱스를 생성한다. 이 이름은 queryarena 함수로 전달되며, 이 함수는 arena 이름, 위치 및 팝업으로 폼을 채운다. 이러한 값은 render 함수를 사용해 브라우저로 반환된다. 이 함수는 request와 함께 forms를 템플릿에 전달하는 데 사용되며, template 폴더가 Arenas 애플리케이션 내에 어디에 있는지 알고 있다.

```python
@require_http_methods(["GET", "POST"])
def arena(request):
  values = Arenas.objects.values_list('id','name1')
  if request.method=="GET":
    form= ArenaForm(request.GET)
    names = [name for id, name in values]
    length = len(names)
    selectname = names[random.randint(0, length-1)]
    form.name, form.latitude, form.longitude, form.popup =
queryarena(selectname)
    return render(request, "arena/index.html", {"form":form})
  else:
    form= ArenaForm(request.POST)
    if form.is_valid():
      selectid = int(request.POST['selections'])
      selectname = [name for ids, name in values if ids == selectid][0]
      form.name, form.latitude, form.longitude, form.popup =
      queryarena(selectname)
      return render(request, "arena/index.html", {"form":form})
```

POST 요청이 수신되면(즉, arena가 선택됨), POST 데이터를 클래스에 전달해 ArenaForm 클래스를 호출하고 form의 유효성을 확인한다. 선택된 arena의 ID는 리스트 컴프리헨션에서 조건으로 사용돼 arena의 name을 검색할 수 있다. 그런 다음 name은 queryarena로 전달되며, render를 사용해 반환되기 전에 해당 위치의 세부 사항을 쿼리해 form에 추가한다.

뷰는 완료됐으며 스크립트를 저장할 수 있다. 다음 단계는 애플리케이션을 실행하는 것이다.

애플리케이션 실행하기

명령 프롬프트를 열고 디렉터리를 루트 폴더(C:\Projects\chapter12)로 변경한다. 다음 명령으로 로컬 개발 서버를 시작한다.

`C:\Projects\chapter12>python manage.py runserver`

결과는 다음과 같다.

```
Command Prompt - python manage.py runserver
Microsoft Windows [Version 10.0.15063]
(c) 2017 Microsoft Corporation. All rights reserved.

C:\Users\admin>cd C:\Projects\chapter12

C:\Projects\chapter12>python manage.py runserver
Performing system checks...

System check identified no issues (0 silenced).
December 19, 2017 - 19:46:00
Django version 2.0rc1, using settings 'chapter12.settings'
Starting development server at http://127.0.0.1:8000/
Quit the server with CTRL-BREAK.
```

브라우저를 열고 http://127.0.0.1:8000으로 이동한다. 초기 GET 요청은 arenas 뷰로 리디렉션되고 처리돼 랜덤 arena를 반환한다. 목록에서 다른 arena를 선택하고 Find Data 버튼을 누르면 POST 요청이 수행되며 선택한 arena를 찾을 수 있다.

arena를 선택할 때마다 표시된 지도 위치 및 팝업과 함께 arena 이름의 텍스트가 변경된다. POST 요청 결과는 다음과 같다.

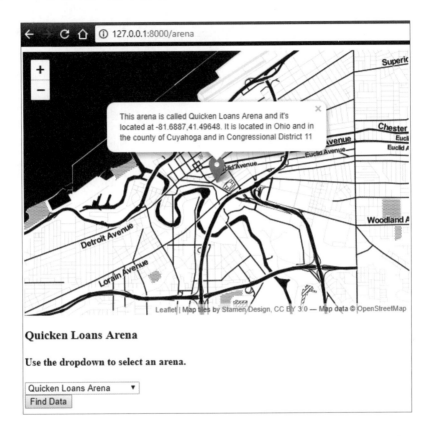

다른 NBA 경기장을 선택해 애플리케이션을 테스트하고 추가적으로 팝업 메시지를 변경한다.

▌ 요약

Django는 모든 것이 갖춰진 철학을 바탕으로 외부 라이브러리가 거의 필요 없는 완전한 애플리케이션을 만든다. 이 애플리케이션은 Django 내장 툴과 GDAL/OGR 라이브러리만 사용해 데이터 관리와 데이터 분석을 수행한다. GeoDjango 기능 활성화는 Django 프로젝트의 포함된 부분이기 때문에 비교적 매끄러운 경험을 준다.

Django를 이용한 웹 애플리케이션을 만들면 관리 패널을 포함한 많은 인스턴트 기능이 가능해진다. LayerMapping은 쉐이프파일에서 데이터를 쉽게 가져올 수 있다. ORM 모델을 사용하면 지리공간 필터나 쿼리를 쉽게 실행한다. 템플릿 시스템은 웹 지도뿐만 아니라 웹사이트에 위치 정보를 쉽게 추가할 수 있게 해준다.

13장에서는 파이썬 웹 프레임워크를 사용해 지리공간 REST API를 만든다. 이 API는 요청을 수락하고 지리공간 특징을 나타내는 JSON 인코딩 데이터를 반환한다.

13

지리공간 REST API

웹에서 소비되는 데이터를 게시하는 것은 현대 GIS의 주요 구성 요소다. 원격 서버에서 원격 클라이언트로 데이터를 전송하기 위해 대부분의 지리공간 소프트웨어 스택은 REST^Representational State Transfer 웹 서비스를 사용한다. 특정 데이터 리소스에 관한 웹 요청에 대응하는 REST 서비스는 JSON^JavaScript Object Notation으로 인코딩된 데이터를 요청 클라이언트 컴퓨터에 반환한다. 웹 서비스는 쿼리에 사용할 수 있는 각 데이터 리소스를 나타내는 엔드포인트를 포함하는 API에 결합된다.

파이썬 웹 프레임워크와 ORM 및 PostGIS 백엔드를 조합해서 웹 요청에 JSON으로 응답하는 맞춤형 REST API를 만들 수 있다. 이번 예제에서는 공간 ORM 기능을 제공하는 GeoAlchemy2가 포함된 Flask 웹 프레임워크와 SQLAlchemy 모듈을 사용한다.

13장에서 배울 내용은 다음과 같다.

- REST API 컴포넌트
- JSON 응답 포맷
- GET, POST, PUT 및 DELETE 요청 처리 방법
- API를 사용해 지리공간 작업 수행
- IIS를 사용해 Flask 웹사이트를 배포하는 방법

▌ 파이썬 REST API 만들기

JSON 응답을 포함한 REST API의 구성 요소를 이해하기 위해 Flask 웹 프레임워크, PostgreSQL/PostGIS 데이터베이스, SQLAlchemy 및 GeoAlchemy2의 ORM 쿼리를 활용한다. Flask는 API의 URL을 만드는 데 사용한다. PostGIS는 GeoAlchemy2 열 타입으로 정의된 지오메트리 열을 제외한 모든 열에 관한 타입을 정의하고 SQLAlchemy 모델에 정의된 테이블에 데이터를 저장한다.

REST

REST는 웹 서비스의 표준으로, 요청과 매개변수를 수용하고 해당 데이터의 표현을 반환하도록 설계됐으며, 일반적으로 JSON 포맷이지만 때로는 XML 또는 HTML 포맷이다. REST 아키텍처를 사용하는 API는 이러한 아키텍처 제약을 충족해야 한다.

- 클라이언트-서버 상호작용
- 무상태성Statelessness
- 캐시성

- 유니폼 인터페이스
- 계층화된 시스템

(웹 브라우저 또는 원격 컴퓨터와 같은) 클라이언트는 지정된 URL에 있는 서버로 요청을 보낸다. 요청에는 SQL문의 조건과 마찬가지로 반환되는 데이터 객체를 제한하는 매개변수가 포함될 수 있다. 상태를 유지하지 않으므로 각 요청은 요청 매개변수를 포함해야 하고 다른 요청의 결과를 참조할 수 없음을 의미한다.

반환되는 데이터는 클라이언트가 데이터를 저장할 수 있는지 또는 필요할 때 요청해야 하는지를 결정할 수 있도록 캐시 가능 여부를 명시적으로 표시해야 한다. 데이터가 요청되면 데이터와 관련해 사용 가능한 모든 API 엔드포인트(가능한 경우 데이터를 추가 또는 삭제하기 위한 링크 포함)가 데이터와 함께 링크로 반환된다. 서버의 기본 아키텍처는 API에 의해 공개되지 않으며 API 구조의 변경 없이 조정(추가 또는 제거)할 수 있다.

JSON

JSON은 인간과 컴퓨터가 함께 이해할 수 있도록 설계됐다. JavaScript 데이터 객체는 동일한 키 값 구조와 중괄호 표기법을 사용하기 때문에 파이썬 딕셔너리로 쉽게 만들어진다. 파이썬은 JSON(json 모듈)을 생성하기 위한 내장 라이브러리를 포함하고 있으며, Flask와 같은 웹 프레임워크에도 JSON 응답을 생성하는 코드가 포함돼 있다.

지리공간 데이터에는 GeoJSON, Esri JSON 등 복수의 JSON 표준이 존재한다. 13장에서 REST API는 요청에 응답하기 위해 GeoJSON 포맷을 사용한다.

 GeoJSON에 관한 자세한 내용은 다음 링크를 참고한다.
http://geojson.org/

파이썬 REST API

파이썬은 REST API를 만들기에 환상적인 언어다. 데이터베이스 쿼리를 허용하는 모듈들과 URL과 파라미터 컴포넌트로 HTTP 웹 요청을 처리하는 다른 모듈을 갖고 있다. 이러한 모듈을 사용해 요청된 리소스를 데이터베이스에서 검색하고 파이썬 딕셔너리와 JSON 객체 간에 변환하는 모듈을 사용해 데이터를 JSON으로 반환한다.

표준 라이브러리를 사용해 파이썬 기반 API를 만들 수 있지만, 웹 프레임워크를 사용해 API를 만들면 개발 시간을 단축하고 필요에 따라 구성 요소 모듈을 추가할 수 있다.

Flask

Flask는 REST API를 위한 파이썬 웹 프레임워크로 좋은 선택이다. SQLAlchemy 및 GeoAlchemy2(11장, 'Flask 및 GeoAlchemy2' 참조)와 조합해 요청 방법(GET, POST 등의 예)에 따라 요청을 다른 방식으로 처리하는 뷰(파이썬 함수)와 REST URL 엔드포인트를 쌍으로 구성할 수 있다.

REST 모듈

Flask를 확장 가능하도록 REST API의 생성을 쉽게 하기 위해 설계된 애드온 모듈이 많다. 여기에는 다음이 포함된다.

- Flask-RESTful(https://flask-restful.readthedocs.io/en/latest/)
- Flask와 Cerberus 위에 구축된 Eve(http://python-eve.org/)
- Flask-REST-JSONAPI(https://github.com/miLibris/flask-rest-jsonapi)

13장에서는 데이터베이스 쿼리를 위해 SQLAlchemy 및 GeoAlchemy2와 함께 평범한 Flask 기능을 사용해 API 생성의 기본을 설명한다.

기타 프레임워크

REST API 생성에는 Django와 GeoDjango(12장, 'GeoDjango' 참조)가 광범위하게 사용된다. Django의 배터리-포함 설계 철학은 API 개발을 용이하게 한다. Django REST 프레임워크는 코드 베이스에 쉬운 API 배포를 추가한다.

 Django REST 프레임워크에 관해서는 다음 링크에서 살펴본다.
http://www.django-rest-framework.org/

Flask URLs 변수

URL 처리에 Flask를 사용할 때는 ID나 문자열 식별자(예: 상태 이름)를 사용해 각 리소스를 요청할 수 있으므로 URL에 변수를 추가하는 방법을 이해하는 것이 좋다. Flask URL은 플레이스홀더를 사용해 데이터를 함수 매개변수로 전달하고 각 엔드포인트의 뷰에서 변수로 활용한다. 변환기를 사용해 숫자 데이터는 플레이스홀더 내의 타입을 할당할 수 있다. 기본값은 문자열이다.

숫자 타입 변환기

이 예에서는 URL 끝에 정수 ID 변환기를 가진 플레이스홀더를 추가한다. 플레이스홀더 변수(arena_id) 앞에 int:를 추가해서 ID를 사용해 세션의 get(id) 메서드를 사용해 Arena 모델/데이터베이스 테이블을 쿼리할 수 있다. 데이터 타입 변환기가 플레이스홀더에 지정되지 않은 경우 arena_id 변수는 문자열 문자를 포함하며 get(id) 메서드를 사용하지 않는다.

```
@app.route('/nba/api/v0.1/arena/<int:arena_id>', methods=['GET'])
def get_arena(arena_id):
  arena = session.query(Arena).get(arena_id)
```

매개변수 데이터 타입을 지정하면 요청된 arena 객체가 ORM 쿼리에 의해 반환되고 응답 처리할 수 있다.

기타 데이터 변환기

변환기 int를 사용하는 정수 외에 부동소수점 데이터를 float를 이용해 변환할 수 있으며, path를 이용해 URL 데이터를 변환할 수 있다. 문자열은 컨버터 string을 사용하는 것이 기본값이다. 이 경우 실수형 값을 얻어 county 지오메트리 영역과 비교하는 데 사용된다. 이 데이터의 SRID가 WKID이므로 영역이 다른 포맷이지만 이 쿼리는 동작한다.

```
@app.route('/nba/api/v0.1/county/query/size/<float:size>', methods=['GET'])
def get_county_size(size):
  counties = session.query(County).filter(County.geom.ST_Area() >
size).all()
  data = [{"type": "Feature",
  "properties":{"name":county.name,"id":county.id
,"state":county.state.name},
  "geometry":{"type":"MultiPolygon",
"coordinates":[shapely.geometry.geo.mapping(to_shape(county.geom))["coordin
ates"]]},
  } for county in counties]
  return jsonify({"type": "FeatureCollection","features":data})
```

이 예에서 URL 변수에서 가져온 값을 PostGIS 공간 SQL의 ST_Area 함수를 사용해 county 지오메트리와 비교한다.

 GeoAlchemy2 공간 기능에 관한 더 자세한 정보는 다음 링크를 참고한다.
http://geoalchemy-2.readthedocs.io/en/latest/spatial_functions.html

378

요청 메서드

REST API를 사용할 때는 여러 HTTP 요청 방법을 활용할 수 있다. GET 메서드는 데이터를 요청하는 데 사용되며, POST 메서드는 새로운 데이터를 추가하는 데 사용되고, PUT 메서드는 데이터를 업데이트하는 데 사용되고, DELETE 메서드는 데이터베이스에서 데이터를 제거하는 데 사용된다.

GET 요청

Flask URL의 경우 GET 방식을 사용해 GET 요청을 지정한다. 데이터는 인수로 전달되고 request.args를 사용해 액세스할 수 있다.

```python
from flask import requests, jsonify
@app.route('/nba/api/v0.1/arenas', methods=['GET'])
def get_arenas():
  if 'name' in request.args:
      arenas = session.query(Arena).filter(name=request.args['name'])
  else:
      arenas = session.query(Arena).all()
  data = [{"type": "Feature", "properties":{"name":arena.name,
"id":arena.id},
  "geometry":{"type":"Point","coordinates":[round(arena.longitude,6),
round(arena.latitude,6)]},
  } for arena in arenas]
  return jsonify({"type": "FeatureCollection","features":data})
```

리스트 컴프리헨션을 사용해 파이썬 딕셔너리의 리스트로 처리된 응답 데이터를 다른 파이썬 딕셔너리에 추가한 다음 Flask의 jsonify를 사용해 JSON으로 변환한다.

POST 요청

POST 요청은 데이터베이스에 추가하기 위해 처리할 데이터를 운반한다. POST 요청을 구별하기 위해 Flask requests 객체는 메서드 속성을 가지며, 요청 방법이 GET인지 POST인지를 확인할 수 있다. Arenas 테이블에 새로운 경기장을 추가하기 위해 form(AddForm)을 만들면 POST 요청으로 전송된 데이터를 처리하고 세션 관리자를 사용해 데이터베이스에 추가할 수 있다.

```python
from flask import request
from .forms import AddForm
@app.route('/nba/api/v0.1/arena/add', methods=['GET', 'POST'])
def add_arenas():
  form = AddForm(request.form)
  form.name.data = "New Arena"
  form.longitude.data = -121.5
  form.latitude.data = 37.8
  if request.method == "POST":
    arena = Arena()
    arena.name = request.form['name']
    arena.longitude =float(request.form['longitude'])
    arena.latitude = float(request.form['latitude'])
    arena.geom = 'SRID=4326;POINT({0} {1})'.format(arena.longitude,
    arena.latitude)
    session.add(arena)
    data = [{"type": "Feature", "properties":{"name":arena.name},
    "geometry":{"type":"Point",
    "coordinates":[round(arena.longitude,6), round(arena.latitude,6)]},}]
    return jsonify({'added':'success',"type":
"FeatureCollection","features":data})
  return render_template('addarena.html', form=form)
```

이 방식은 GET과 POST 요청을 모두 수용하기 때문에 각각의 요청에 따라 다른 응답을 보낸다.

기타 활용 가능한 요청 메서드

GET과 POST가 주된 요청 방식지만, 다른 방식도 데이터 처리에 활용할 수 있다. API 예제에서는 GET, POST, DELETE만 사용한다.

PUT

POST 요청과 유사하게, PUT 요청은 데이터베이스를 업데이트하거나 추가하기 위한 데이터를 전달한다. 업데이트의 완벽한 전송을 보장하기 위해 데이터를 여러 번 업데이트하려고 시도할 것이다.

DELETE

DELETE 요청은 예제의 Arenas 테이블에서 arena를 삭제하는 것처럼, 지정된 엔드포인트에서 리소스를 제거한다. 제거할 리소스를 지정하려면 레코드 식별자가 필요하다.

```
@app.route('/nba/api/v0.1/arena/delete/<int:arena_id>', methods=['DELETE'])
def delete_arena(arena_id):
  arena = session.query(Arena).delete(arena_id)
```

▌ REST API 애플리케이션

NBA 아레나스, 미국 주, 미국 카운티, 미국 디스트릭트의 데이터베이스에 접근할 수 있는 REST API를 만든다. API는 테이블과 특정 테이블 리소스, 즉 데이터 행에 관한 쿼리를 허용한다. 또한 지리공간 쿼리가 가능하다.

애플리케이션 컴포넌트

애플리케이션 컴포넌트는 다음을 포함한다.

- 11장, 'Flask와 GeoAlchemy2'에서 작성된 데이터베이스는 NBA 경기장, 미국, 미국 카운티 및 미국 디스트릭트에 관한 테이블 포함
- app.py 파일, 파이썬 실행 파일에 의해 호출될 때 애플리케이션 시작
- application 폴더, 애플리케이션 코드와 폴더 포함

- __init__.py 파일, application 폴더를 모듈로 만드는 Flask 개체를 정의하고 데이터베이스에 연결
- views.py 파일, API 엔드포인트, 뷰 함수 및 반환 응답 정의
- models.py 파일, 데이터베이스 테이블 모델을 SQLAlchemy에서 하위 클래스로 정의
- forms.py 파일, HTML 폼 정의
- static 및 template 폴더, 템플릿 및 데이터 포함

애플리케이션 폴더와 파일 구조

예제 REST API를 사용하려면 특정 파일과 폴더를 만들어야 한다. arenaapp은 app.py 파일과 application 폴더를 포함하는 arenaapp 폴더를 생성한다. 그 안에 application 폴더를 만든다. application 폴더 내에서 static, template 폴더를 만든다.

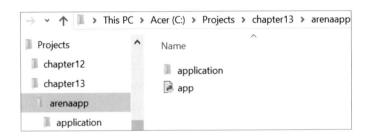

다른 파일인 views.py, models.py, forms.py는 애플리케이션 내부에 위치한다. static과 template 두 폴더는 애플리케이션 데이터와 HTML 폼을 저장한다.

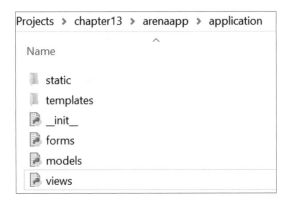

Projects > chapter13 > arenaapp > application

Name

📁 static
📁 templates
📄 _init_
📄 forms
📄 models
📄 views

app.py

IDE 또는 텍스트 편집기를 사용해 arenaapp 내부에 app.py 파일을 만든다. 이 파일을 열고 다음 줄을 추가한다. 이 파일은 파이썬 실행 파일에 의해 실행돼 REST API 애플리케이션을 시작한다.

```
from application import app
app.run()
```

__init__.py 파일은 app.py에서 애플리케이션 폴더를 가져와서 Flask 객체 app과 app.run() 메서드를 호출한다.

__init__.py

application 폴더 내에 _init_.py라는 파일을 만든다. 파일에 다음 코드를 추가한다(특정 데이터베이스 자격증명에 사용자 이름과 암호를 조정한다).

```
import flask
app = flask.Flask(__name__)
conn_string = 'postgresql://{user}:{password}@localhost:5432/chapter11'
app.config['SQLALCHEMY_DATABASE_URI'] = conn_string
```

```
app.config['SECRET_KEY'] = "SECRET_KEY"
import application.views
```

이 파일에서 Flask 객체인 app을 만들고 설정했다. 데이터베이스에 연결하려면 연결 문자열을 app.config 딕셔너리에 'SQLALCHEMY_DATABASE_URI'를 사용해 저장한다. 연결 문자열에 사용자 이름과 암호를 추가한다.

데이터베이스

11장, 'Flask와 GeoAlchemy2'에서 작성된 데이터베이스에 연결한다. 진행한 대로 설명한 모델과 일치하도록 가져와 구조화된 쉐이프파일에서 만든다. 애플리케이션이 동작하려면 데이터베이스가 생성되고, 쉐이프파일을 임포트했는지 확인한다.

models.py

models.py에서는 SQLAlchemy와 GeoAlchemy2 모듈을 가져오고 데이터베이스 세션을 초기화한다. 데이터베이스 모델은 파이썬 클래스로 정의된 스키마가 있어 쿼리 및 데이터 업데이트를 할 수 있다.

필수 모듈 임포트하기

이러한 모듈은 애플리케이션의 모델을 정의하고 데이터베이스에 연결할 수 있도록 한다.

```
# 데이터베이스 연결과 세션 관리는 SQLAlchemy 함수로 관리된다.
from sqlalchemy import create_engine
from sqlalchemy.ext.declarative import declarative_base
from sqlalchemy import Column, Integer, String, ForeignKey, Float
from sqlalchemy.orm import sessionmaker, relationship
# 지오메트리 데이터 타입을 사용해 ORM에 데이터 테이블의 지오메트리 칼럼을 추가했다.
from geoalchemy2 import Geometry
```

세션 선언하기

app.config 딕셔너리에서 데이터베이스 연결 문자열이 create_engine 함수로 전달된다. engine이 sessionmaker에 바인딩되면 session이 초기화된다.

```
from application import app
# SQLAlchemy 함수를 사용해 chapter11 데이터베이스에 연결
engine = create_engine(app.config['SQLALCHEMY_DATABASE_URI'])
Session = sessionmaker(bind=engine)
session = Session()
Base = declarative_base()
```

Base라 부르는 파이썬 클래스는 declarative_base() 함수로 만들어진다. Base 클래스는 모든 애플리케이션 클래스를 하위 클래스로 만든다.

모델 선언하기

모델의 경우 GeoAlchemy2 Geometry 클래스를 사용하는 지오메트리 열을 제외한 모든 필드 타입(예: Integer, String, Float)은 SQLAlchemy ORM의 Column 클래스를 사용해 정의한다. 지오메트리 클래스는 지오메트리 타입과 SRID가 필요하다.

```
# Arena 데이터베이스 테이블 모델 클래스 정의
class Arena(Base):
    __tablename__ = 'arena'
    id = Column(Integer, primary_key=True)
    name = Column(String)
    longitude = Column(Float)
    latitude = Column(Float)
    geom = Column(Geometry(geometry_type='POINT', srid=4326))
```

County 클래스는 primary_key 필드와 name 필드뿐만 아니라 State 클래스와의 다대일 관계를 정의하는 필드가 있다. 지오메트리 타입은 POINT 대신 MULTIPOLYGON을 사용한다.

```
# County 데이터베이스 테이블 모델 클래스 정의
class County(Base):
    __tablename__ = 'county'
    id = Column(Integer, primary_key=True)
    name = Column(String)
    state_id = Column(Integer, ForeignKey('state.id'))
    state_ref = relationship("State",backref='county')
    geom = Column(Geometry(geometry_type='MULTIPOLYGON', srid=4326))
```

그 District 클래스는 미국 디스트릭트를 나타낸다. MULTIPOLYGON 지오메트리 타입과 SRID 4326으로 저장돼, State 클래스와 다대일 관계를 맺는다. 저장된 각 district는 속하는 state에 연결돼 있다.

```
# District 데이터베이스 테이블을 모델링하는 District 클래스 정의
class District(Base):
    __tablename__ = 'district'
    id = Column(Integer, primary_key=True)
    district = Column(String)
    name = Column(String)
    state_id = Column(Integer, ForeignKey('state.id'))
    state_ref = relationship("State",backref='district')
    geom = Column(Geometry(geometry_type='MULTIPOLYGON', srid=4326))
```

State 클래스는 relationship 함수를 사용해 정의된 County 및 State 클래스와 각각 일대다 관계를 가진다. 또한 SRID가 4326인 MULTIPOLYGON 지오메트리 열을 가진다.

```
# State 데이터베이스 테이블의 모델을 정의하는 State 클래스 정의
class State(Base):
    __tablename__ = 'state'
    id = Column(Integer, primary_key=True)
    name = Column(String)
    statefips = Column(String)
    stpostal = Column(String)
    counties = relationship('County', backref='state')
```

```
districts = relationship('District', backref='state')
geom = Column(Geometry(geometry_type='MULTIPOLYGON', srid=4326))
```

필드 및 관계를 정의한 다음 단계는 REST API 엔드포인트를 생성하고 데이터베이스를 쿼리하고 GeoJSON 응답을 반환할 뷰를 작성하는 것이다.

forms.py

새 arena와 같은 사용자로부터 데이터를 수집하기 위한 폼을 사용한다. application 폴더 안에 forms.py 파일을 생성하고 다음 코드를 추가한다.

```
from flask_wtf import FlaskForm
from wtforms import TextField, FloatField
class AddForm(FlaskForm):
  name = TextField('Arena Name')
  longitude = FloatField('Longitude')
  latitude = FloatField('Latitude')
```

이 코드는 POST 메서드 사용에 관한 절에서 논의할 필드를 템플릿에 추가한다. HTML 템플릿에서 코드를 입력하고 서버로 전달해 새로운 경기장을 추가할 수 있다.

views.py

API 엔드포인트 및 프로세싱은 views.py에 포함돼 있다. 뷰는 _init_.py 내에서 가져와 app 객체를 사용할 수 있다. IDE를 열고 views.py 파일을 application 폴더에 저장한다.

모듈 임포트

웹 요청을 처리하기 위해 파이썬 모듈인 Flask, GeoAlchemy2, Shapely에서 임포트해야 한다. 모델과 폼도 임포트한다.

```
from application import app
from flask import render_template,jsonify, redirect, url_for, request, Markup
from .forms import *
from .models import *
import geoalchemy2,shapely
from geoalchemy2.shape import to_shape
```

기본 URL

각 API 패턴은 다를 수 있지만 일반적으로 API 버전을 나타내는 기본 URL을 포함해야
하며 API 내에서 사용할 수 있는 다른 엔드포인트를 링크해야 한다. 이 애플리케이션
은 nba/api/v0.1 형식의 기본 URL 패턴을 사용한다. 이 경우 홈 URL('/')이 API의 기본
URL로 리디렉션된다.

```
@app.route('/', methods=['GET'])
def get_api():
  return redirect('/nba/api/v0.1')

@app.route('/nba/api/v0.1', methods=['GET'])
def get_endpoints():
  data= [{'name':"Arena", "endpoint":"/arena"},
  {'name':"State", "endpoint":"/state"},
  {'name':"County", "endpoint":"/county"},
  {'name':"District", "endpoint":"/district"},]
  return jsonify({"endpoints":data})
```

다음 각 절의 엔드포인트는 기본 URL에서 사용할 수 있다. 각 리소스 URL은 기본 URL
에 리소스별 엔드포인트를 추가해 구성한다.

Arenas 테이블

Arenas 테이블에 데이터를 요청하기 위해 API 엔드포인트를 정의하고 뷰 함수를 사용해
Arenas 모델을 쿼리한다. 각 응답은 GeoJSON으로 패키징된다. 이 엔드포인트('/arena')

는 URL에 추가된 변수의 존재 여부에 따라 달라지는 GeoJSON 응답을 반환한다. 이러한 변수에는 arena ID와 이름이 포함된다.

전체 경기장 쿼리

모든 arena의 내용을 포함하는 응답을 생성하려면 SQLAlchemy ORM을 사용해 쿼리를 만든다. 조회 결과를 GeoJSON으로 변환하기 위해 ORM 쿼리에서 반환된 각 경기장을 설명하는 딕셔너리 리스트를 만드는 데 리스트 컴프리헨션이 사용된다. 그런 다음 결과 리스트(데이터)를 딕셔너리에 추가해 파이썬 딕셔너리의 jsonify 함수를 사용해 JSON 객체로 변환한다.

```
@app.route('/nba/api/v0.1/arena', methods=['GET'])
def get_arenas():
  arenas = session.query(Arena).all()
  data = [{"type": "Feature", "properties":{"name":arena.name,
"id":arena.id},
  "geometry":{"type":"Point", "coordinates":[round(arena.longitude,6),
round(arena.latitude,6)]},
  } for arena in arenas]
  return jsonify({"type": "FeatureCollection","features":data})
```

name과 id 필드는 물론 longitude와 latitude도 반환되는데 전송되는 데이터의 양을 제한하기 위해 longitude, latitude를 6자리 숫자로 반올림한다. arena 위치를 설명하는 데 필요한 정밀도가 낮기 때문에 합리적인 제한이 있다. 포인트 데이터 타입은 단 두 개의 포인트로 구성돼 있어 반환이 더 쉽고 적은 데이터를 생성하지만, 폴리곤과 폴리라인 데이터는 훨씬 크고 더 정밀해야 한다.

 순환문과 비교하면 리스트 컴프리헨션은 리스트 반복에 필요한 처리 시간을 줄인다. 리스트 컴프리헨션에 관한 자세한 내용은 다음 링크를 참고한다.
https://docs.python.org/3/tutorial/datastructures.html#list-comprehensions

ID 조건으로 arenas 가져오기

areana 엔드포인트에 숫자 ID를 추가해서 특정 arena를 배치하고 반환한다. session.
query의 메서드 get은 요청된 arena 객체를 검색하는 데 사용된다.

```python
@app.route('/nba/api/v0.1/arena/<int:arena_id>', methods=['GET'])
def get_arena(arena_id):
    arena = session.query(Arena).get(arena_id)
    data = [{"type": "Feature", "properties":{"name":arena.name,
"id":arena.id}, "geometry":{"type":"Point",
"coordinates":[round(arena.longitude,6), round(arena.latitude,6)]},
    return jsonify({"type": "FeatureCollection","features":data})
```

선택된 arena는 리스트 안에 있는 딕셔너리에 추가된 다음 JSON 데이터로 반환된다.

name 조건으로 arenas 가져오기

arena는 엔드포인트에서 name으로 요청할 수 있다. filter로 알려진 쿼리 조건을 활용해
제공된 이름과 일치하는 arena를 검색한다. 유연성을 더하기 위해 like 연산자("%" 와일드
카드 연산자)를 사용해 입력된 arena 이름이 완성되도록 한다. 대신에 입력한 문자열은 쿼
리를 필터링하고 입력한 문자열로 시작하는 arena 객체만 반환하는 데 사용될 것이다.

```python
@app.route('/nba/api/v0.1/arena/<arena_name>', methods=['GET'])
def get_arena_name(arena_name):
    arenas =
session.query(Arena).filter(Arena.name.like(arena_name+"%")).all()
    data = [{"type": "Feature",
"properties":{"name":arena.name,"id":arena.id},
    "geometry":{"type":"Point", "coordinates":[round(arena.longitude,6),
round(arena.latitude,6)]},
    } for arena in arenas]
    return jsonify({"type": "FeatureCollection","features":data})
```

리스트 컴프리헨션은 arena 딕셔너리를 만드는 데 사용된다. 다음 예제는 arena 엔드포인트에 관한 문자열 쿼리에 관한 응답이다.

```
{
  "features": [
    {
      "geometry": {
        "coordinates": [
          -122.20217,
          37.75131
        ],
        "type": "Point"
      },
      "properties": {
        "name": "Oracle Arena"
      },
      "type": "Feature"
    }
  ],
  "type": "FeatureCollection"
}
```

지리공간 쿼리

URL 구성 요소를 하나 더 추가하면 API가 공간적으로 활성화된다. arena ID를 전달하고 "/intersect"를 추가하면 공간 쿼리를 사용해 요청된 NBA 경기장에 관한 데이터를 찾을 수 있다. 이 뷰 함수에서 County와 District 테이블은 intersect 필터를 사용해 쿼리한다(즉, arena를 포함하는 county는 폴리곤 함수의 포인트를 사용해 식별된다).

기본 state는 county와 state 사이의 테이블 관계를 사용해 검색한다. 모든 지오메트리와 선택된 필드를 반환한다.

```
@app.route('/nba/api/v0.1/arena/<int:arena_id>/intersect', methods=['GET'])
def arena_intersect(arena_id):
  arena = session.query(Arena).get(arena_id)
  county =
```

```
session.query(County).filter(County.geom.ST_Intersects(arena.geom)).first()
district=session.query(District).filter(District.geom.ST_Intersects(arena.g
eom))
    district = district.first()
  if county != None:
      data = [{"type": "Feature", "properties": {"name":arena.name,
"id":arena.id,} ,
      "geometry":{"type":"Point", "coordinates":[round(arena.longitude,6),
round(arena.latitude,6)]},
      },{"type": "Feature", "properties": {"name":county.name,
"id":county.id,} ,
      "geometry":{"type":"MultiPolygon",
      "coordinates":[shapely.geometry.geo.mapping(to_shape(county.geom))]},
      },{"type": "Feature", "properties": {"name":district.district,
"id":district.id,},
      "geometry":{"type":"MultiPolygon",
      "coordinates":[shapely.geometry.geo.mapping(to_shape(district.geom))]},
      },{"type": "Feature", "properties": {"name":county.state_ref.name,
"id":county.state_ref.id,}, "geometry":{"type":"MultiPolygon",
"coordinates":[shapely.geometry.geo.mapping(to_shape(county.state_ref.geom)
)]},
      }]
      return jsonify({"type": "FeatureCollection","features":data})
else:
      return redirect('/nba/api/v0.1/arena/' + str(arena_id))
```

기능이 유효한지 확인하기 위해 arena가 미국 카운티 내에 있는지 if 조건을 확인하고 그렇지 않으면 county, district 및 state 객체는 사용되지 않는다. 대신 요청이 비공간적 쿼리 뷰 함수로 리디렉션된다.

States 데이터

미국 주 데이터는 각 state를 구성하는 많은 정점들 때문에 클 수 있다. state의 엔드포인트 내에 요청된 각 state의 지오메트리의 반환 여부를 결정하는 몇 가지 URL 매개변수를 추가한다.

주 전체 가져오기

request.args 딕셔너리에서 URL 인수를 확인한 다음 인수가 참인지 여부를 확인해 모든 state 지오메트리 반환 여부를 결정한다. GeoJSON 응답은 to_shape 함수와 shapely.geometry.geo.mapping(smapping으로 단축) 함수를 사용해 주 지오메트리에서 생성된다.

```
@app.route('/nba/api/v0.1/state', methods=['GET'])
def get_states():
  smapping = shapely.geometry.geo.mapping
  states = session.query(State).all()
  data = [{"type": "Feature",
  "properties":{"state":state.name,"id":state.id},
  "geometry":{"type":"MultiPolygon",
  "coordinates":"[Truncated]"},
  } for state in states]
  if "geometry" in request.args.keys():
    if request.args["geometry"]=='1' or request.args["geometry"]=='True':
      data = [{"type": "Feature",
      "properties":{"state":state.name,"id":state.id},
      "geometry":{"type":"MultiPolygon",
      "coordinates":[smapping(to_shape(state.geom))["coordinates"]]},
      } for state in states]
  return jsonify({"type": "FeatureCollection","features":data})
```

geometry 인수 또는 매개변수를 포함하지 않으면 지오메트리가 잘려서 표현된다.

ID 조건으로 state 가져오기

기본 키 ID를 사용해 특정 state를 얻으려면 정수 ID를 확인할 URL 변수를 추가하면 되며, 지오메트리로 반환된다.

```
@app.route('/nba/api/v0.1/state/<int:state_id>', methods=['GET'])
def get_state(state_id):
  state = session.query(State).get(state_id)
  geojson = shapely.geometry.geo.mapping(to_shape(state.geom))
```

```
    data = [{"type": "Feature", "properties":{"name":state.name},
    "geometry":{"type":"MultiPolygon",
"coordinates":[geojson["coordinates"]]},
    }]
    return jsonify({"type": "FeatureCollection","features":data})
```

name 조건으로 state 가져오기

filter를 사용하면 URL 변수를 쿼리 필터로 사용할 수 있다. 문자열 변수는 데이터베이스 테이블의 상태 name 필드와 대조되며, like 연산자를 사용해 퍼지 비교, 즉, state_name 변수가 'M'이면 'M'으로 시작하는 모든 상태를 얻는다.

```
@app.route('/nba/api/v0.1/state/<state_name>', methods=['GET'])
def get_state_name(state_name):
    states =
session.query(State).filter(State.name.like(state_name+"%")).all()
    geoms = {state.id:smapping(to_shape(state.geom)) for state in states}
    data = [{"type": "Feature", "properties":{"state":state.name},
    "geometry":{"type":"MultiPolygon",
"coordinates":[shapely.geometry.geo.mapping(to_shape(state.geom)["coordinat
es"]]},
    } for state in states]
    return jsonify({"type": "FeatureCollection","features":data})
```

이 함수는 URL 파라미터가 없으며 선택한 상태의 지정된 필드 및 지오메트리를 반환한다.

state 조건으로 arenas 가져오기

이 기능은 공간 분석을 사용해 state별로 포함된 모든 arena를 찾는다. state는 ID와 state의 지오메트리 내에 있는 모든 경기장을 선택하는 URL 구성 요소로 구분된다.

```
@app.route('/nba/api/v0.1/state/<int:state_id>/contains', methods=['GET'])
def get_state_arenas(state_id):
    state = session.query(State).get(state_id)
    shp = to_shape(state.geom)
    geojson = shapely.geometry.geo.mapping(shp)
    data = [{"type": "Feature", "properties":{"name":state.name},
    "geometry":{"type":"MultiPolygon", "coordinates":[geojson]},
    }]
    arenas = session.query(Arena).filter(state.geom.ST_Contains(arena.geom))
    data_arenas =[{"type": "Feature",
    "properties":{"name":arena.name}, "geometry":{"type":"Point",
    "coordinates":[round(arena.longitude,6), round(arena.latitude,6)]},
    } for arena in arenas]
    data.extend(data_arenas)
    return jsonify({"type": "FeatureCollection","features":data})
```

GeoJSON은 여러 데이터 타입을 특징 컬렉션으로 패키징하기 때문에 반환되는 데이터
는 모든 경기장에 관한 데이터와 주 데이터를 포함한다.

County 데이터

State 데이터베이스 테이블과 유사하게 모든 카운티 데이터를 검색한다. 각 카운티의 지
오메트리 반환 여부를 결정하기 위해 지오메트리 파라미터를 허용한다.

```
@app.route('/nba/api/v0.1/county', methods=['GET'])
def get_counties():
    counties = session.query(County).all()
    geoms = {county.id:smapping(to_shape(county.geom)) for county in
counties}
    if 'geometry' in request.args.keys():
        data = [{"type": "Feature",
        "properties":{"name":county.name, "state":county.state.name},
        "geometry":{"type":"MultiPolygon",
"coordinates":[shapely.geometry.geo.mapping(to_shape(state.geom)["coordinat
es"]]},
        } for county in counties]
```

```
    else:
        data = [{"type": "Feature",
        "properties":{"name":county.name, "state":county.state.name},
        "geometry":{"type":"MultiPolygon",
    "coordinates":["Truncated"]},
        } for county in counties]
    return jsonify({"type": "FeatureCollection","features":data})
```

ID 조건으로 county 가져오기

get_counties 함수를 사용해 모든 카운티를 검색한 후, 특정 카운티의 ID를 이 함수에 전달한다. session.query.(County).get(county_id)는 관심 있는 카운티의 검색을 허용한다.

```
@app.route('/nba/api/v0.1/county/<int:county_id>', methods=['GET'])
def get_county(county_id):
    county = session.query(County).get(county_id)
    shp = to_shape(county.geom)
    geojson = shapely.geometry.geo.mapping(shp)
    data = [{"type": "Feature",
    "properties":{"name":county.name, "state":county.state.name},
    "geometry":{"type":"MultiPolygon",
    "coordinates":[geojson]},
    }]
    return jsonify({"type": "FeatureCollection","features":data})
```

name 조건으로 county 가져오기

다시, URL 변수를 사용해 문자열을 수집하고 쿼리 필터용으로 제공된 문자열을 사용한다. Wash를 URL 변수 county_name으로 사용하면 쿼리는 Wash로 시작하는 이름을 가진 모든 카운티를 찾는다.

```
@app.route('/nba/api/v0.1/county/<county_name>', methods=['GET'])
def get_county_name(county_name):
    counties =
```

```
session.query(County).filter(County.name.like(county_name+"%")).all()
  data = [{"type": "Feature",
  "properties":{"name":county.name, "state":county.state.name},
  "geometry":{"type":"MultiPolygon",
"coordinates":[shapely.geometry.geo.mapping(to_shape(county.geom))["coordin
ates"]]},
  } for county in counties]
  return jsonify({"type": "FeatureCollection","features":data})
```

filter 메서드는 비공간 필드뿐만 아니라 공간 필드에서도 사용할 수 있다.

Districts 데이터

Districts를 비슷하게 API에 추가할 수 있다. 이 경우 지오메트리 파라미터를 추가해 지오메트리 반환 여부를 결정한다. 이를 통해 요청하는 컴퓨터나 브라우저는 모든 district와 해당 ID를 얻거나 필요에 따라 모든 데이터를 한 번에 가져오는 데 사용할 수 있다.

districts 전체 가져오기

엔드포인트 ('/district')는 session.query(District).all()을 사용해 District 모델에 관해 쿼리한다.

```
@app.route('/nba/api/v0.1/district', methods=['GET'])
def get_districts():
  districts = session.query(District).all()
  if 'geometry' in request.args.keys() and request.args['geometry'] in
('1','True'):
    data = [{"type": "Feature",
    "properties":{"representative":district.name,
"district":district.district,
  "state": district.state_ref.name, "id":district.id},
    "geometry":{"type":"MultiPolygon",
"coordinates":shapely.geometry.geo.mapping(to_shape(district.geom))["coordi
nates"]},
    } for district in districts]
```

```
  else:
    data = [{"type": "Feature",
    "properties":{"representative":district.name,
"district":district.district,
    "state": district.state_ref.name, "id":district.id},
    "geometry":{"type":"MultiPolygon",
    "coordinates":["Truncated"]},
    } for district in districts]
  return jsonify({"type": "FeatureCollection","features":data})
```

ID 조건으로 district 가져오기

정수 district ID를 전달하면 해당 district의 요청된 표현만 반환된다. 지오메트리는
geoalchemy2.shape의 to_shape 메서드와 shapely를 사용해 GeoJSON 포맷으로 변환된다.

```
@app.route('/nba/api/v0.1/district/<int:district_id>', methods=['GET'])
def get_district(district_id):
  district = session.query(District).get(district_id)
  shp = to_shape(district.geom)
  geojson = shapely.geometry.geo.mapping(shp)
  data = [{"type": "Feature",
  "properties":{"district":district.district,"id":district.id},
  "geometry":{"type":"MultiPolygon",
  "coordinates":[geojson['coordinates']]]},
  }]
  return jsonify({"type": "FeatureCollection","features":data})
```

name 조건으로 district 가져오기

이 경우 district의 name은 district 번호다. name 필드가 있지만, 그 district 출신의 선
출된 대표자 이름이 들어 있다.

398

```
@app.route('/nba/api/v0.1/district/<dist>', methods=['GET'])
def get_district_name(dist):
  districts =
session.query(District).filter(District.district.like(dist+"%")).all()
  data = [{"type": "Feature",
  "properties":{"district":district.district,"id":district.id,
  "representative":district.name}, "geometry":{"type":"MultiPolygon",
"coordinates":shapely.geometry.geo.mapping(to_shape(district.geom))["coordi
nates"]},
  } for district in districts]
  return jsonify({"type": "FeatureCollection","features":data})
```

이러한 모든 메서드는 더 많은 매개변수를 포함하도록 조정할 수 있다. 반환할 필드를 확인하는 조건 또는 다른 조건을 추가해본다. 모든 URL 파라미터 인수는 쿼리의 물음표('?') 기호 뒤에 추가된다.

API POST 엔드포인트

arena 추가는 JSON 데이터와 HTML 폼을 사용해 수행한다. 이 절에서는 HTML 템플릿을 만들고, forms.py에서 AddForm을 사용하고, 이를 이용해 12장, 'GeoDjango', 코드 번들에 포함된 Leafleat.js 맵에서 데이터를 수집한다. 또한 사용자가 임의의 위치에서 지도를 클릭할 수 있으므로 jQuery 라이브러리를 사용해 지도에서 경도 및 위도 데이터를 업데이트한다.

새 경기장

데이터베이스 Arena 테이블에 새로운 경기장을 추가하기 위해 뷰 함수와 Jinja2 HTML 템플리트를 만들어 사용한다. 함수는 요청 방법을 결정하고 요청에 관한 적절한 응답을 보낸다.

GET 요청인 경우 AddForm이 포함된 HTML 템플릿을 전송한다. HTML 템플릿에서 데이터를 입력하고 버튼을 누르면 POST 요청이 전송된다. POST 요청은 동일한 뷰 기능으로 이동하며, 전송된 데이터를 사용해 새 행을 Arena 테이블에 추가한다.

뷰 함수

요청을 처리할 뷰 함수는 GET 및 POST 요청 방법을 모두 수용한다. 엔드포인트 '/add'가 이 경우에 사용되지만, arena 엔드포인트와 차별화된 어떤 것도 될 수 있다.

```
@app.route('/nba/api/v0.1/arena/add', methods=['GET', 'POST'])
def add_arenas():
  form = AddForm(request.form)
  form.name.data = "New Arena"
  form.longitude.data = -121.5
  form.latitude.data = 37.8
  if request.method == "POST":
    arena = Arena()
    arena.name = request.form['name']
    arena.latitude = float(request.form['latitude'])
    arena.longitude = float(request.form['longitude'])
    arena.geom = 'SRID=4326;POINT({0} {1})'.format(arena.longitude,
arena.latitude)
    session.add(arena)
    data = [{"type": "Feature", "properties":{"name":arena.name},
    "geometry":{"type":"Point",
    "coordinates":[round(arena.longitude,6), round(arena.latitude,6)]},}]
    return jsonify({'added':'success',"type":
"FeatureCollection","features":data})
  return render_template('addarena.html', form=form)
```

버튼을 누르면 데이터가 전송된다. 뷰 함수는 요청 방법에 따라 할 일을 결정한다. POST 요청일 경우, form으로 전송된 데이터를 사용해 새로운 arena 객체를 만들고, 세션 관리자가 객체를 저장해 데이터베이스에 추가한다.

addarena.html 헤드 섹션

다음으로 application 폴더 내의 templates 폴더에 추가될 addarena.html 템플릿을 만든다. HTML 파일의 맨 위에 있는 헤드 섹션에서 CSS, JavaScript 및 jQuery 라이브러리를 추가한다.

```
<!DOCTYPE html>
<html>
<head>
  <title>Arena Map</title>
  <meta charset="utf-8" />
  <meta name="viewport" content="width=device-width, initial-scale=1.0">
    <link rel="stylesheet"
href="https://unpkg.com/leaflet@1.2.0/dist/leaflet.css" />
      <script src="https://unpkg.com/leaflet@1.2.0/dist/leaflet.js"></script>
      <script src="https://ajax.googleapis.com/ajax/libs/jquery/3.2.1/jquery.min.js"></
script>
</head>
```

addarena.html 스크립트

지도 <div> 섹션을 만들고 지도 상호작용을 활성화할 자바스크립트를 추가한다. 지도를
클릭하면 자바스크립트 showMapClick(이벤트 e를 파라미터로 허용) 함수가 마커를 이동시킨
다. 함수 내에서 jQuery를 사용해 위도 및 경도 폼 요소의 값을 설정해 이벤트 인수의
e.latlng 메서드에서 값을 얻는다.

```
<body>
<div id="map" style="width: 600px; height: 400px;"></div>
<script>
  var themap = L.map('map').setView([
{{form.latitude.data}},{{form.longitude.data}}], 13);
L.tileLayer('https://stamen-tiles-{s}.a.ssl.fastly.net/toner/{z}/{x}/{y}.{ext}', {
  subdomains: 'abcd',
  minZoom: 1,
  maxZoom: 18,
  ext: 'png'
  }).addTo(themap);
  marker = L.marker([
{{form.latitude.data}},{{form.longitude.data}}]).addTo(themap)
    .bindPopup("Click to locate the new arena").openPopup();
  var popup = L.popup();
```

```
  function showMapClick(e) {
    $('#longitude').val(e.latlng.lng);
    $('#latitude').val(e.latlng.lat);
    marker
      .setLatLng(e.latlng)
      .bindPopup("You added a new arena at " + e.latlng.toString())
      .openPopup();
  }
  themap.on('click', showMapClick);
</script>
```

addarena.html 폼 형식

form 데이터는 POST 방식으로 전송한다. **Add arena** 버튼을 누르면 입력 폼 내부의 데이터를 전송한다.

```
<form method="post" class="form">
    Name: {{form.name}}<br>
    Longitude: {{ form.longitude(class_ = 'form-control first-input lastinput',
placeholder = form.longitude.data, ) }} <br>
    Latitude: {{ form.latitude(class_ = 'form-control first-input lastinput',
placeholder = form.latitude.data, ) }} <br>
    <input type="submit" value="Add Arena">
  </form>
</body>
</html>
```

버튼을 클릭하면 데이터가 뷰 함수에 전송된다. 데이터가 처리되고, JSON 성공 메시지가 반환된다.

```
{
  "added": "success",
  "features": [
    {
      "geometry": {
        "coordinates": [
          -121.286316,
          37.963689
        ],
        "type": "Point"
      },
      "properties": {
        "name": "Stockton Arena"
      },
      "type": "Feature"
    }
  ],
  "type": "FeatureCollection"
}
```

requests 라이브러리로 POST 요청 보내기

HTML 템플릿을 사용할 필요 없이 웹 요청을 사용해 새로운 경기장을 추가할 수 있다.
다음은 requests 라이브러리를 사용한 요청이다.

```
>>> form = {'longitude':'-109.5', 'latitude':'40.7', 'name':'Test Arena'}
>>> requests.post('http://127.0.0.1:5000/nba/api/v0.1/arena/add', form) <Response
[200]>
```

POST 요청은 필수 form 매개변수와 함께 파이썬 딕셔너리로 '/add' 엔드포인트로 전송
된다.

arena 삭제하기

뷰 기능 및 특정 엔드포인트를 사용해 arena(또는 다른 리소스)를 삭제할 수도 있다.

404

```
@app.route('/nba/api/v0.1/arena/delete/<int:arena_id>', methods=['DELETE'])
def delete_arena(arena_id):
  arena = session.query(Arena).delete(arena_id)
  return jsonify({"deleted":"success"})
```

arena를 삭제하려면 delete 메서드를 사용해 요청을 보낸다.

```
>>> import requests
>>>requests.delete('http://127.0.0.1:5000/nba/api/v0.1/arena/delete/30')
```

로컬에서 REST API 실행하기

이 API 애플리케이션을 로컬로 실행하기 위해 app.py 스크립트를 파이썬 실행 파일로
전달한다. 로컬 컴퓨터에서 내장 웹 서버가 시작된다.

```
C:\Projects\Chapter13\arenaapp>python app.py
  * Running on http://127.0.0.1:5000/ (Press CTRL+C to quit)
```

서버가 실행 중이면 API 엔드포인트로 이동해 뷰 함수에서 응답을 얻는다. 애플리케이
션이 완료돼도 로컬 서버는 API 요청을 처리할 수 있을 만큼 강력하진 않다. 대신 서비
스용 웹 서버에 배포해야 한다.

▌ Flask에서 IIS로 배포하기

IIS^{Internet Information Services, 인터넷 정보 서비스}가 설치된 마이크로소프트 서버에 새로운 API 애플
리케이션을 배포하려면 파이썬 코드 몇 개와 FastCGI라는 IIS 모듈을 다운로드해야 한
다. 일단 구성되면 애플리케이션은 허용된 컴퓨터의 웹 요청에 응답한다.

Flask와 웹서버

Flask는 테스트 목적으로 로컬 웹 서버를 포함하지만, 서비스용 배포를 위해 설계가 되진 않았다. Flask는 아파치나 IIS와 같은 웹 서버와 가장 잘 동작한다. 아파치와 함께 Flask를 배포하는 방법에 관한 문서는 많지만, IIS를 이용해 배포하는 방법에 관한 좋은 안내서를 찾는 경우는 일반적이지 않다. 대부분의 GIS 전문가는 윈도우 서버와 함께 작업하거나 액세스할 수 있으므로 이러한 지침은 IIS 7을 사용한 배포에 초점을 맞춘다.

WSGI

WSGI[Web Server Gateway Interface]는 파이썬 실행 파일을 웹 요청에 응답하는 데 사용하는 파이썬 규격이다. WSGI는 Flask와 Django 같은 파이썬 웹 프레임워크에 내장돼 있다.

Flask 웹 프레임워크를 사용해 웹 페이지를 서비스하려면 FastCGI라고 하는 IIS Common Gateway Interface[CGI] 모듈 설치, WFastCGI 파이썬 모듈의 설치 등 IIS의 CGI 모듈 설치가 필요하다. 이 두 개를 추가함으로 IIS 웹 서버는 API 애플리케이션 내부 코드에 연결된다.

WFastCGI 모듈 및 FastCGI 설치하기

아직 설치하지 않았다면 웹 플랫폼 인스톨러는 http://www.microsoft.com/web/downloads/platform.aspx에서 다운로드한다. 화면 오른쪽 상단의 검색창을 사용해 WFastCGI를 입력한다. 검색 결과가 나타나고 파이썬 2.x 및 파이썬 3.x에 사용 가능한 WFastCGI 버전이 표시된다. 파이썬 3.6 버전을 선택하고 설치 프로그램을 실행한다.

이 설치는 필요한 기술 스택에 두 가지 중요한 구성 요소를 추가한다. FastCGI 모듈은 IIS에 추가되고, WFastCGI 파이썬 코드는 새로운 파이썬에 추가된다. 해당 위치에 기존 버전이 없다면 이 새로운 설치는 C:\Python36에 추가된다(ArcGIS10.X에 설치된 파이썬 버전은 고려하지 않는다). 이 새로운 설치로 wfastcgi.py 파일이 C:\Python36\Scripts (또는 동등한 위치) 폴더에 추가된다. 이 파일은 app.py 파일 옆에 있는 site 폴더로 복사한다.

FastCGI 설정하기

IIS를 열고 기본 웹사이트를 클릭한다. 콘텐츠 창의 피처 뷰에서 Handler Mappings 아이콘을 선택하고 더블클릭한다. 오른쪽 창에서 Add Module Mapping을 선택한다. Add Module Mapping 인터페이스가 나타나면 다음을 입력한다.

- 요청 경로 항목에 *(별표)를 추가한다.
- Module Selection List에서 FastCGI 모듈을 선택한다.
- 만약 wfastcgi.py 파일을 코드 경로에 복사하고 코드가 c:\website에 있다면 실행 파일 C:\Python36\Python.exe ➤ C:\website\wfastcgi.py를 입력한다.
- 경우에 따라 Scripts 폴더의 wfastcgi.py 파일을 사용할 수 있다. 설정 내용은 다음과 같다. C:\Python36\Python.exe ➤ C:\Python36\Scripts\wfastcgi.py
- Request Restrictions를 클릭하고 Invoke handler only if request is mapped가 선택돼 있다면 **취소**하고 **확인**을 누른다.
- Add Module Mapping 인터페이스에서 OK를 클릭한다.
- 확인에서 Yes를 클릭한다.

루트 서버 설정과 환경변수

루트 서버 설정으로 이동해 FastCGI Settings 아이콘을 클릭한다. 이전 절에 추가된 경로와 일치하는 인수를 더블클릭한다. Edit FastCGI Application 인터페이스가 열린다.

- EnvironmentVariable(Collection) 항목을 클릭한다. ...(줄임표)가 나타난다. 환경변수를 편집하려면 줄임표를 더블클릭한다.
- 새 변수를 추가하려면 Add 버튼을 클릭한다.
- Name 항목에 PYTHONPATH를 추가한다.
- 사이트 코드의 경로(예: C:\website\)를 항목에 추가한다.
- Add 버튼을 클릭해 두 번째 변수를 추가한다.
- Name 항목에 WSGI_HANDLER를 추가한다.

- 사이트가 app.py 파일로 제어되는 경우 값 항목에 app.app을 추가한다(.py를 .app으로 대체).
- 변수가 추가됐으면 OK를 누르고 Edit FastCGI Application에서 OK를 누른다.

이 사이트는 이제 활성화됐다. 브라우저를 사용해 REST 엔드포인트로 이동해 사이트가 예상대로 로드되는지 확인한다.

▌ 요약

파이썬 웹 프레임워크를 사용하면 REST 스펙을 가진 API를 쉽게 만들 수 있다. Flask를 사용하면 요청 방식 및 응답 타입으로 URL 엔드포인트를 간단히 조정할 수 있다. JSON 기능과 SQLAlchemy, GeoAlchemy2 ORM을 사용하는 Flask는 지리공간 REST API를 만들기에 완벽한 프레임워크다. 14장에서는 지리공간 데이터의 클라우드 시각화를 위한 CARTOframes 모듈의 사용을 다룬다.

14

클라우드 지오데이터베이스 분석 및 시각화

14장에서는 위치 정보 소프트웨어 회사 CARTO가 2017년 11월 출시한 파이썬 패키지 CARTOframes에 관해 다룬다. CARTO 스택 작업을 위한 파이썬 인터페이스를 제공하고 CARTO 맵, 분석 및 데이터 서비스를 데이터 과학 워크플로에 통합할 수 있다.

14장에서 다루는 내용은 다음과 같다.

- CARTOframes 파이썬 라이브러리 스펙
- CARTO 스택에 익숙해지고 CARTOframes와 상호작용하는 방법
- CARTOframes 설치 방법, 패키지 요구 사항 및 설명서
- CARTOframes의 서로 다른 패키지 의존성
- CARTO API 키를 가져오는 방법

- CARTO Builder 계정 설정하기
- 가상 환경
- 주피터 노트북 사용
- GeoPandas 설치

데이터 과학자를 염두에 두고 만들어진 파이썬 패키지인 CARTOframes는 CARTO의 SaaS 제공과 웹 매핑 툴을 파이썬 데이터 과학 워크플로와 결합한 데이터 과학 도구다. CARTO(www.carto.com)가 2017년 말 출시한 이 제품은 깃허브와 PyPI^{Python Package Index} 저장소를 통해 다운로드할 수 있다. 이 패키지는 주피터 노트북을 작업 환경으로 삼아 CARTO 요소를 데이터 과학 워크플로와 통합하는 방법으로 볼 수 있다. 이는 데이터 과학자에게도 매력적일 뿐만 아니라, 주피터 노트북을 통해 코드와 워크플로를 저장하고 배포할 수 있다.

이러한 데이터 과학 워크플로는 CARTO의 클라우드 플랫폼을 통해 이용할 수 있는 CARTO의 서비스(예: 호스트, 동적 또는 정적 맵 및 CARTO의 데이터셋)를 사용해 확장할 수 있다. 이 플랫폼은 주피터 노트북에서 CARTOframes를 사용할 때 필요한 API 키를 통해 액세스한다. API 키를 얻는 방법과 CARTOframes 패키지를 설치하는 방법에 관해 곧 설명한다.

이 패키지는 다양한 타입의 공간 데이터를 읽고 쓰는 기능을 제공한다. 예를 들어 CARTO 테이블에 pandas 데이터프레임을 쓸 수 있을 뿐만 아니라 CARTO 테이블과 pandas 데이터프레임을 쿼리할 수 있다. CARTOframes 패키지는 위치 데이터 서비스, 클라우드 기반 데이터 저장소, CARTOColors(지도에 색 사용을 위해 잘 알려진 표준 위에 구축된 사용자 지정 색상 팔레트 집합), PostGIS 및 애니메이션 맵을 주피터 노트북으로 가져온다.

CARTOframes를 사용하는 한 가지 좋은 이유는 플로팅 때문이다. GeoPandas, matplotlib, Folio, GeoNotebook과 같은 다른 지도 플로팅 패키지에 관한 좋은 대안이다.

모든 패키지에는 장단점이 있다. 예를 들어 matplotlib은 배우기 쉬운 패키지가 아니며 기본 맵에 많은 코드가 필요하다. 이는 CARTOframes 경우에는 해당되지 않으며, 그 결과 특히 데이터를 읽고, 쓰고, 쿼리하고, 플롯하고, 삭제하는 쉬운 명령과 역동적인 이미지(타임랩스)와 결합, 색상의 사용 때문에 인상적이다.

▌ CARTOframes 설치 방법

CARTOframes 라이브러리는 Anaconda Navigator를 시작하고 새로운 환경을 만들어서 설치하는 것이 가장 좋다. 여기에서 터미널을 열고 `pip install`을 사용하면 라이브러리가 설치된다. 이것이 유일한 방법이다(아직 conda 지원은 없다). 다음 명령을 사용한다.

```
>>pip install cartoframes
```

추가 리소스

CARTOframes 문서는 https://cartoframes.readthedocs.io/en/v0.10.1/에서 찾을 수 있다.

현재 CARTOframes의 버전은 1.0.2이다. CARTOframes용 PyPi 리포지터리는 https://pypi.org/project/cartoframes/이다.

또한 많은 CARTO 깃허브 저장소 중 하나인 https://github.com/CARTODB/CARTOframes 깃허브가 있다.

주피터 노트북

주피터 노트북에서 CARTOframes를 사용하는 것이 좋다. 14장 뒷부분의 예제 스크립트에서는 CARTOframes 패키지를 다른 지리공간 패키지와 함께 사용할 예정이므로 GeoPandas와 함께 가상 환경에 설치해 의존성에 관한 접근도할 수 있다. 2장, '지리공간 코드 라이브러리 소개'에서 GeoPandas 및 기타 라이브러리 설치 가이드를 참조한다. 터미널 창에서 다음 명령을 사용해 주피터 노트북 앱을 별도의 파이썬 환경에 설치할 수 있다.

```
>>pip install jupyter
```

CARTO API 키

CARTOframes를 설치한 후에 CARTO API 키를 생성해 라이브러리의 기능을 사용한다. 라이브러리는 9장, '파이썬 ArcGIS API 및 ArcGIS 온라인'과 유사하게 CARTO 인프라와 상호작용한다. API 키는 계정에 데이터프레임을 쓰고, 개인 테이블에서 읽어 지도 데이터를 시각화하는 데 사용할 수 있다. CARTO는 무엇보다도 교육 및 비영리 사용을 위한 API 키를 제공한다. 학생이라면 다음 깃허브의 학생 개발자 팩에 가입하면 API 키에 접근할 수 있다.

https://education.github.com/pack

또 다른 옵션은 CARTO 앰배서더가 되는 것이다.
https://carto.com/blog/new-ambassadors/

패키지 의존성

CARTOframes는 pip install 명령을 실행하면 자동으로 설치되는 여러 파이썬 라이브러리에 따라 달라진다. 다음과 같은 파이썬 라이브러리가 설치돼 있다.

- ipython: 대화식으로 파이썬을 사용하기 위한 풍부한 툴킷 제공
- appdirs: 적절한 플랫폼 특정 디렉터리를 결정하기 위한 작은 파이썬 모듈
- carto: CARTO API와 SDK 제공
- chardet: 파이썬 2와 3을 위한 범용 인코딩 검출기
- colorama: MS 윈도우에서 컬러 터미널 텍스트 및 커서 위치 지정
- decorator: 파이썬 릴리스에서 데코레이트 함수 시그니처를 일관되게 유지
- future: 파이썬 2와 3 사이의 호환성 레이어를 제공
- idna: IDNA 지원 제공
- ipython-genutils: IPython 유틸리티
- jedi: 텍스트 편집기에 사용할 수 있는 파이썬용 자동완성 도구
- numpy: 숫자, 문자열, 레코드 및 객체에 관한 배열 처리 수행
- pandas: 데이터 분석, 시계열 및 통계를 위한 강력한 데이터 구조 제공
- parso: 다른 파이썬 버전에 관한 오류 복구를 지원하는 파이썬 파서
- pickleshare: 동시성을 지원하는 작은 데이터 저장소
- prompt-toolkit: 파이썬에서 강력한 대화식 명령행을 빌드하기 위한 라이브러리
- pygments: 파이썬으로 작성된 구문 강조 패키지
- pyrestcli: 파이썬의 일반적인 REST 클라이언트
- python-dateutil: 표준 파이썬 datetime 모듈에 관한 확장 기능을 제공
- pytz: 현대적이고 역사적인 세계 타임존 정의 제공
- requests: HTTP requests 라이브러리
- simplegeneric: 간단한 단일 디스패치 함수 정의

- `six`: 파이썬 2와 3 호환 라이브러리
- `tqdm`: 빠르고 확장 가능한 진행 측정기 제공
- `traitlets`: 파이썬 애플리케이션을 위한 설정 시스템
- `urllib3`: 스레드세이프한 연결 풀링, 파일 게시 등을 제공하는 HTTP 라이브러리
- `wcwidth`: 와이드 문자 코드의 터미널 셀 수 측정
- `webcolors`: HTML, CSS로 정의된 색상 이름 및 색상값 포맷으로 작업하기 위한 라이브러리

CARTO Data Observatory

CARTO의 온라인 데이터 서비스인 CARTO Data Observatory를 사용해 CARTOframes 라이브러리를 보강할 수 있다. 즉시 사용 가능한 위치 데이터, 분석된 데이터 카탈로그에 관한 액세스 메서드, 빠른 API 위에 위치 정보 앱을 구축할 수 있는 기회 등 세 가지를 제공한다.

이 데이터 서비스는 웹에서 데이터 검색이 가능해야 하기 때문에 잘 레이블링되는 것을 염두에 두고 만들어졌다. 데이터를 찾고 데이터에 관한 컨텍스트를 제공하고, 이를 공간 분석에 사용하는 것이 가능하다. CARTO Data Observatory는 유료 가입이 필요한 CARTO 기업 사용자가 이용할 수 있다. 14장에서는 이 옵션을 다루지 않지만, CARTOframes 라이브러리를 통해 무엇이 가능한지 설명하기 위해 언급했다.

▌ CARTO 계정 가입하기

CARTOframes를 사용하고 CARTO가 제공하는 클라우드 기반 PostGIS 데이터베이스에 저장된 데이터를 사용하려면 CARTO 계정에 가입해야 한다. 저장 용량과 기존 데

이터 리소스에 관한 액세스가 제한되는 무료 계정을 사용할 수 있지만, API 키가 제공
돼 CARTOframes를 사용할 수 있는 유료 계정이 필요하다. API 키는 CARTOframes
에서 계정을 식별하기 위해 사용하며 각 데이터 요청은 사용자의 클라우드 지오데이터
베이스로 전송된다.

CARTO 무료 체험판

계정에 가입하면 처음에는 모든 CARTO 기능에 액세스할 수 있는 유료 계정이다. 유
료 계정은 평가 목적으로 사용할 수 있는 30일 무료 체험판을 제공한다. https://carto.
com/signup 사이트를 방문해 계정을 만든다.[1]

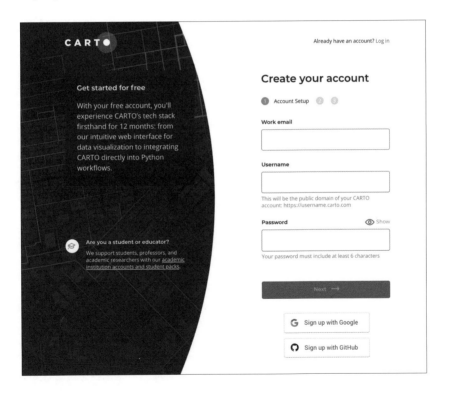

---

1   번역 시점에는 몇 가지 제한이 있는 12개월 무료 체험판을 제공 중이다. − 옮긴이

계정이 만들어지면 30일의 시험 기간이 시작된다. 클라우드 데이터베이스에 데이터를 추가하거나 CARTO 라이브러리에서 공개적으로 사용 가능한 데이터에 액세스할 수 있다. 또한 지도를 쉽게 게시할 수 있다. 시작하려면 NEW MAP 버튼을 클릭한다.

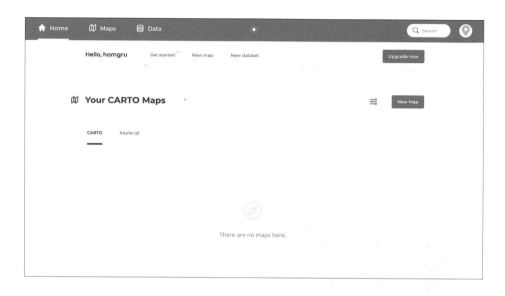

데이터셋 추가하기

DATA LIBRARY 탭을 사용해 **포틀랜드 건물 도면**^{Portland building footprints}을 지도에 추가한다. 목록에서 데이터셋을 선택한 다음 Create Map을 누른다. 데이터셋은 계정 데이터셋 탭과 빌더라는 지도 생성 인터페이스에 추가된다.

데이터셋을 지도에 레이어로 추가한다. 레이어의 색상, 표시된 속성, 팝업 창 등을 포함해 레이어의 모든 측면을 맵 편집기에서 처리할 수 있다. 베이스맵도 조정할 수 있다.

속성에서 실시간 데이터를 나타내는 위젯도 추가할 수 있다. DATA LIBRARY에서 US Census Tracts 레이어를 지도에 추가했고, 선택한 속성 필드의 값을 표시할 그래프 위젯을 추가했다. 이 그래프는 동적이며, 지도 창에 표시되는 특정 인구 조사 구역에 따라 표시되는 값을 조정한다.

DATA, ANALYSIS, STYLE, POP-UP, LEGEND 등의 Builder의 다른 탭을 확인해 지도를 더 커스터마이즈 한다. 데이터와 상호작용하는 여러 조정과 위젯이 있다. 이 지도는 또한 공개되거나 비공개될 수 있으며, PUBLISH 버튼을 눌러 웹에 게시할 수 있다. CARTO의 편집기와 데이터 수집 인터페이스를 통해 지도를 만들고 공유할 수 있다.

API 키

CARTOframes를 사용해 CARTO 계정에 연결하려면 API 키가 필요하다. 액세스하려면 계정 대시보드로 이동해 오른쪽 상단의 이미지를 클릭한 다음 드롭다운 메뉴에서 Your API keys 링크를 선택한다.

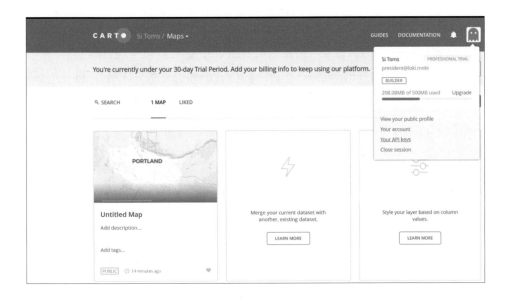

API 키는 작성할 스크립트가 계정과 관련된 데이터셋 접근하기 위해 사용되는 긴 텍스트 문자열이다. 스크립트를 작성하면 키 텍스트를 복사해 스크립트 내의 파이썬 문자열로 변수에 할당한다.

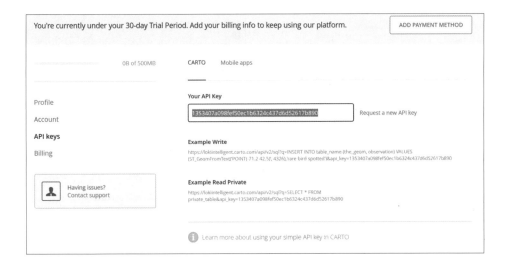

데이터셋 추가하기

컴퓨터에서 계정에 데이터를 추가하는 편리한 방법이 있다. 그러나 쉐이프파일을 추가할 때 쉐이프파일을 구성하는 모든 데이터 파일은 ZIP 파일에 있어야 한다. 11장, '플라스크와 GeoAlchemy2'의 NBA 경기장 쉐이프파일을 ZIP 파일로 계정에 추가한다. 대시보드의 DATASETS 영역에 있는 NEW DATASET 버튼을 클릭한다.

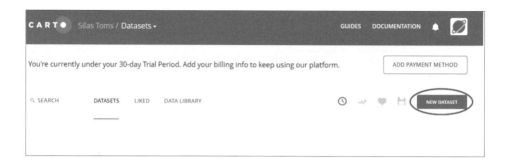

NEW DATASET 버튼을 누르고 CONNECT DATASET 인터페이스가 나타나면 BROWSE를 클릭한 다음 압축된 파일을 업로드한다.

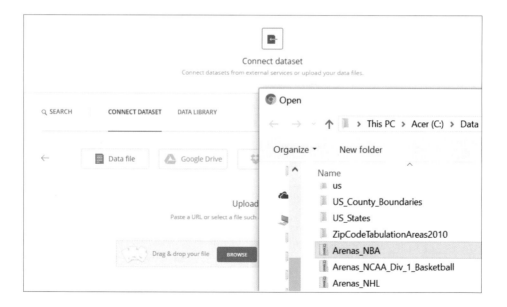

업로드 프로세스가 완료되면 데이터가 URL로 제공되며 Builder를 사용해 편집할 수 있다. 또한 CARTOframes를 사용해 편집할 수도 있다.

이제 계정이 설정되고, DATA LIBRARY뿐만 아니라 로컬 파일에서 데이터셋이 추가됐으므로, 계정에 저장된 데이터에 연결할 수 있도록 로컬 컴퓨터에 파이썬 환경을 설정해야 한다.

▌ 가상 환경

CARTOframes와 기타 관련된 파이썬 3 모듈의 설치를 관리하기 위해 가상 환경 패키지 virtualenv를 사용한다. 이 파이썬 모듈은 한 대의 컴퓨터에 완전히 분리된 파이썬 설치를 쉽게 설정할 수 있다. virtualenv를 사용하면 파이썬 복사본이 생성되고, 활성화되면 설치된 모든 모듈이 기존 파이썬 설치와 분리된다(즉, 가상 환경 내부에 설치된 모듈은 주 사이트 패키지 폴더에 추가되지 않는다). 이는 패키지 관리 문제를 훨씬 덜 발생시킨다.

virtualenv 설치하기

PyPI(pypi.org)의 pip를 사용하면 virtualenv 패키지 설치가 쉽다.

```
pip install virtualenv
```

이 명령은 virtualenv와 지원 모듈을 추가한다. 명령행에서 virtualenv를 호출할 수 있도록 윈도우 경로 환경변수에 기본 파이썬 설치가 추가됐는지 확인한다.

virtualenv 실행하기

가상 환경을 생성하려면 명령행을 열고 명령어 virtualenv { 가상 환경 이름 }을 입력한다. 이 경우 환경의 이름은 cartoenv이다.

```
C:\Packt\PythonScripting\Chapters\Chapter15\Scripts>virtualenv cartoenv
Using base prefix 'c:\\users\\admin\\appdata\\local\\programs\\python\\python36'
New python executable in C:\Packt\PythonScripting\Chapters\Chapter15\Scripts\cartoenv\Scripts\python.exe
Installing setuptools, pip, wheel...done.
```

virtualenv가 생성하는 폴더 안에는 파이썬을 지원하는 데 필요한 코드 파일이 있는 일련의 폴더가 생성된다. 또한 이 가상 버전의 파이썬 내부에 설치된 모든 모듈을 담는 site-packages 폴더가 들어 있는 Lib 폴더도 있다.

```
C:\Packt\PythonScripting\Chapters\Chapter15\Scripts\cartoenv>dir
 Volume in drive C is Acer
 Volume Serial Number is CA9C-6B12

 Directory of C:\Packt\PythonScripting\Chapters\Chapter15\Scripts\cartoenv

02/23/2018  12:13 PM    <DIR>          .
02/23/2018  12:13 PM    <DTR>          ..
10/19/2017  12:15 PM    <DIR>          Include
02/23/2018  12:13 PM    <DIR>          Lib
02/23/2018  12:13 PM                60 pip-selfcheck.json
02/23/2018  12:13 PM    <DIR>          Scripts
02/23/2018  12:13 PM    <DIR>          tcl
               1 File(s)             60 bytes
               6 Dir(s)  116,475,166,720 bytes free
```

가상 환경 활성화하기

명령행에서 새 가상 환경을 시작하려면 가상 환경이 있는 폴더 내에서 다음 인수를 전달한다. 이렇게 하면 activate 배치 파일이 실행되고 가상 환경이 시작된다.

```
C:\PythonGeospatial3>cartoenv\Scripts\activate
```

가상 환경이 활성화되면 폴더 이름 앞에 환경 이름이 나타나 환경 내에서 명령이 실행되며 (모듈 설치 등) 수행되는 변경 사항은 기존 파이썬 설치에 영향을 미치지 않음을 나타낸다.

```
(cartoenv) C:\PythonGeospatial3>
```

리눅스 환경에서는 명령 소스 {environment}/bin/activate가 대신 사용된다. 리눅스에서 프로그래밍할 때 터미널의 명령은 다음과 같다.

```
silas@ubuntu16:~$ mkdir carto
silas@ubuntu16:~$ cd carto/
silas@ubuntu16:~/carto$ virtualenv cartoenv
New python executable in /home/silas/carto/cartoenv/bin/python Installing setuptools,
pip, wheel...done. silas@ubuntu16:~/carto$ source cartoenv/bin/activate (cartoenv)
silas@ubuntu16:~/carto$
```

두 OS에서 가상 환경을 비활성화하려면 deactivate 명령을 전달한다. 이렇게 하면 가상 세션이 종료된다.

```
C:\PythonGeospatial3>cartoenv\Scripts\deactivate
```

```
(cartoenv) C:\PythonGeospatial3>deactivate
C:\PythonGeospatial3>
```

virtualenv 내 모듈 설치하기

각 가상 환경은 기존 설치된 파이썬과 별개이기 때문에 각 환경에 반드시 필요한 모듈이 설치돼야 한다. 이는 고통스러워 보이지만 pip로 쉽게 할 수 있다.

첫 번째 가상 환경을 설정한 후 freeze라는 pip 명령을 사용해 requirements.txt 파일을 생성한다. 이 파일은 새로운 가상 환경에 복사할 수 있으며 pip install을 사용해 나열된 모든 모듈이 PyPI에서 추가된다.

다음 명령으로 현재 폴더에 requirements.txt 파일을 생성한다.

```
(cartoenv) C:\Packt\Chapters>pip freeze > requirements.txt
```

파일을 새 가상 환경 폴더로 복사한 후 환경을 활성화하고 다음 명령을 전달해 파일로부터 읽는다.

```
(newenv) C:\Packt\Chapters>pip install -r requirements.txt
```

사용 모듈

이 가상 환경을 위해 CARTOframes와 jupyter 두 모듈을 설치한다. 두 번째 모듈은 브라우저 기반 코드 환경인 주피터 노트북을 실행할 수 있다. 가상 환경을 활성화하고 다음 명령을 사용해 가상 환경 내에 모듈을 설치한다.

```
(cartoenv) C:\Packt\Chapters>pip install cartoframes
(cartoenv) C:\Packt\Chapters>pip install jupyter
```

필요한 모든 모듈도 다운로드해 직접 설치할 두 모듈과 함께 설치한다. pip 및 virtualenv를 사용하면 패키지 설치 및 관리가 간편하고 빠르다.

▎ 주피터 노트북 사용하기

1장, '패키지 설치 및 관리'와 13장에서 코드를 실행하고 원하는 출력을 얻기 위해 주피터 노트북의 기본 설치를 다뤘다. 여기서는 CARTOframes용 주피터 노트북을 사용해 계정에 접속하고 지리공간 데이터를 분석하고 보여준다.

계정 접속하기

첫 번째 코드 박스에서 CARTOframes 모듈을 임포트하고, 기본 URL과 함께 API 키 문자열을 전달하며, 기본 URL은 CARTO 사용자 이름으로 https://{username}.carto. com으로 생성된다. 이 경우 URL은 https://lokiintelligent.carto.com이다.

이 코드 블록에서는 API 키와 URL이 CartoContext 클래스로 전달되고 CartoContext 연결 객체가 반환돼 변수 cc에 할당된다. 이 객체를 사용하면 계정과 관련된 데이터셋과 상호작용하고, 데이터셋을 계정에 로드하며, 주피터 노트북에 직접 지도를 생성할 수도 있다.

코드가 섹션에 입력되면 **실행** 버튼을 눌러 현재 섹션의 코드를 실행한다. 모든 출력은 코드 실행 아래의 **Out** 섹션에 나타난다. 이 절에는 지도, 테이블 및 그래프가 포함될 수 있다. 주피터 노트북은 그래프를 즉시 만들고 노트북에 저장할 수 있기 때문에 종종 과학적 컴퓨팅에 사용된다.

자격증명 저장하기

CARTO 계정 자격증명은 Credentials 라이브러리를 사용해 저장하고 나중에 액세스할 수 있다.

```
from cartoframes import Credentials
creds = Credentials(username='{username}', key='{password}')
creds.save()
```

데이터셋 액세스하기

계정에 로드한 NBA 경기장 데이터셋에 액세스하기 위해, CartoContext의 read 메서드를 사용해, 문자열로 상호작용하고자 하는 데이터셋의 이름을 전달한다. 주피터 노트북에서 다음 코드를 실행한다.

```
import cartoframes
APIKEY = "{YOUR API KEY}"
cc = cartoframes.CartoContext(base_url='https://{username}.carto.com/', api_key=APIKEY)
df = cc.read('arenas_nba')
print(df)
```

CartoContext를 사용해 계정에 액세스한다. cc 객체를 사용해 read 메서드는 NBA 경기장 데이터셋에서 DataFrame 객체를 생성한다. DataFrame 객체는 쿼리되거나 업데이트되는 객체다. print문은 CARTOframes 객체에 로드된 NBA 경기장 데이터셋의 값을 포함하는 테이블을 생성한다.

```
In [2]:  import cartoframes
         APIKEY = "1353407a098fef50ec1b6324c437d6d52617b890"
         cc = cartoframes.CartoContext(base_url='https://lokiintelligent.carto.com/', api_
         df = cc.read('arenas_nba')
         print(df)
```

	address1 address2	capacity	city
cartodb_id			
1	601 Biscayne Boulevard None	19600	Miami
2	1 Sports Parkway None	17317	Sacramento
3	301 West South Temple None	19911	Salt Lake City

개별 칼럼은 점 표기법(예: `df.address1`) 또는 키(예: `df['address1']`)를 사용해 접근할 수
있다.

```
In [3]:  df.address1

Out[3]:  cartodb_id
         1              601 Biscayne Boulevard
         2                    1 Sports Parkway
         3               301 West South Temple
         4                    191 Beale Street
         5                      1 Center Court
         6                    7000 Coliseum Way
         7                   1601 Girod Street
         8                      1 Center Court
         9              600 West Amelia Street
         10               1001 North 4th Street
         11                2500 Victory Avenue
         12                     100 Legends Way
         13                1000 Chopper Circle
         14                  1 Philips Drive NW
         15            1902 West Madison Street
         16             3601 South Broad Street
         17                        50 Route 120
         18                4 Pennsylvania Plaza
         19                     601 F Street NW
```

개별행 선택하기

CARTO 계정 데이터셋에서 파생된 pandas 데이터프레임 내의 특정 행을 선택하기 위
해, 조건문을 대괄호로 객체에 전달할 수 있다. 여기서 NBA 경기장 데이터셋의 team
칼럼은 NBA 팀의 이름을 매개변수로 전달해 쿼리된다.

```
df[df.team=='Toronto Raptors']
```

CSV 데이터셋 로딩하기

CARTOframes를 사용해 데이터셋을 계정에 로드하려면 주피터 모듈과 함께 설치된 pandas 라이브러리를 다시 사용한다. pandas는 CSV 및 다른 파일 형식에서 데이터를 읽을 수 있으며, 이를 Pandas 데이터프레임(출력뿐만 아니라 다수의 데이터 조작 메서드를 허용하는 특별한 데이터 객체)에 로드한다. 그다음 CartoContext를 사용해 데이터프레임을 계정에 테이블로 저장한다.

```
import pandas as pd
APIKEY = "{YOUR API KEY}"
cc = cartoframes.CartoContext(base_url='https://{username}.carto.com/', api_key=APIKEY)
df = pd.read_csv(r'Path\to\sacramento.csv')
cc.write(df, 'sacramento_addresses')
```

데이터프레임으로 가져온 CSV 테이블을 CARTO 계정 DATASETS 섹션에 저장한다.

```
In [28]:  import pandas as pd
          df = pd.read_csv(r'C:\Data\us\ca\sacramento.csv')
          cc.write(df, 'sacramento_addresses')

          c:\packt\pythonscripting\chapters\chapter15\scripts\cartoenv\lib\site-packages\IPython\core\interactiveshell.py:2728: DtypeWarn
          ing: Columns (2) have mixed types. Specify dtype option on import or set low_memory=False.
            interactivity=interactivity, compiler=compiler, result=result)

          The following columns were changed in the CARTO copy of this dataframe:
          LON -> lon
          LAT -> lat
          NUMBER -> number
          STREET -> street
          UNIT -> unit
          CITY -> city
          DISTRICT -> district
          REGION -> region
          POSTCODE -> postcode
          ID -> id
          HASH -> hash
          Table successfully written to CARTO: https://lokiintelligent.carto.com/dataset/sacramento_addresses
```

가져온 데이터셋은 지리공간 테이블이 아니라 공간 데이터를 쿼리하고 조인할 수 있는 테이블이다.

쉐이프파일 로딩

앞서 살펴본 것처럼 지리공간 데이터를 CARTO에 수동으로 로드하는 것은 쉽다. 자동화된 데이터 관리가 가능하므로 CARTOframes 사용 시 더욱 편리하다. 새로운 업데이트된 데이터 파일 또는 REST API의 데이터를 데이터프레임으로 변환해 CARTO 계정에 쓸 수 있다.

데이터 관리를 위해 GeoPandas의 `DataFrame` 객체가 필요하므로 쉐이프파일은 GeoPandas 라이브러리를 설치해야 한다.

GeoPandas 설치하기

5장, '벡터 데이터 분석'에서 이야기했듯이 GeoPandas는 판다스에 관한 지리공간적 찬사다. 쉐이프파일에서 데이터프레임 객체를 만들려면 GeoPandas가 설치돼 가상 환경에 추가됐는지 확인해야 한다. `pip install`을 사용해 GeoPandas 라이브러리를 추가한다.

```
(cartoenv) C:\PythonGeospatial3>pip install geopandas
```

윈도우에 설치 문제가 있는 경우, GeoPandas 및 Fiona를 위해 사전 제작된 바이너리를 다음 링크에서 사용할 수 있다. https://www.lfd.uci.edu/~gohlke/pythonlibs Fiona와 GeoPanda의 wheel 파일을 다운로드해서 폴더로 복사하고 `pip install`을 사용해 설치한다. 예를 들어 여기서는 wheel 파일로 피오나를 설치한다.

```
C:\PythonGeospatial3>pip install Fiona-1.7.11.post1-cp36-cp36m-win_amd64.whl
```

CARTO에 쓰기

쉐이프파일을 CARTO 계정에 쓰려면 CartoContext 객체, 파일 경로, 일반적인 URL 및 API 키 조합이 필요하다. 현재 GeoPandas를 설치하면 MLB 스타디움 쉐이프파일을 GeoPandas DataFrame에 로드한 후 CartoContext의 write 메서드를 사용해 CARTO 계정에 쓸 수 있다.

```
import geopandas as gdp
import cartoframes
APIKEY = "{API KEY}"
cc = cartoframes.CartoContext(base_url='https://{username}.carto.com/',api_key=APIKEY)
shp = r"C:\Data\Stadiums_MLB\Stadiums_MLB.shp"
data = gdp.read_file(shp)
cc.write(data,"stadiums_mlb")
```

데이터셋이 추가됐는지 확인하려면 CARTO 계정에 로그인한다.

지오메트리 CSV 로딩하기

위도 및 경도 칼럼이 있는 테이블(이 경우 OpenAddresses의 주소 데이터)을 지리공간 데이터 셋으로 가져오려면 Shapely 라이브러리의 Point 클래스를 사용해야 한다. 각 Point 지 오메트리는 가져온 주소 데이터셋의 LON 및 LAT 필드에서 생성된다.

```
import geopandas as gdp
import cartoframes
import pandas as pd
from shapely.geometry import Point APIKEY = "{API KEY}"
cc = cartoframes.CartoContext(base_url='https://{username}.carto.com/', api_key=APIKEY)
```

```
address_df = pd.read_csv(r'data/city_of_juneau.csv')
geometry = [Point(xy) for xy in zip(address_df.LON, address_df.LAT)] address_df =
address_df.drop(['LON', 'LAT'], axis=1)
crs = {'init': 'epsg:4326'}
geo_df = gdp.GeoDataFrame(address_df, crs=crs, geometry=geometry)
cc.write(geo_df, 'juneau_addresses')
```

TIP Fiona 라이브러리 가져오기 오류를 방지하려면 CARTOframes 전에 GeoPandas 라이브러리를 임포트한다.

지리공간 분석

클라우드 데이터셋을 사용해 지리공간 분석을 수행하려면 CARTOframes를 사용해 연결하고 GeoPandas와 Shapely를 조합해 공간 쿼리를 수행한다.

이 예에서 NBA 경기장 데이터셋은 intersects 공간 쿼리를 사용해 미국 주 쉐이프파일과 비교한다. 경기장 객체가 주 객체와 교차할 경우, 경기장 명칭과 주 명칭이 출력된다.

```
import geopandas as gdp
import cartoframes
import pandas as pd
APIKEY = "1353407a098fef50ec1b6324c437d6d52617b890"
cc = cartoframes.CartoContext(base_url='https://lokiintelligent.carto.com/',api_
key=APIKEY)
from shapely.geometry import Point
from shapely.wkb import loads
arenas_df = cc.read('arenas_nba')
shp = r"C:\Data\US_States\US_States.shp" states_df = gdp.read_file(shp)
for index, orig in states_df.iterrows():
    for index2, ref in arenas_df.iterrows():
      if loads(ref['the_geom'], hex=True).intersects(orig['geometry']):
          print(orig['STATE'], ref['team'])
```

데이터셋 편집 및 업데이트하기

CARTOframes는 메모리에서 편집 가능한 Pandas 데이터프레임 객체를 통합하고 CARTO 계정에 저장된 데이터셋에 쓰기 때문에 지리공간 데이터의 업로드를 자동화하는 스크립트를 만들 수 있다. 데이터셋 전체를 업데이트할 수 있고, 개별 행과 값은 replace 같은 데이터 메서드를 사용해 업데이트한다. CARTO 웹 맵 배포 도구인 Builder와 함께 스크립팅으로 관리할 수 있는 웹 맵 프런트엔드 및 클라우드 데이터 스토리지로 GIS를 쉽게 만들 수 있다. 이 예제 코드에서 NBA 경기장을 포함하는 주의 이름은 intersect 쿼리를 사용해 찾을 수 있다.

이름은 리스트에 추가되고, 리스트는 arena 데이터프레임에 state라는 새로운 열로 추가된다. arenas 데이터셋에 저장된 지오메트리 데이터는 loads 모듈을 사용해 Shapely 객체로 변환해야 한다.

```python
import geopandas as gdp
import cartoframes
import pandas as pd
from shapely.wkb import loads
APIKEY = "API KEY"
cc = cartoframes.CartoContext(base_url='https://{username}.carto.com/',
                 api_key=APIKEY)
arenas_df = cc.read('arenas_nba')
shp = r"C:\Data\US_States\US_States.shp"
states_df = gdp.read_file(shp)
data = []
for index, ref in arenas_df.iterrows():
  check = 0
  for index2, orig in states_df.iterrows():
    if loads(ref['the_geom'], hex=True).intersects(orig['geometry']):
      data.append(orig['STATE'])
      check = 1
  if check == 0:
    data.append(None)
```

```
arenas_df['state'] = data
cc.write(arenas_df,'arenas_nba', overwrite=True)
```

overwrite=True

데이터셋에 관한 업데이트마다 변경 내용을 CARTO 계정에 기록해야 한다. 클라우드
데이터베이스의 데이터를 새 데이터로 덮어쓰려면 overwrite 매개변수를 True로 설정
해야 한다.

```
cc.write(data,"stadiums_mlb",'overwrite=True')
```

맵 만들기

주피터 노트북의 상호작용성 때문에 코드와 결과가 함께 존재한다. 이는 지리공간 데이
터를 다룰 때, 데이터의 지도를 쉽게 만들 수 있기 때문에 아주 좋다. 이 예에서 NBA 경
기장과 MLB 경기장 데이터셋은 BaseMap 객체를 통해 지도에 추가한다.

```
from cartoframes import Layer, BaseMap, styling
cc.map(layers=[BaseMap('light'),Layer('arenas_nba',), Layer('stadiums_mlb')],
interactive=True)
```

실행 결과는 다음과 같다.

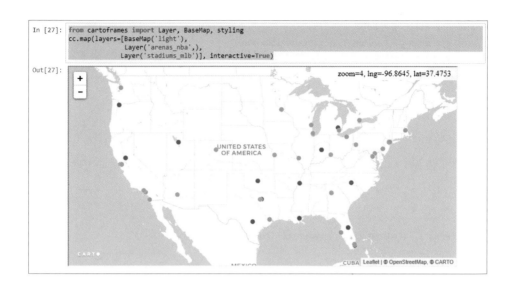

```
In [27]:  from cartoframes import Layer, BaseMap, styling
          cc.map(layers=[BaseMap('light'),
                         Layer('arenas_nba',),
                         Layer('stadiums_mlb')], interactive=True)
```

▌ 요약

14장에서는 다음과 같은 주제를 다뤘다. 먼저 CARTOframes 파이썬 라이브러리를 소개하고 CARTO Builder 및 CARTO Data Observatory 와 같은 CARTO 스택의 다른 부분과 어떻게 관련 있는지 이야기했다. 다음으로 CARTOframes 라이브러리를 설치하는 방법, 파이썬 패키지가 의존하는 다른 패키지 및 문서 위치를 설명했다.

CARTOframes는 CARTO Builder의 데이터를 사용하기 때문에 CARTO Builder 계정을 설정하는 방법을 설명했다. 14장의 나머지 부분을 구성하는 예제 스크립트에서 라이브러리가 pandas 데이터프레임을 통합하는 방법, 테이블을 다루는 방법, 지도를 만드는 방법, Shapely와 GeoPandas와 같은 다른 지리공간 라이브러리와 조합하는 방법을 알아봤다.

15장에서는 주피터 노트북과 지도 시각화 모듈 MapboxGL을 활용한 또 다른 모듈을 다룰 것이다.

15

Cartography 클라우드 지도 제작 자동화

맵박스Mapbox는 모바일 매핑 및 데이터 시각화와 동의어가 됐다. 앱 개발자와 지도 제작자가 채택한 베이스맵 스타일링 도구 세트 외에도 파이썬과 자바스크립트로 작성된 흥미로운 지도 제작 도구도 만든다. 두 개의 유용한 언어를 하나의 패키지로 결합한 Mapbox는 최근 새로운 주피터 파이썬 모듈 MapboxGL을 출시했다. 이 새로운 모듈은 주피터 노트북 환경에서 즉시 데이터 시각화를 가능하게 한다. 계정 서비스에 API 액세스 가능한 모듈인 Mapbox 파이썬 SDK와 함께, 파이썬을 사용하면 엔터프라이즈 지리공간 애플리케이션에 Mapbox 도구와 서비스를 쉽게 추가할 수 있다.

15장에서 배울 내용은 다음과 같다.

- 액세스 토큰을 생성하기 위해 Mapbox 계정을 생성하는 방법
- 커스텀 베이스맵 스타일 지정 방법
- 클라우드 데이터 및 베이스맵에 관한 읽기/쓰기 액세스
- 단계 구분도choropleth map를 만드는 방법
- 눈금 원 시각화를 만드는 방법

▌ 지도 제작에 관한 모든 것

2010년 에릭 건더슨Eric Gunderson에 의해 설립된 Mapbox는 빠르게 성장하면서 지도 산업 부흥의 선두주자가 됐다. MapboxGL 자바스크립트 API는 대화형 웹 맵과 데이터 시각화를 만드는 데 유용한 라이브러리다. Mapbox는 벡터 타일을 포함한 여러 가지 개방형 지도 규격을 지리공간 커뮤니티에 기여했다.

Mapbox는 지도와 앱 개발자에게 맞춤형 베이스맵 타일을 제공하는 데 주력하면서 웹 매핑과 모바일 애플리케이션을 위한 선도적인 소프트웨어 회사로 자리매김했다. 15장에서 사용되는 두 개의 파이썬 모듈은 GIS 관리자와 개발자가 서비스와 도구를 기업의 지리정보 생태계에 통합할 수 있도록 한다.

GIS에 맵박스 통합하는 방법

자바스크립트 라이브러리와 새로운 주피터 파이썬 모듈 MapboxGL과 Mapbox 도구는 그 어느 때보다 사용하기 쉽다. 지리공간 개발자와 프로그래머는 기존의 GIS 워크플로에 툴을 통합하거나 Mapbox의 제품군을 활용하는 새로운 지도와 앱을 만들 수 있다.

Mapbox는 CARTO와 마찬가지로 계정 기반 클라우드 데이터 저장을 허용한다. 그러나 그들의 초점은 분석 도구보다는 지도 제작 도구에 더 집중돼 있다. 지도 제작 팀의 경우 크고 작은 Mapbox 도구를 사용하면 대화형 웹 맵을 위한 맞춤형 베이스맵 생성 및 지원 비용을 절감하며, 구글 지도 API와 같은 다른 지도 타일 옵션보다 더 큰 절감 효과를 얻을 수 있다.

Mapbox 스튜디오는 회사나 부서의 브랜딩에 어울리는 룩 앤 필로 지도를 쉽게 만들 수 있다. 베이스맵은 기존 스타일을 사용해 제작하고 조직의 레이어와 오버레이하거나 완전히 새로운 베이스맵을 설계할 수 있다. 또한 스튜디오에 넣은 이미지를 기반으로 스타일링을 할 수 있고, 이미지 픽셀에서 생성된 히스토그램에 기반한 특징에 색상을 할당할 수도 있다.

Mapbox 도구

지리공간 분야의 리더(Shapely, Fiona, Rasterio의 주요 개발자 숀 길리스^{Sean Gillies} Mapbox 오픈소스 리드)를 고용한 Mapbox는 오픈소스 라이선스로 이용할 수 있는 파이썬 라이브러리를 분석하고 매핑하는 데 기여했다. 새로운 MapboxGL 주피터 라이브러리는 다른 파이썬 모듈(Pandas/GeoPandas 등)과 GeoJSON, CSV 및 심지어 쉐이프파일과 같은 여러 데이터 타입과 결합해 도구 모음을 활용할 수 있는 새로운 방법을 보여준다.

새로운 파이썬 모듈 외에도 Mapbox의 오픈소스 도구는 Web Graphics Library(WebGL) 위에 구축된 MapboxGL 자바스크립트 라이브러리와 Mapbox 파이썬 SDK를 포함한다.

MapboxGL.js

MapboxGL은 잘 알려진 자바스크립트 매핑 라이브러리인 Leaflet.js 위에 만들어졌다. 2011년에 출시된 Leaflet은 포스퀘어, 크레이그리스트, 핀터레스트 등 널리 알려진 다양한 웹 매핑 애플리케이션을 지원한다. Leaflet의 개발자인 블라디미르 아가퐁킨^{Vladimir}

Agafonkin은 2013년부터 Mapbox에서 일하고 있다. 원래 Leaflet 개발 노력을 기반으로 한 MapboxGL.js는 WebGL 라이브러리를 통합하고 HTML 5 캔버스 태그를 활용해 플러그인 없는 웹 그래픽을 지원한다. MapboxGL.js는 벡터 타일뿐만 아니라 확대/축소 및 이동 작업을 원활하게 하는 3D 환경을 지원한다. GeoJSON 오버레이는 물론 마커와 도형을 지원한다. 클릭, 확대/축소, 이동을 포함한 이벤트는 데이터 처리 함수를 트리거 하는 데 사용할 수 있어 대화형 웹 매핑 애플리케이션을 완벽하게 만든다.

Mapbox 파이썬 SDK

Mapbox 파이썬 SDK는 길 찾기, 지오코딩, 분석 및 데이터셋을 포함한 대부분의 Mapbox 서비스에 액세스할 수 있다. 데이터 편집 및 업로드, 관리 권한 관리 및 위치 기반 쿼리를 지원하는 클라우드 기반 서비스에 관한 저수준의 액세스를 통해 로컬 GIS 와의 엔터프라이즈 통합 및 확장 가능하다.

파이썬 SDK 설치하기

pip를 사용해 파이썬 SDK를 설치하면 Mapbox 서비스 API에 액세스 가능하다. 이 모 듈은 MapboxGL 사용하는 데 필요 없지만 업로드와 쿼리에는 유용하다.

```
C:\Python3Geospatial>pip install mapbox
```

 Mapbox 파이썬 SDK는 다음 링크에서 다운로드한다.
https://github.com/mapbox/mapbox-sdk-py

Mapbox 시작하기

Mapbox(이하 맵박스) 도구와 맵박스 스튜디오를 사용하려면 계정을 등록해야 한다. 이를 통해 웹 맵에 맵박스 베이스맵 타일을 추가하는 데 필요한 API 키를 생성할 수 있고, 맵을 차별화하는 커스텀 베이스맵을 만들 수 있다. 이 계정을 사용해 데이터를 클라우드에 로드해 지도 내에서 사용할 수도 있다.

맵박스 계정 등록

맵박스 도구와 베이스맵을 사용하려면 계정을 등록해야 한다. 간단한 과정이며 사용자이름, 이메일 및 암호를 제공하는 것을 포함한다.

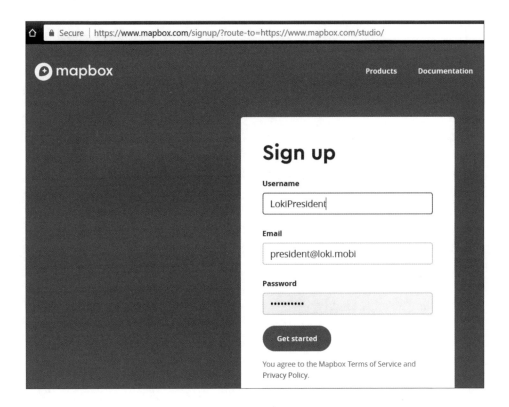

가입하면 계정 대시보드로 이동되며, 여기에서 API 액세스 토큰을 생성하고 맵박스 스튜디오에 액세스할 수 있다. 또한 대시보드는 길 찾기, 지오코딩 및 데이터셋 등의 사용 가능한 다양한 서비스 API 호출 수에 관한 통계를 제공한다.

API 토큰 생성하기

새 계정에는 기본적으로 API 액세스 토큰을 제공하는 계정 대시보드가 제공된다. 이 공용 액세스 토큰 또는 키는 pk로 시작하는 긴 문자열이다. 이 API 액세스 토큰은 계정을 사용해 구축될 모든 맵과 앱을 인증하는 데 사용된다. 문자열을 복사해 지도에 추가한다.

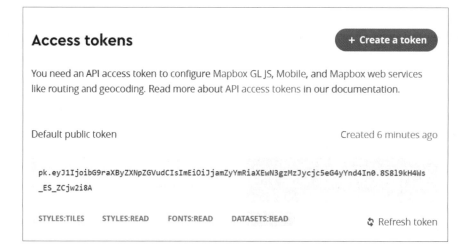

새 API 액세스 토큰을 생성하려면 Create a token 버튼을 클릭하고 허용할 액세스 권한을 선택한다.

자바스크립트 코드 내에서 API 액세스 토큰이 MapboxGL 객체로 전달돼 타일 및 도구에 관한 액세스를 가능하게 한다. 여기 지도 작성에 액세스 토큰을 사용하는 방법의 예로서 HTML/JavaScript를 사용한 간단한 웹 맵이 있다. 다음 코드에 언급된 액세스 토큰을 자신의 공용 액세스 토큰으로 대체한다.

```
<html><head>
<script src='https://api.tiles.mapbox.com/mapbox-gl-js/v0.44.1/mapbox-gl.js'></scri pt>
<link href='https://api.tiles.mapbox.com/mapbox-gl-js/v0.44.1/mapbox-gl.css'
rel='stylesheet' />
</head><body>
```

```
<div id='map' style='width: 400px; height: 300px;'></div>
<script>
mapboxgl.accessToken =
'pk.eyJ1IjoibG9raXByZXNpGVud0.8S8l9kH4Ws_ES_ZCjw2i8A';
var map = new mapboxgl.Map({
    container: 'map',
    style: 'mapbox://styles/mapbox/streets-v9'
 });
</script></body></html>
```

이 코드를 "index.html"로 저장하고 브라우저에서 열어 간단한 지도를 확인한다. 이전 예제의 API 액세스 토큰을 자신의 키로 바꾸지 않으면 맵이 나타나지 않는다.

 API 액세스 토큰을 사용하는 다양한 설정을 이해하려면 다음 링크의 문서를 찾아보자.
https://docs.mapbox.com/help/how-mapbox-works/access-tokens/

맵박스 계정에 데이터 추가하기

맵박스는 사용자 데이터 사용을 지원한다. 베이스맵 타일을 스타일링할 수 있을 뿐만 아니라 사용자 데이터를 타일에 추가해 고객이나 사용자와 더 관련이 있을 수도 있다. 이는 맵박스 파이썬 SDK, 업로드 및 데이터셋 API를 사용해 프로그래밍 가능하게 관리할 수 있다.

데이터를 업로드하려면 비밀 API 액세스 토큰을 생성해야 한다. 이 프로세스는 앞에서 설명한 것과 동일한 토큰 생성 프로세스를 사용해 생성되지만 비밀 범위를 포함한다. 데이터셋 및 타일셋의 읽기 및 쓰기 기능을 허용하려면 다음에서 범위를 선택한다.

- DATASETS:WRITE
- UPLOADS:READ
- UPLOADS:WRITE

442

- TILESETS:READ
- TILESETS:WRITE

 맵박스 계정에 데이터를 로드하는 것에 관해 더 알아보려면 다음 링크를 참고한다.
https://docs.mapbox.com/help/how-mapbox-works/uploading-data/

타일셋

타일셋은 스크롤 가능한 맵을 만들기 위해 타일링된 래스터로, 베이스맵에 오버레이할 수 있다. 이러한 데이터는 벡터 데이터에서 생성돼 커스텀 데이터가 포함된 맞춤형 베이스맵을 생성할 수 있다. 맵박스 파이썬 SDK의 업로더 클래스를 사용해 프로그래밍 방식으로 GeoJSON 파일과 쉐이프파일을 클라우드 계정에 타일셋으로 로드할 수 있다.

 타일셋에 관한 자세한 내용은 다음 링크를 참고한다.
https://docs.mapbox.com/api/maps/#tilesets

데이터셋

데이터셋은 GeoJSON 레이어로 타일셋보다 자주 편집할 수 있다. 계정 대시보드Account Dashboard를 사용해 데이터셋을 업로드할 수 있지만 5MB보다 큰 데이터셋을 로드하려면 데이터셋 API를 사용해야 한다.

 데이터셋에 관한 자세한 내용은 다음 링크를 참고한다.
https://docs.mapbox.com/api/maps/#datasets

예제 – GeoJSON 데이터셋 업로드하기

맵박스 모듈에는 계정에서 데이터셋을 생성하고 채우는 데 사용되는 데이터셋 클래스가 있다. 이 예제 코드는 우편번호 GeoJSON 파일을 읽어 하나의 우편번호 GeoJSON 객체를 새 데이터셋에 로드한다. 비밀 액세스 토큰을 Datasets 클래스에 전달한다.

```
from mapbox import Datasets
import json
datasets = Datasets(access_token='{secrettoken}')
create_resp = datasets.create(name="Bay Area Zips",
              description = "ZTCA zones for the Bay Area")
listing_resp = datasets.list()
dataset_id = [ds['id'] for ds in listing_resp.json()][0]
data = json.load(open(r'ztca_bayarea.geojson'))
for count,feature in enumerate(data['features'][:1]):
    resp = datasets.update_feature(dataset_id, count, feature)
```

이렇게 하면 계정 대시보드에서 볼 수 있는 하나의 우편번호 코드가 레이어에 추가된다.

예제 – 타일셋 데이터 업로드하기

사용자 정의 베이스맵 스타일에 타일셋을 추가해 데이터 레이어를 빠르게 로드할 수 있다. 이 예제 코드는 읽기 및 쓰기 기능이 있는 비밀 토큰을 사용해 맵박스 파이썬 SDK를 사용하고 GeoJSON 파일을 타일셋으로 업로드한다.

```
token = 'sk.eyJ1IjoibG9oxZGdqIn0.Y-qlJfzFzr3MGkOPPbtZ5g' # 비밀토큰 샘플
from mapbox import Uploader
import uuid
set_id = uuid.uuid4().hex
service = Uploader(access_token=token)
with open('ztca_bayarea.geojson', 'rb') as src:
    response = service.upload(src, set_id)
print(response)
```

응답이 201이라면 업로드 성공이다.

 업로드 API에 관한 자세한 내용은 다음 링크를 참고한다.
https://www.mapbox.com/api-documentation/?language=Python

▌ 맵박스 스튜디오

커스텀 베이스맵을 만드는 것은 숙련된 지도 제작자조차도 시간이 많이 걸리는 과정이다. 이 과정을 쉽게 하기 위해 맵박스 개발자들은 OSM^{Open Street Map} 데이터를 사용해 상업용 및 비상업용 애플리케이션에서 사용할 수 있는 미리 구축된 커스텀 베이스맵을 만들었다. 맵박스 스튜디오를 사용해 이러한 스타일을 조정하고 사용자 정의 터치를 추가할 수 있다. 또한 베이스맵을 처음부터 구축하고 애플리케이션을 위한 특별한 모양을 만들 수 있다.

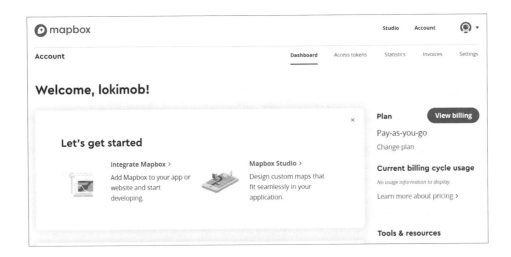

맵박스 스튜디오에 액세스하려면 **계정 대시보드**에 로그인하고 Mapbox Studio 링크를 클릭한다. 이 스튜디오 환경에서 베이스맵, 타일셋 및 데이터셋을 관리할 수 있다.

베이스맵 커스터마이징

New Style 버튼을 클릭하고 Satellite Streets 테마를 선택한다.

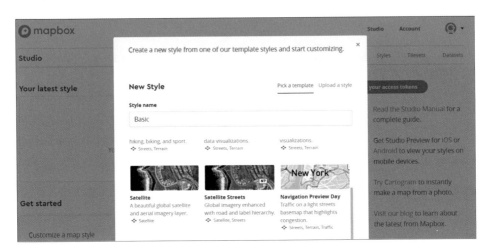

퀵 튜토리얼은 커스터마이징 옵션에 관해 설명한다. 사용 가능한 다양한 레이어가 추가 됐으며, 콘텐츠 테이블의 레이어를 클릭하면 라벨링과 스타일링을 모두 조정할 수 있 다. 계정 타일셋을 포함해 새로운 레이어도 추가할 수 있다.

지도 줌 레벨, 방향, 피치 및 초기 좌표를 조정할 수 있다. Map position 메뉴를 사용하면 아래쪽의 Lock 버튼을 사용해 이러한 지도 매개변수를 변경하고 기본 위치로 잠글 수 있다.

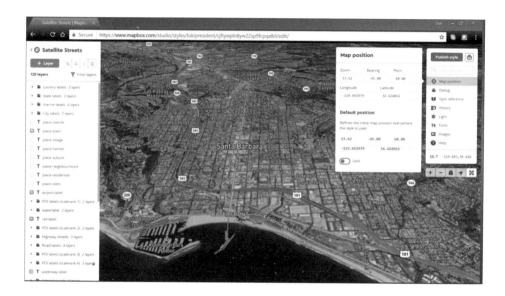

레이블 색상 및 레이어 스케일 레벨과 같은 다른 스타일링 옵션을 살펴보자. 사용자 지정을 완료했으면 Publish style 버튼을 클릭해 스타일을 게시한다. 스타일 URL은 주피터 노트북 예제나 웹 맵을 위한 MapboxGL 시각화에 추가된다.

타일셋 추가하기

베이스맵 스타일에 데이터를 추가하려면 레이어 버튼을 누르고 사용 가능한 선택 항목에서 타일셋을 선택한다. 맵박스 파이썬 SDK를 사용해 이전에 로드된 zip 코드 타일셋을 사용할 수 있으며, 베이스맵에 추가해 스타일링할 수 있다.

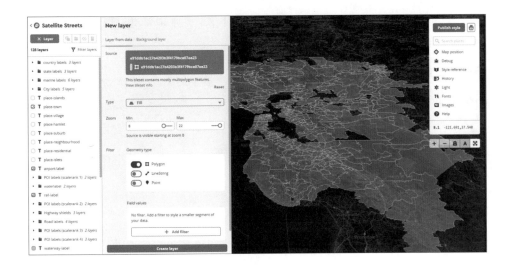

가상 환경

virtualenv를 사용해 가상 환경을 시작하고(설치는 이전 장 참조) pip를 사용해 다음과 같이 나열된 모듈을 설치한다. 폴더 경로가 C:\Python3Geospatial인 경우 virtualenv는 그림과 같이 활성화할 수 있는 mapboxenv라는 가상 환경 폴더를 만든다.

```
C:\Python3Geospatial>virtualenv mapboxenv
Using base prefix 'c:\\users\\admin\\appdata\\local\\programs\\python\\python36'
New python executable in C:\Python3Geospatial\mapboxenv\python.exe Installing
setuptools, pip, wheel...done.

C:\Python3Geospatial>mapboxenv\Scripts\activate
```

MapboxGL–Jupyter 설치하기

MapboxGL–Jupyter 라이브러리는 PyPI.org 저장소의 pip를 사용해 설치할 수 있다.

```
(mapboxenv) C:\Python3Geospatial>pip install mapboxgl
```

모든 지원 모듈은 맵박스가 생성한 핵심 라이브러리와 함께 배치 및 설치된다.

주피터 노트북 설치하기

가상 환경에 주피터 노트북 라이브러리를 설치한다.

```
(mapboxenv) C:\Python3Geospatial>pip install jupyter
```

Pandas, GeoPandas 설치하기

Pandas는 GeoPandas와 함께 설치되므로 이미 설치돼 있어야 하지만, 아직 설치되지
않았다면 pip를 사용해 PyPI.org 저장소를 통해 설치한다.

```
(mapboxenv) C:\Python3Geospatial>pip install geopandas
```

 윈도우 컴퓨터에 이러한 모듈을 설치하는 데 문제가 있는 경우 다음 링크에서 사전 제작된
휠(wheel) 바이너리를 찾아본다(다운로드 후 pip를 사용해 설치한다).
https://www.lfd.uci.edu/~gohlke/pythonlibs/

주피터 노트북 서버 사용하기

주피터 노트북 서버를 시작하는 것은 쉽다. 가상 환경을 사용할 때는 먼저 환경을 활성
화한 다음 서버를 시작한다. 그렇지 않다면, 파이썬과 노트북 서버의 위치가 경로 환경
변수에 있는지 확인한다. 명령 프롬프트를 열고 jupyter notebook을 입력해 서버를 시
작한다.

```
(mapboxenv) C:\Python3Geospatial>jupyter notebook
```

서버가 시작되고 웹 브라우저에 다시 로그인하는 데 사용할 수 있는 포트 번호와 토큰의 세부 사항을 표시한다.

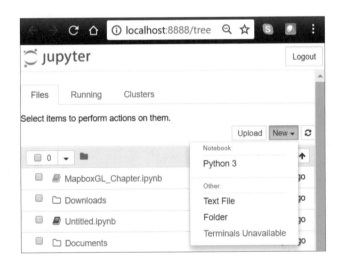

```
C:\Users\admin>jupyter notebook
[I 23:00:19.649 NotebookApp] Serving notebooks from local directory: C:\Users\admin
[I 23:03:07.379 NotebookApp] 0 active kernels
[I 23:03:07.381 NotebookApp] The Jupyter Notebook is running at:
[I 23:03:07.382 NotebookApp] http://localhost:8888/?token=1ad280d3b980dc6578f3964000824e
[I 23:03:07.390 NotebookApp] Use Control-C to stop this server and shut down all kernels
[C 23:03:07.398 NotebookApp]

    Copy/paste this URL into your browser when you connect for the first time,
    to login with a token:
        http://localhost:8888/?token=1ad280d3b980dc6578f3964000824ebd19f6eb743ab47bef
[I 23:03:08.493 NotebookApp] Accepting one-time-token-authenticated connection from ::1
[I 23:03:09.431 NotebookApp] Kernel started: 2a1ffde6-64c0-4529-9ff7-63a199fecde6
[W 23:03:10.083 404 GET /nbextensions/widgets/notebook/js/extension.js?v=20
host:8888/notebooks/MapboxGL_Chapter.ipynb
```

서버를 시작하면 브라우저 창이 열린다. 서버 주소는 localhost이고, 기본 포트는 8888이다. 브라우저는 http://localhost:8888/tree에서 열린다.

새 노트북을 만들려면 New 버튼을 클릭한다. 노트북 섹션에서 파이썬 버전을 선택하면 새 노트북이 두 번째 탭으로 열린다. 제목을 정하지 않은 노트북은 정리하기가 어려워지기 때문에 빠르게 이름을 바꾼다.

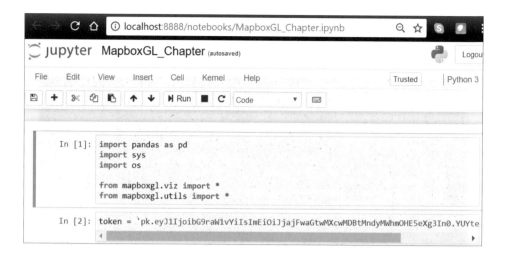

창이 열리면 코딩 환경이 활성화된다. 이 예에서는 GeoPandas를 사용해 인구조사 데이터를 가져오고, 포인트 데이터로 변환하고, 특정 열을 선택하고, MapboxGL을 사용해 시각화한다.

GeoPandas로 데이터 가져오기

필요한 모듈을 임포트하고 변수에 API 키를 할당한다. 이 명령들은 주피터 노트북 셀에 추가돼야 한다.

```
import geopandas as gpd
import pandas as pd
import os
from mapboxgl.utils import *
from mapboxgl.viz import *
token = '{user API Key}'
```

API 키는 os 모듈을 사용해 호출하고 윈도우 경로 환경변수(예: "MAPBOX_ACCESS_TOKEN")에 할당할 수도 있다.

```
token = os.getenv("MAPBOX_ACCESS_TOKEN")
```

폴리곤에서 포인트 생성하기

샌프란시스코 베이 지역 인구조사 지역 GeoJSON 파일에는 폴리곤 지오메트리 인구 데이터가 있다. 첫 번째 시각화를 생성하려면 지오메트리 타입을 포인트로 변환해야 한다.

```
tracts = gpd.read_file(r'tracts_bayarea.geojson')
tracts['centroids'] = tracts.centroid
tract_points = tracts
tract_points = tract_points.set_geometry('centroids')
tract_points.plot()
```

코드 결과는 다음과 같다.

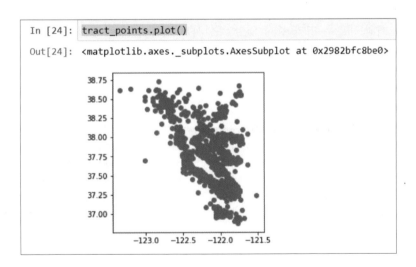

데이터 정제

이 데이터 시각화로 베이 지역의 남성과 여성 인구를 비교할 것이다. 원형 시각화를 생성하기 위해 Geopandas의 데이터프레임 처리를 사용해 불필요한 열의 이름을 변경하고 제거할 수 있다.

```
tract_points['Total Population'] =
tract_points['ACS_15_5YR_S0101_with_ann_Total; Estimate; Total population']
tract_points['Male Population'] =
tract_points['ACS_15_5YR_S0101_with_ann_Male; Estimate; Total population']
tract_points['Female Population'] =
tract_points['ACS_15_5YR_S0101_with_ann_Female; Estimate; Total population']
tract_points = tract_points[['Total Population',
              'Male Population','Female Population',
              'centroids' ]]
```

이 코드는 새 열의 이름을 전달하고 데이터 값을 기존 열과 동일하게 할당해 세 개의 기존 열에서 세 개의 새로운 열을 생성했다. 그다음 전체 GeoDataFrame을 다시 작성해 세 개의 새로운 열과 중심 열만 포함시켜 원하지 않는 열을 제거한다. 새로운 GeoDataFrame의 처음 다섯 행을 탐색하면 새로운 데이터 구조를 볼 수 있다.

```
In [53]: tract_points[:5]
Out[53]:
```

	Total Population	Male Population	Female Population	centroids
0	4893	2395	2498	POINT (-122.2925253413085 38.00295823758501)
1	6444	3097	3347	POINT (-121.7468504262252 36.95049874202599)
2	3736	1757	1979	POINT (-122.2594490259385 37.8916373721222)
3	4347	2301	2046	POINT (-122.3459716556987 37.97616227082723)
4	1952	984	968	POINT (-122.303938838024 37.8657801574032)

GeoJSON에 포인트 저장하기

새로 정제된 GeoDataFrame에 저장하려면 맵박스 `CircleViz` 클래스에 로드해야 한다.
기본 출력 파일 형식은 쉐이프파일이므로 GeoJSON 드라이버를 지정한다.

```
tract_points.to_file('tract_points.geojson',driver="GeoJSON")
```

맵에 포인트 추가하기

지도에서 간단히 포인트를 보려면 몇 가지 파라미터를 제공하고 `CircleViz` 객체의 `show`
속성을 호출하면 된다.

```
viz = CircleViz('tract_points.geojson', access_token=token,
                radius = 2, center = (-122, 37.75), zoom = 8)
viz.show()
```

코드 결과물은 다음과 같다.

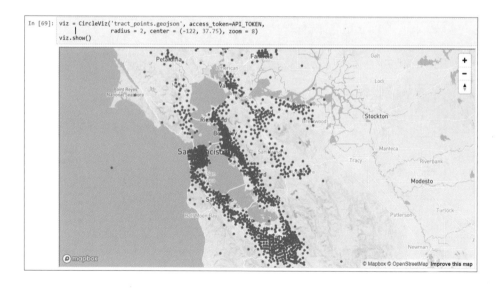

데이터를 분류하기 위해, 특정 필드로 color_stops 설정할 수 있고, 클래스 구분은 관련 색상 정보가 있는 목록으로 전달한다.

```python
color_stops = [
    [0.0, 'rgb(255,255,204)'], [500.0, 'rgb(255,237,160)'],
    [1000.0, 'rgb(252,78,42)'], [2500.0, 'rgb(227,26,28)'],
    [5000.0, 'rgb(189,0,38)'],
    [max(tract_points['Total Population']),'rgb(128,0,38)']
]
viz.color_property = 'Total Population'
viz.color_function_type = 'interpolate'
viz.color_stops = color_stops
viz.radius = 1
viz.center = (-122, 37.75)
viz.zoom = 8

viz.show()
```

결과는 다음과 같다.

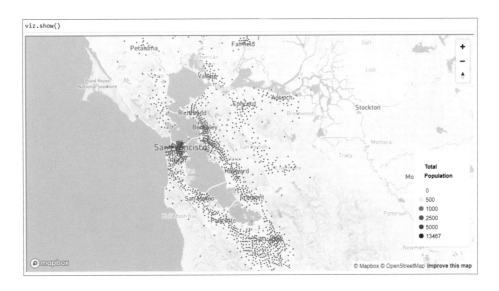

GeoDataFrame에 tract_points로 새 필드를 추가하고 다시 저장한다.

```
tract_points['Percent Male'] = tract_points['Male Population']/tract_points['Total
Population']
tract_points['Percent Female'] = tract_points['Female Population']/tract_points['Total
Population'] tract_points.to_file("tract_points2.geojson", driver="GeoJSON")
```

등급별 색상 시각화 만들기

이 코드는 데이터의 특정 섹션에 색상을 수동으로 할당해 데이터를 범주로 구분한다.
또한 시각화가 색상과 원의 크기로 정보를 전달하도록 데이터에 특정 반지름 크기를
할당한다.

```
color_stops = [
    [0.0, 'rgb(107,174,214)'], [3000.0, 'rgb(116,196,118)'],
    [8000.0, 'rgb(254,153,41)'],
    [max(tract_points['Total Population']), 'rgb(222,45,38)'],
]

minmax = [min(tract_points['Percent Male']),
          max(tract_points['Percent Male'])]
diff = minmax[1] - minmax[0]
radius_stops = [
    [round(minmax[0],2), 4.0],
    [round(minmax[0]+(diff/6.0),2), 7.0],
    [round(minmax[1]-(diff/2.0),2), 10.0],
    [minmax[1], 15.0],]
```

반지름 크기와 색상 범위를 설정하면 새로운 GeoJSON 내의 두 가지 필드, 즉 총 인구
및 백분율 남성 필드에 적용할 수 있다. 이 시각화를 위해 원의 크기는 모집단의 남성
비율을 나타내고, 색상은 총 모집단을 나타낸다.

```
vizGrad = GraduatedCircleViz('tract_points2.geojson', access_token=token)

vizGrad.color_function_type = 'interpolate'
vizGrad.color_stops = color_stops
vizGrad.color_property = 'Total Population'
vizGrad.color_default = 'grey'
vizGrad.opacity = 0.75

vizGrad.radius_property = 'Percent Male'
vizGrad.radius_stops = radius_stops
vizGrad.radius_function_type = 'interpolate'
vizGrad.radius_default = 1

vizGrad.center = (-122, 37.75)
vizGrad.zoom = 9
vizGrad.show()
```

만들어진 인터랙티브 맵은 다음과 같다.

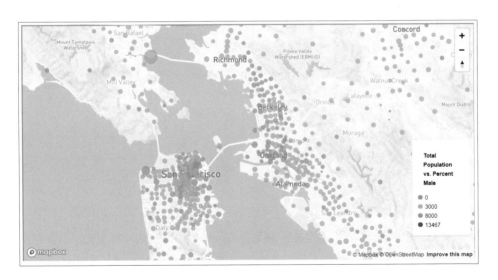

색상, 크기, 구분 자동 설정

MapboxGL은 색상, 반지름 크기 및 구분 값을 수동으로 설정하는 대신 색상(또는 크기)과 구분 값을 일치시키는 유틸리티(create_color_stops 등)를 포함한다. 컬러 스키마는 YlORd 키워드(Yellow Orange Red를 의미)를 통해 설정된다. 또한 다른 사전 설정 스타일이나 스타일 URL로 시각화 스타일을 설정해 커스텀 스타일을 사용한 베이스맵을 정의할 수 있다.

```
measure_color = 'Percent Male'
color_breaks = [round(tract_points[measure_color].quantile(q=x*0.1),3) for
x in range(1, 11,3)]
color_stops = create_color_stops(color_breaks, colors='YlOrRd')
measure_radius = 'Total Population'
radius_breaks = [round(tract_points[measure_radius].quantile(q=x*0.1),1)
for x in range(2, 12,2)]
radius_stops = create_radius_stops(radius_breaks, 5.0, 20)
vizGrad = GraduatedCircleViz('tract_points2.geojson',
                        access_token=token,
                        color_property = measure_color,
                        color_stops = color_stops,
                        radius_property = measure_radius,
                        radius_stops = radius_stops,
                        stroke_color = 'black',
                        stroke_width = 0.5,
                        center = (-122, 37.75),
                        zoom = 9,
                        opacity=0.75)
vizGrad.style='mapbox://styles/mapbox/dark-v9'
vizGrad.show()
```

어두운 베이스맵은 그라데이션 원형 시각화를 더 선명하게 볼 수 있게 한다.

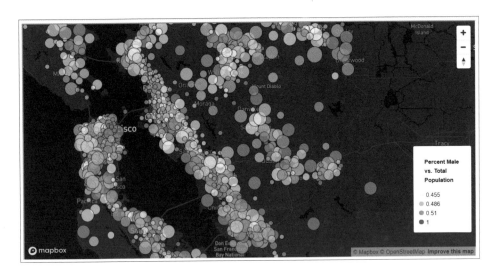

> ⓘ 시각화 옵션 관련 문서는 다음 링크를 참고한다.
>
> https://github.com/mapbox/mapboxgl-jupyter/blob/master/docs/viz.md
>
> 데이터 유틸리티 관련 문서는 다음 링크를 참고한다.
>
> https://github.com/mapbox/mapboxgl-jupyter/blob/master/docs/utils.md
>
> 색상 램프 관련 문서는 다음 링크를 참고한다.
>
> https://github.com/mapbox/mapboxgl-jupyter/blob/master/mapboxgl/colors.py

단계 구분도 만들기

단계 구분도^{choropleth map}로 폴리곤 GeoJSON 파일을 표시할 수 있다. GeoDataFrame tracts를 사용해 폴리곤 지오메트리와 테이블 필드가 있는 다른 GeoDataFrame을 만들어 GeoJSON 파일로 저장한다.

```
tract_poly = tracts
tract_poly['Male Population'] = tract_poly['ACS_15_5YR_S0101_with_ann_Male; Estimate;
Total population']
tract_poly = tract_poly[['Male Population','geometry' ]] tract_poly.to_file('tracts_
bayarea2.geojson', driver="GeoJSON")
```

시각화는 ChorleshViz 클래스를 사용해 생성된다. 베이스맵 스타일은 15장의 '맵박스 스튜디오' 절에서 만들어진 위성사진 스타일의 URL이다.

```
vizClor = ChoroplethViz('tracts_bayarea2.geojson',
    access_token=API_TOKEN,
    color_property='Male Population',
    color_stops=create_color_stops([0, 2000, 3000,5000,7000, 15000],
    colors='YlOrRd'),
    color_function_type='interpolate',
    line_stroke='-',
    line_color='rgb(128,0,38)',
    line_width=1,
    opacity=0.6,
    center=(-122, 37.75),
    zoom=9)
vizClor.style='mapbox://styles/lokipresident/cjftywpln22sp9fcpqa8rl'
vizClor.show()
```

생성된 결과는 다음과 같다.

지도 저장하기

단계 구분도를 저장하려면 create_html 메서드를 사용한다.

```
with open('mpop.html', 'w') as f:
    f.write(vizClor.create_html())
```

저장된 HTML 파일을 로컬에서 보려면 명령 프롬프트를 열고 저장된 HTML 파일과 동일한 폴더에서 파이썬을 사용해 로컬 HTTP 서버를 시작한다. 그다음 브라우저에서 http://localhost:8000/mpop.html을 열어 지도를 확인한다.

```
C:\Python3Geospatial>python -m http.server
Serving HTTP on 0.0.0.0 port 8000 (http://0.0.0.0:8000/) ...
```

히트맵 만들기

HeatmapViz 클래스를 사용해 데이터에서 열 지도를 생성한다.

```
measure = 'Female Population'
heatmap_color_stops = create_color_stops([0.01, 0.25, 0.5, 0.75, 1], colors='PuRd')
heatmap_radius_stops = [[0, 3], [14, 100]]
color_breaks = [round(tract_poly[measure].quantile(q=x*0.1), 2) for x in
range(2,10)]
color_stops = create_color_stops(color_breaks, colors='Spectral')
heatmap_weight_stops = create_weight_stops(color_breaks)
vizheat = HeatmapViz('tracts_points2.geojson',
                access_token=token,
                weight_property = "Female Population",
                weight_stops = heatmap_weight_stops,
                color_stops = heatmap_color_stops,
                radius_stops = heatmap_radius_stops,
                opacity = 0.8,
                center=(-122, 37.78),
                zoom=7,
                below_layer='waterway-label'
            )
vizheat.show()
```

맵박스 파이썬 SDK로 데이터 업로드하기

MapboxGL 및 맵박스 파이썬 SDK를 사용해 계정에 데이터셋을 저장하고 다른 테이블 데이터에 연결할 수 있다. GeoJSON 파일을 로드하려면 비밀 API 액세스 토큰에만 할당된 특정 권한이 필요하다. 사용된 API 토큰의 범위가 올바른지 확인하려면 새 API 토큰을 생성해야 한다.

계정 대시보드로 이동해 새 토큰을 생성하고 '맵박스 시작하기' 절에서 배운 대로 업로드 및 데이터셋의 읽기 및 쓰기 기능을 확인한다.

데이터셋 생성하기

첫 번째 단계는 데이터셋을 아직 생성하지 않았다면 데이터셋을 생성한다. 이 코드는
계정에 빈 데이터셋을 생성하며, 이 데이터셋은 datasets.create 메서드에 제공한 이름
과 설명을 갖는다.

```
from mapbox import Datasets
import json
datasets = Datasets(access_token={secrettoken})
create_resp = datasets.create(name="Bay Area Zips",
            description = "ZTCA zones for the Bay Area")
```

데이터셋에 데이터 로드하기

데이터를 새 데이터셋에 로드하기 위해, zip 코드 GeoJSON에 포함된 기능을 반복해서
데이터셋에 기록한다. 이 파일은 5MB보다 크므로 API를 사용해 로드해야 하며, API는
맵박스 모듈을 사용해 액세스한다. 데이터셋의 ID(dataset.list 메서드를 사용해 가져온다),
행 ID 및 feature는 모두 update_feature 메서드에 필요한 매개변수다.

```
listing_resp = datasets.list()
dataset_id = [ds['id'] for ds in listing_resp.json()][0]
data = json.load(open(r'ztca_bayarea.geojson'))
for count,feature in enumerate(data['features']):
    resp = datasets.update_feature(dataset_id, count, feature)
```

완성된 데이터셋은 맵박스 스튜디오에서 다음과 같이 보인다.

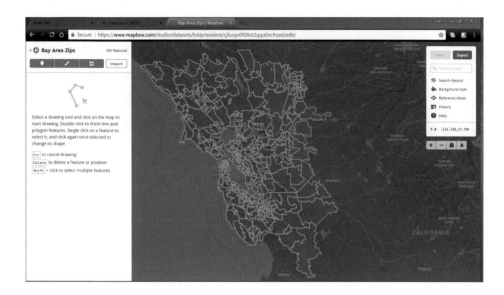

데이터셋에서 데이터 읽기

데이터셋에 저장된 JSON 데이터를 읽으려면 read_dataset 메서드를 사용한다.

```
datasets.read_dataset(dataset_id).json()
```

행 삭제하기

데이터셋에서 특정 행을 삭제하려면 데이터셋 ID와 행 ID를 dataset.delete_feature 메서드에 전달한다.

```
resp = datasets.delete_feature(dataset_id, 0)
```

▌ 요약

15장에서는 MapboxGL과 맵박스 파이썬 SDK를 사용해 데이터 시각화를 생성하고 데이터를 맵박스 계정에 업로드하는 방법을 배웠다. 포인트 데이터 시각화, 단계 구분도, 히트맵, 원형 시각화 등을 만들었다. 커스텀 베이스맵을 스타일링하는 방법, HTML 맵에 추가하는 방법 그리고 베이스맵에 사용자 정의 타일셋을 추가하는 방법을 배웠다. GeoPandas를 사용해 폴리곤 데이터를 포인트 데이터로 변환하는 방법과 결과를 시각화하는 방법을 익혔다.

16장에서는 파이썬 모듈과 하둡의 사용을 살펴보고 지리공간을 분석해본다.

16

하둡으로 파이썬 지오프로세싱

이 책의 예제 대부분은 단일 컴퓨터를 사용하는 비교적 작은 데이터셋에서 동작한다. 그러나 데이터가 커짐에 따라 데이터셋과 개별 파일까지 시스템 클러스터로 분산될 수 있다. 빅데이터를 활용하려면 여러 가지 툴이 필요하다. 16장에서는 아파치 하둡을 사용해 빅데이터를 처리하는 방법과 하둡을 위한 Esri GIS 도구를 공간적으로 활용하는 방법을 배운다.

16장에서 다룰 내용은 다음과 같다.

- 리눅스 설치
- 도커 설치 및 실행
- 하둡 환경 설치 및 구성 HDFS에서 파일 작업

- 하이브를 사용한 기본 쿼리
- 하둡용 Esri GIS 도구 설치
- 하이브에서 공간 쿼리 수행

하둡이란?

하둡^{Hadoop}은 한 대의 컴퓨터에서 수천 대의 컴퓨터로 분산된 대량의 데이터를 작업하기 위한 오픈소스 프레임워크다. 하둡은 4개의 모듈로 구성돼 있다.

- 하둡 코어
- HDFS(하둡 분산 파일 시스템)
- YARN(리소스 내비게이터)
- 맵리듀스^{MapReduce}

하둡 코어는 나머지 세 모듈을 실행하는 데 필요한 컴포넌트를 구성한다. HDFS는 자바 기반의 파일 시스템으로, 많은 컴퓨터에 대용량 파일을 저장할 수 있도록 설계됐다. 대용량 파일은 테라바이트 이상을 말한다. YARN은 하둡 프레임워크의 리소스와 스케줄링을 관리한다. 맵리듀스 엔진은 데이터를 병렬로 처리할 수 있게 해준다.

하둡 프레임워크를 사용하기 위해 설치할 수 있는 몇 가지 다른 프로젝트가 있다. 16장에서는 하이브^{Hive}와 암바리^{Ambari}를 사용한다. 하이브는 SQL을 사용해 데이터를 읽고 쓸 수 있게 해준다. 16장 끝부분에서 데이터에 공간 쿼리를 실행하기 위해 하이브를 사용할 것이다. 암바리는 하둡과 하이브에 웹 사용자 인터페이스를 제공한다. 여기서는 파일을 업로드하고 쿼리를 입력할 때 사용한다.

이제 하둡에 관한 개요를 살펴봤으므로 다음 절에서는 환경을 설정하는 방법을 알아본다.

하둡 프레임워크 설치하기

16장에서는 하둡 프레임워크 컴포넌트를 직접 구성하지 않는다. 도커를 설치하고 도커 이미지를 실행한다. 현재 도커는 윈도우 10 프로 또는 엔터프라이즈에서 실행되지만, 리눅스 또는 맥에서 훨씬 더 잘 동작한다. 또한 하둡은 윈도우에서 실행되지만 소스를 빌드해야 하므로 리눅스에서 실행하는 것이 훨씬 쉽다. 또한 사용할 도커 이미지는 리눅스에서 동작하므로 리눅스와 친해지는 것이 도움이 된다. 이 절에서는 리눅스 설치 방법을 배운다.

리눅스 설치하기

하둡 프레임워크를 설치하는 첫 단계는 리눅스를 설치하는 것이다. 리눅스 운영체제의 복사본이 필요하다. 리눅스는 매우 다양하다. 원하는 버전을 선택할 수 있지만, 설치될 대부분의 툴도 CentOS에서 테스트됐기 때문에 16장에서는 CentOS 7을 사용한다. CentOS는 레드햇 기반의 리눅스 버전이다. ISO는 https://www.centos.org/에서 다운로드할 수 있다. **Get CentOS Now**를 선택한 다음 DVD 이미지를 선택한 다음 ISO를 다운로드할 미러 사이트를 선택한다.

이미지를 다운로드한 다음 윈도우에서 디스크로 구울 수 있다. 디스크를 구우면 리눅스를 실행할 시스템에 디스크를 넣고 시작한다. 설치 방법을 안내해줄 것이다. 주의할 두 단계는 소프트웨어 선택 단계와 파티션이다. 소프트웨어를 선택하려면 GNOME 데스크톱을 선택한다. 대중적인 GUI와 함께 충분한 기본 시스템을 제공할 것이다. 컴퓨터에 다른 파일 시스템이 있는 경우 이를 덮어쓰거나 파티션 화면의 빈 공간을 선택할 수 있다. 리눅스 설치 방법에 관한 더 자세한 설명을 위해 구글을 잘 활용한다. 많은 훌륭한 예제와 유튜브 영상이 있다. 안타깝게도 CentOS 웹사이트에는 CentOS 7에 관한 설치 매뉴얼이 없다.

도커 설치하기

도커는 컨테이너를 실행할 수 있는 소프트웨어를 제공한다. 컨테이너는 포함된 소프트웨어를 실행하는 데 필요한 모든 것을 포함하는 실행 파일이다. 예를 들어 하둡, 하이브, 암바리를 실행하도록 구성된 리눅스 시스템을 갖고 있고, 그것으로 컨테이너를 만들면 컨테이너를 제공할 수 있고 실행할 때 시스템이 작동하는 데 필요한 모든 것이 포함된다. 컴퓨터에 설치된 구성이나 소프트웨어에 상관없이 동작한다. 해당 컨테이너 이미지를 가진 모두에게 동일하게 적용되고 동일하게 운영된다. 컨테이너는 가상머신이 아니다. 가상머신은 하드웨어 레벨에서 추상화되지만 컨테이너는 애플리케이션 레벨에서 추상화된다. 컨테이너에는 소프트웨어를 실행하는 데 필요한 모든 것이 있다. 16장에서 꼭 알아야 할 부분이다.

이제 리눅스를 설치했고 도커가 무엇인지 이해하게 됐으니 도커의 복사본을 설치할 수 있다. 터미널을 사용해 다음 명령을 입력한다.

```
curl -fsSL https://get.docker.com/ | sh
```

앞의 명령은 curl 애플리케이션을 사용해 최신 버전의 도커를 다운로드하고 설치한다. 매개변수는 서버 오류에 관해 curl이 자동으로 실패하고, 진행 상황을 표시하지 않으며, 오류를 보고하고, 서버가 위치가 변경됐다고 지시하면 경로를 재지정한다. curl 명령의 출력은 sh(Bash 쉘)에서 파이프(|)로 연결돼 실행된다.

도커가 설치된 경우 다음 명령을 입력해 실행할 수 있다.

```
sudo systemctl start docker
```

이 명령은 sudo를 사용해 관리자(root)로 명령을 실행한다. 윈도우에서 마우스 오른쪽 버튼을 클릭하고 Run as administrator로 실행 옵션을 선택하는 것과 동일하다. 다음 명령은 systemctl이다. 리눅스에서는 이렇게 서비스를 시작한다. 마지막으로 도커가 시작된다.

이전에 언급한 sudo를 언급하는 명령을 실행할 때 오류가 발생하면 사용자에게 root로 애플리케이션을 실행할 수 있는 권한이 없을 수 있다. root로 로그인(또는 su 명령 사용)하고 /etc/sudoers에서 텍스트 파일을 편집해야 한다. 다음 행을 추가한다.

```
your username  ALL=(ALL) ALL
```

이 라인은 sudo 사용을 허가한다. /etc/sudoers 파일은 다음 스크린샷과 유사해야 한다.

```
## Next comes the main part: which users can run what software on
## which machines (the sudoers file can be shared between multiple
## systems).
## Syntax:
##
##      user     MACHINE=COMMANDS
##
## The COMMANDS section may have other options added to it.
##
## Allow root to run any commands anywhere
root    ALL=(ALL)        ALL
pcrickard       ALL=(ALL)        ALL
## Allows members of the 'sys' group to run networking, software,
## service management apps and more.
# %sys ALL = NETWORKING, SOFTWARE, SERVICES, STORAGE, DELEGATING, PROCESSES, LOCATE, DRIVERS

## Allows people in group wheel to run all commands
%wheel  ALL=(ALL)        ALL

## Same thing without a password
# %wheel        ALL=(ALL)        NOPASSWD: ALL
```

이제 도커가 실행되고 있으므로 하둡 프레임워크가 포함된 이미지를 다운로드할 수 있다.

호튼웍스 설치하기

하둡과 다른 모든 구성 요소를 설치하는 대신 미리 구성된 도커 이미지를 사용한다. 호튼웍스Hortonworks에는 도커에 로드할 컨테이너가 이미 있는 데이터 플랫폼 샌드박스가 있다. 다운로드하려면 https://www.cloudera.com/downloads.html#sandbox로 이동해 DOWNLOAD FOR DOCKER를 선택한다(2019년 호튼웍스는 클라우데라에 합병됐다).

start_sandox_hdp_version.sh 스크립트도 설치해야 한다. 이로써 도커에서 컨테이너의 실행이 간단해진다. 깃허브에서 스크립트를 다운로드할 수 있는 위치는 다음과 같다. https://gist.github.com/orendain/8d05c5ac0eecf226a6fed24a79e5d71a

이제 도커에 이미지를 로드해야 한다. 다음 같은 방법으로 한다.

```
docker load -i <image name>
```

이 명령은 이미지를 도커에 로드한다. 이미지 이름은 HDP_2.6.3_docker_10_11_2017. tar와 비슷하지만, 버전에 따라 변경된다. 샌드박스가 로드됐는지 확인하려면 다음 명령을 실행한다.

```
docker images
```

다른 컨테이너가 없는 경우 결과는 다음 스크린샷처럼 보인다.

웹 기반 GUI 암바리를 사용하려면 샌드박스에 도메인 이름을 설정한다. 이를 위해 컨테이너의 IP 주소가 필요하다. 두 가지 명령을 실행해 얻을 수 있다.

```
docker ps
docker inspect <container ID>
```

첫 번째 명령은 컨테이너 ID를 가지며, 두 번째 명령은 컨테이너 ID로 많은 정보를 반환하며, IP 주소는 마지막에 있다. 또는 리눅스 명령줄에서 다음 명령어를 사용해 IP 주소만 얻을 수 있다.

```
docker inspect $(docker ps --format "{{.ID}}") --format="{{json .NetworkSettings.
IPAddress}}"
```

이 명령은 이전에 언급한 명령을 하나의 명령으로 감싼다. docker inspect 명령은 docker ps의 출력을 컨테이너 ID로 한다. $()로 감싸지만, ID만 반환되도록 필터를 통과한다. 그런 다음, inspect 명령에는 IP 주소만 반환하는 필터도 포함돼 있다. {{}} 사이의 텍스트는 Go 템플릿이다. 이 명령의 결과는 172.17.0.2 같은 IP 주소다. 이제 이미지의 IP 주소를 얻었으니 다음 명령을 사용해 hosts 파일을 업데이트한다.

```
echo '172.17.0.2 sandbox.hortonworks.com sandbox-hdp.hortonworks.com sandbox-hdf.
hortonworks.com' | sudo tee -a /etc/hosts
```

이 명령은 /etc/hosts 파일에 원하는 텍스트인 에코의 출력을 리디렉션해 sudo te -a /etc/hosts 명령으로 전송한다. 이 두 번째 명령은 sudo를 사용해 루트로 실행된다. tee 명령은 출력을 파일과 터미널(STDOUT)로 전송한다. -a는 te에게 파일에 추가하라고 지시하고, /etc/hosts는 추가할 파일이다. 이제 브라우저에서 IP 주소 대신 이름을 사용할 수 있다.

이제 이미지를 실행하고, 하둡 프레임워크를 살펴볼 준비가 됐다.

▌ 하둡 기초

이 절에서는 하둡 이미지를 실행하고 ssh와 암바리를 사용해 연결하는 방법을 배운다. 또한 파일을 이동하고 기본 하이브 쿼리를 수행한다. 일단 프레임워크와 상호작용하는 방법을 이해하면, 다음 절에서 공간 쿼리를 사용하는 방법을 살펴본다. 먼저 터미널에서 제공된 Bash 스크립트를 사용해 호튼웍스 샌드박스를 실행한다. 방법은 다음과 같다.

```
sudo sh start_sandbox-hdp.sh
```

이 명령은 샌드박스와 함께 다운로드한 스크립트를 실행한다. 다시, root로 실행하기 위해 sudo를 사용했다. 컴퓨터에 따라 모든 서비스를 완전히 로드하고 시작하는 데 시간이 걸릴 수 있다. 끝난 후에, 터미널에 다음 스크린샷같이 보일 것이다.

SSH를 통한 연결

이제 샌드박스가 작동 중이므로, SSH^{Secure Shell}를 사용해 연결할 수 있다. ssh를 사용하면 다른 컴퓨터에 원격으로 로그인할 수 있다. 새 터미널을 열고 다음 명령을 입력한다.

```
ssh raj_ops@127.0.0.1 -p2222
```

이 명령은 ssh를 사용해 포트 2222의 localhost(127.0.0.1)에 사용자 raj_ops로 접속한다. host의 신뢰성으로 연결할 수 없다는 경고를 받게 될 것이다. ssh의 어떤 키도 만들지 않았다. yes를 입력하면 암호를 입력하라는 메시지가 나타날 것이다. raj_ops 사용자에게는 raj_ops 암호가 있다. 터미널 프롬프트는 이제 다음 줄과 같다.

```
[raj_ops@sandbox-hdp ~]$
```

터미널이 이 코드와 같다면, 컨테이너에 이제 로그인됐다.

 사용자, 사용 권한 및 샌드박스 설정에 관한 자세한 내용은 다음 링크를 참고한다. https://www.cloudera.com/tutorials/learning-the-ropes-of-the-hdp-sandbox.html

이제 대부분의 리눅스 명령을 사용해 컨테이너를 탐색할 수 있다. 이제 명령줄에서 파일을 다운로드하고 이동해 하이브 및 기타 모든 도구를 실행할 수 있다. 이 절에서 리눅스에 관해 이미 많이 다뤘으므로 16장에서는 명령줄을 독점적으로 사용하지 않을 것이다. 대신 다음 절에서는 작업을 실행하는 웹 기반 GUI인 암바리에서 이러한 작업을 실행하는 방법을 보여줄 것이다.

암바리

암바리는 하둡의 관리를 쉽게 하기 위한 UI이다. 이전 절에서는 ssh를 컨테이너에 구현하는 방법을 배웠다. 이를 통해 하둡을 관리하고, 하이브 쿼리를 실행하고, 데이터를 다운로드하고, HDFS 파일 시스템에 추가했다. 암바리는 이 모든 것을 훨씬 더 단순하게 만들며, 특히 커맨드라인에 익숙하지 않은 경우에는 더욱 그렇다. 암바리를 사용하려면 다음 URL로 접근한다.

http://sandbox.hortonworks.com:8080/

 암바리 URL은 설치에 따라 달라진다. 만약 16장의 지시를 따랐다면, 이 URL과 같을 것이다. 또한 도커 이미지로부터 서버를 시작했을 것이다.

암바리 로그인 페이지로 이동한다. 다음 화면처럼 raj_ops/raj_ops의 사용자/암호를 입력한다.

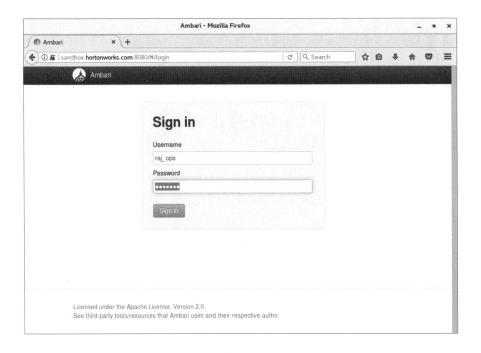

로그인하면 암바리 대시보드가 나타난다. 다음 화면처럼 보일 것이다.

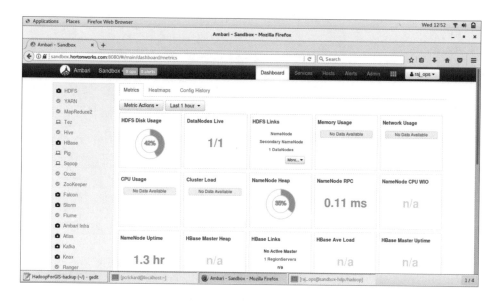

왼쪽에는 서비스 목록이 있다. 화면의 메인 부분에는 측정 항목이 포함돼 있으며, 상단 메뉴 바에는 다양한 기능 탭이 있다. 16장에서는 9개의 작은 사각형으로 구성된 정사각형을 사용한다. 사각 아이콘 위로 마우스를 가져가면 파일 보기에 관한 드롭다운 메뉴가 나타난다.

이는 HDFS 파일 시스템의 루트 디렉터리다.

 ssh를 통해 컨테이너에 연결된 경우 hdfs dfs −ls / 명령을 실행하면 동일한 디렉터리 구조가 나타난다.

여기에 파일을 업로드할 수 있다. 테스트하려면 텍스트 편집기를 열고 간단한 CSV를 생성한다. 이 예에서는 다음 데이터를 사용한다.

```
40, Paul
23, Fred
72, Mary
16, Helen
16, Steve
```

CSV 파일을 저장한 다음 암바리에서 Upload 버튼을 클릭한다. CSV를 브라우저로 끌어다 놓을 수 있다. 암바리는 컨테이너의 HDFS 파일 시스템에 이 파일을 추가했다.

컨테이너에 데이터가 로드됐으므로 SQL을 사용해 하이브에서 조회할 수 있다. 사각 아이콘을 다시 사용해 Hive View 2.0에 관한 드롭다운을 선택한다. 작업 영역이 다음과 같이 보인다.

하이브에는 워크시트가 있다. 워크시트에는 연결된 데이터베이스가 있으며, 이 경우에는 기본 데이터베이스다. 그 아래 메인 쿼리 창이 있다. 오른쪽에는 기존 테이블 목록이 있다. 마지막으로 아래로 스크롤하면 Execute 버튼이 표시되며, 그 아래에는 결과가 로드된다.

쿼리 창에서 다음 SQL 쿼리를 입력한다.

SELECT * FROM sample_07

이 쿼리는 SQL에서 모든 것을 쿼리하는 기본 select다. 결과는 다음과 같다.

sample_07.code	sample_07.description	sample_07.total_emp	sample_07.salary
00-0000	All Occupations	134354250	40690
11-0000	Management occupations	6003930	96150
11-1011	Chief executives	299160	151370
11-1021	General and operations managers	1655410	103780
11-1031	Legislators	61110	33880
11-2011	Advertising and promotions managers	36300	91100
11-2021	Marketing managers	165240	113400
11-2022	Sales managers	322170	106790
11-2031	Public relations managers	47210	97170
11-3011	Administrative services managers	239360	76370
11-3021	Computer and information systems managers	264990	113880
11-3031	Financial managers	484390	106200

▋ 하둡 Esri GIS 도구

환경이 설정되고 암바리, HDFS 및 하이브에 관한 몇 가지 기본 지식이 있으면 이제 쿼리에 공간 구성 요소를 추가하는 방법을 배운다. 이를 위해 하둡용 Esri GIS 도구를 사용할 것이다.

첫 번째 단계는 깃허브 저장소에 있는 파일을 다운로드하는 것이다. 이 저장소 주소는 https://github.com/Esri/gis-tools-for-hadoop이다. 암바리를 사용해 컨테이너가 아닌 HDFS로 파일을 이동하므로 해당 파일을 로컬 컴퓨터에 다운로드한다.

 Esri는 ssh를 사용해 컨테이너에 연결하고 깃을 사용해 저장소를 복제해 파일을 다운로드 하는 튜토리얼을 갖고 있다. 다음 링크에서 내용을 볼 수 있다.
https://github.com/Esri/gis-tools-for-hadoop/wiki/GIS-Tools-for-Hadoop-for-Beginners

저장소 오른쪽에 위치한 깃허브의 **Clone or download** 버튼을 사용해 파일을 다운로드할 수 있다. 아카이브의 압축을 풀려면 다음 명령 중 하나를 사용한다.

```
unzip gis-tools-for-hadoop-master.zip
unzip gis-tools-for-hadoop-master.zip -d /home/pcrickard
```

첫 번째 명령은 현재 디렉터리에 있는 파일의 압축을 풀며, 홈 디렉터리의 다운로드 폴더다. 두 번째 명령은 파일의 압축을 풀지만 -d와 경로를 전달해 해당 위치로 압축을 푼다. 이 경우, 그 위치가 홈 디렉터리의 루트가 된다. 이제 파일 압축을 풀었으니 상자 아이콘 드롭다운 메뉴에서 파일을 선택해 암바리의 **Files View** 메뉴를 열 수 있다. **Upload**를 선택하면 파일을 올릴 수 있는 창이 열린다. 로컬 시스템에서 Esri Java ARchive(JAR) 파일의 위치를 찾아보자. zip을 홈 디렉터리로 이동하면 경로는 /home/pcrickard/gis-tools-for-hadoop-master/samples/lib과 유사하다. 3개의 JAR 파일이 있다.

- esri-geometry-api-2.0.0.jar
- spatial-sdk-hive-2.0.0.jar
- spatial-sdk-json-2.0.0.jar

이 세 개의 파일을 각각 암바리의 root 폴더로 이동하자. Files View를 실행하면 그때 열리는 기본 위치인 / 디렉터리다. 다음으로 일반적으로 데이터를 HDFS로 이동하지만, 이전 예에서는 그렇게 했다. 이 예제에서는 데이터 파일을 로컬 컴퓨터에 남겨두고 HDFS 없이 하이브 테이블에 올리는 방법을 배운다.

이제 하이브에서 공간 쿼리를 실행할 준비가 됐다. 상자 아이콘 드롭다운에서 Hive View 2.0을 선택한다. 조회 창에서 다음 코드를 입력한다.

```
add jar hdfs:///esri-geometry-api-2.0.0.jar;
add jar hdfs:///spatial-sdk-json-2.0.0.jar;
add jar hdfs:///spatial-sdk-hive-2.0.0.jar;

create temporary function ST_Point as 'com.esri.hadoop.hive.ST_Point';
create temporary function ST_Contains as 'com.esri.hadoop.hive.ST_Contains';

drop table earthquakes;
drop table counties;

CREATE TABLE earthquakes (earthquake_date STRING, latitude DOUBLE,
longitude DOUBLE, depth DOUBLE, magnitude DOUBLE,magtype string, mbstations
string, gap string, distance string, rms string, source string, eventid string)
ROW FORMAT DELIMITED FIELDS TERMINATED BY ','
STORED AS TEXTFILE;

CREATE TABLE counties (Area string, Perimeter string, State string, County string, Name
string, BoundaryShape binary)
ROW FORMAT SERDE 'com.esri.hadoop.hive.serde.EsriJsonSerDe'
STORED AS INPUTFORMAT 'com.esri.json.hadoop.EnclosedEsriJsonInputFormat'
OUTPUTFORMAT 'org.apache.hadoop.hive.ql.io.HiveIgnoreKeyTextOutputFormat';

LOAD DATA LOCAL INPATH '/gis-tools-for-hadoop- master/samples/data/earthquake-data/
```

```
earthquakes.csv' OVERWRITE INTO TABLE earthquakes;
LOAD DATA LOCAL INPATH '/gis-tools-for-hadoop-master/samples/data/counties- data/
california-counties.json' OVERWRITE INTO TABLE counties;

SELECT counties.name, count(*) cnt FROM counties
JOIN earthquakes
WHERE ST_Contains(counties.boundaryshape, ST_Point(earthquakes.longitude, earthquakes.
latitude))
GROUP BY counties.name
ORDER BY cnt desc;
```

이전 코드를 실행하려면 컴퓨터에 따라 시간이 걸린다. 최종 결과는 다음 이미지처럼
보일 것이다.

counties.name	cnt
Kern	36
San Bernardino	35
Imperial	28
Inyo	20
Los Angeles	18
Monterey	14
Riverside	14
Santa Clara	12
Fresno	11
San Benito	11
San Diego	7
Santa Cruz	5
San Luis Obispo	3
Ventura	3
Orange	2

예제를 실행하고 결과를 볼 수 있도록 결과를 설명 없이 보여줬다. 이어서 코드를 블록별로 설명할 것이다.

코드의 첫 블록은 다음과 같다.

```
add jar hdfs:///esri-geometry-api-2.0.0.jar;
add jar hdfs:///spatial-sdk-json-2.0.0.jar;
add jar hdfs:///spatial-sdk-hive-2.0.0.jar;

create temporary function ST_Point as 'com.esri.hadoop.hive.ST_Point';
create temporary function ST_Contains as 'com.esri.hadoop.hive.ST_Contains';
```

이 블록은 HDFS 위치에서 JAR 파일을 추가한다. 이 경우 / 폴더가 된다. 코드가 JAR 파일을 로드하면 JAR 파일의 클래스를 호출해 ST_Point 및 ST_Contains 함수를 생성할 수 있다. JAR 파일은 많은 Java 클래스 파일 포함한다. JAR를 추가하는 순서가 중요하다.

다음 블록은 earthquakes, counties 두 테이블을 삭제한다. 예제를 한 번도 실행하지 않았다면, 이 부분은 생략할 수 있다.

```
drop table earthquakes;
drop table counties;
```

다음 코드는 earthquakes, counties 테이블을 만든다. earthquakes 테이블이 생성되고 각 필드와 데이터형이 CREATE 로 전달된다. 행 포맷은 쉼표(,)로 구분된 CSV로 정의하며, 마지막으로 텍스트 파일로 저장한다.

```
CREATE TABLE earthquakes (earthquake_date STRING, latitude DOUBLE,
longitude DOUBLE, depth DOUBLE, magnitude DOUBLE,magtype string, mbstations
string, gap string, distance string, rms string, source
string, eventid string)
ROW FORMAT DELIMITED FIELDS TERMINATED BY ','
STORED AS TEXTFILE;
```

counties 테이블은 필드 이름과 타입을 CREATE에 전달해 비슷한 방식으로 생성하지만 데이터는 JSON 형식이며 com.esri.hadoop.hive.serde를 사용할 것이다. 가져온 JAR spatial-sdk-json-2.0.0의 EsriJSonSerDe 클래스다.

STORE AS INPUTFORMAT과 OUTPUTFORMAT 구문은 하이브에 JSON 데이터를 분석하고 작업하는 방법을 알려주기 위해 필요하다.

```
CREATE TABLE counties (Area string, Perimeter string, State string, County string, Name
string, BoundaryShape binary)
ROW FORMAT SERDE 'com.esri.hadoop.hive.serde.EsriJsonSerDe'
STORED AS INPUTFORMAT 'com.esri.json.hadoop.EnclosedEsriJsonInputFormat'
OUTPUTFORMAT 'org.apache.hadoop.hive.ql.io.HiveIgnoreKeyTextOutputFormat';
```

다음 두 블록은 생성된 테이블에 데이터를 로드한다. 데이터는 HDFS가 아닌 로컬 컴퓨터에 존재한다. 로컬 데이터를 HDFS에서 먼저 로드하지 않고 사용하려면 LOAD DATA INPATH와 함께 LOCAL 명령을 사용해 데이터의 로컬 경로를 지정할 수 있다.

```
LOAD DATA LOCAL INPATH '/gis-tools-for-hadoop- master/samples/data/earthquake-data/
earthquakes.csv' OVERWRITE INTO TABLE earthquakes;

LOAD DATA LOCAL INPATH '/gis-tools-for-hadoop-master/samples/data/counties-data/
california-counties.json' OVERWRITE INTO TABLE counties;
```

JAR 파일을 로드하고 테이블을 생성하고 데이터가 채워진 상태에서 이제 정의된 ST_Point 및 ST_Contains 두 함수를 사용해 공간 쿼리를 실행할 수 있다. 이는 3장, '지오데이터베이스 소개' 예제에서 사용했다.

```
SELECT counties.name, count(*) cnt FROM counties
JOIN earthquakes
WHERE ST_Contains(counties.boundaryshape, ST_Point(earthquakes.longitude, earthquakes.
latitude))
```

```
GROUP BY counties.name
ORDER BY cnt desc;
```

이 쿼리는 카운티 지오메트리와 지진의 위치를 ST_Contains의 포인트로 전달해 카운티의 이름과 지진 횟수를 가져온다. 결과는 다음과 같다.

counties.name	cnt
Kern	36
San Bernardino	35
Imperial	28
Inyo	20
Los Angeles	18
Monterey	14
Riverside	14
Santa Clara	12
Fresno	11
San Benito	11
San Diego	7
Santa Cruz	5
San Luis Obispo	3
Ventura	3
Orange	2

▌ 파이썬과 HDFS, 하이브

이 책은 지리공간 개발을 위한 파이썬을 다루기 때문에, 이 절에서는 HDFS 운영 및 하이브 쿼리에 파이썬을 사용하는 방법을 배운다. 파이썬과 하둡이 포함된 데이터베이스 래퍼 라이브러리가 여러 개 있지만, 눈에 띄는 하나의 라이브러리가 있지 않고 Snakebite 같은 다른 라이브러리는 파이썬 3에서 실행할 준비는 되지 않은 것으로 보인다.

이 절에서는 PyHive 및 PyWebHDFS 라이브러리를 사용하는 방법에 관해 배운다. 또한 파이썬 하위 프로세스 모듈을 사용해 HDFS 및 하이브 명령을 실행하는 방법에 관해서도 살펴본다.

PyHive를 얻기 위해서는 다음과 같이 conda 명령을 사용한다.

```
conda install -c blaze pyhive
```

sasl 라이브러 설치가 필요할 수노 있다.

```
conda install -c blaze sasl
```

이 라이브러리는 파이썬에서 하이브 쿼리를 실행하는 기능을 제공한다. 또한 파일을 HDFS로 이동을 원하면, pywebhdfs를 설치할 수 있다.

```
conda install -c conda-forge pywebhdfs
```

이 명령은 라이브러리를 설치하며, 항상 그렇듯이 pip install을 사용하거나 다른 방법을 사용할 수도 있다. 라이브러리가 설치됐다면 먼저 pywebhdfs를 살펴보자.

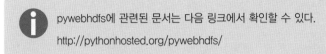
파이썬에서 접속하려면 하이브 서버의 위치를 알아야 한다. 16장, 특히 /etc/hosts의 구성 변경 사항을 따랐다면 다음 코드를 사용해 변경할 수 있다.

```
from pywebhdfs.webhdfs import PyWebHdfsClient as h hdfs=h(host='sandbox.hortonworks.
com',port='50070',user_name='raj_ops')
```

이 코드는 PyWebHdfsClient를 h로 가져온다. 그다음 컨테이너에서 실행되는 HDFS 파일 시스템에 관한 연결을 생성한다. 컨테이너는 sandbox.hortonworks.com에 매핑돼 있고 HDFS는 포트 50070이다. 예제에서 raj_ops 사용자를 사용해왔기 때문에 이 코드에서도 사용했다. 현재 hdfs 변수로 사용할 수 있는 함수는 표준 터미널 명령과 유사하지만, mkdir은 make_dir, ls는 list_dir처럼 다른 이름일 수 있다. 파일 또는 디렉터리를 삭제하려면 delete_file_dir을 사용한다. make, delete 명령이 성공하면 True를 반환한다.

파이썬을 사용하는 HDFS 파일 시스템의 루트 디렉터리를 살펴보자.

```
ls=hdfs.list_dir('/')
```

이 코드는 list_dir 명령어(ls 와 동일)를 ls에 할당했다. 결과는 디렉터리에 있는 모든 파일과 폴더를 포함한 딕셔너리다.

단일 레코드를 보려면 다음 코드를 사용한다.

```
ls['FileStatuses']['FileStatus'][0]
```

이 코드는 FileStatuses 및 FileStatus 딕셔너리 키를 사용해 개별 레코드를 얻는다.

 딕셔너리에서 키를 얻으려면 .keys()를 사용한다. ls.keys()는 [FileStatuses]를 반환하고 ls['FileStatuses'].keys()는 ['FileStatus']를 반환한다.

이 코드의 결과는 다음과 같다.

```
{'accessTime': 0, 'blockSize': 0, 'childrenNum': 1, 'fileId': 16404,
'group': 'hadoop', 'length': 0, 'modificationTime': 1510325976603, 'owner':
'yarn', 'pathSuffix': 'app-logs', 'permission': '777', 'replication': 0,
'storagePolicy': 0, 'type': 'DIRECTORY'}
```

각 파일이나 디렉터리는 여러 개의 데이터를 포함하지만 가장 중요한 것은 타입과 소유자, 권한이다. 하이브 쿼리 예제를 실행하기 위한 첫 번째 단계는 데이터 파일을 로컬 컴퓨터에서 HDFS로 이동하는 것이다. 파이썬을 사용하면 다음 코드를 사용해 이 작업을 수행할 수 있다.

```
hdfs.make_dir('/samples',permission=755)
f=open('/home/pcrickard/sample.csv')
d=f.read()
hdfs.create_file('/samples/sample.csv',d)
```

이 코드는 사용 권한 755로 sample이라는 디렉터리를 생성한다. 리눅스에서 권한은 세 가지 유형의 사용자, 소유자 및 그룹 등에 관해 읽기(4), 쓰기(2), 실행(1)을 기반으로 한다. 따라서 755의 사용 권한은 소유자가 사용 권한(4+2+1 =7)을 읽고, 쓰고, 실행하고, 그룹 등이 읽고 실행하는 권한(4+1=5)을 의미한다.

다음으로 코드에서 HDFS로 전송할 CSV 파일을 읽고 변수 d에 할당한다. 그다음 sample 디렉터리에 sample.csv 파일을 생성하고 d의 내용을 전달한다.

파일이 생성됐는지 확인하기 위해 다음 코드를 사용해 파일의 내용을 읽을 수 있다.

```
hdfs.read_file('/samples/sample.csv')
```

이 코드 결과는 CSV 파일의 문자열이 될 것이다. 성공적으로 만들어졌다. 혹은 다음 코드를 사용해 파일의 상태와 세부 정보를 얻을 수도 있다.

```
hdfs.get_file_dir_status('/samples/sample.csv')
```

이 코드는 다음과 같이 상세 정보를 반환하지만, 파일이나 디렉터리가 존재하는 경우에만 반환된다. 그렇지 않으면 이전 코드는 FileNotFound 오류가 발생한다. 이 코드를 try...except 블록으로 감싸면 된다.

```
{'FileStatus': {'accessTime': 1517929744092, 'blockSize': 134217728,
'childrenNum': 0, 'fileId': 22842, 'group': 'hdfs', 'length': 47,
'modificationTime': 1517929744461, 'owner': 'raj_ops', 'pathSuffix': '',
'permission': '755', 'replication': 1, 'storagePolicy': 0, 'type': 'FILE'}}
```

HDFS로 데이터 파일을 전송하면 하이브를 사용해 데이터 쿼리 작업으로 이동할 수 있다.

 PyHive 관련 문서는 다음 링크에서 확인할 수 있다.
https://github.com/dropbox/PyHive

pyhive를 사용해 테이블을 생성하는 코드는 다음과 같다.

```
from pyhive import hive
c=hive.connect('sandbox.hortonworks.com').cursor()
c.execute('CREATE TABLE FromPython (age int, name string) ROW FORMAT DELIMITED FIELDS
TERMINATED BY ","')
```

이 코드는 pyhive에서 hive를 임포트한다. 그리고 연결을 만들고 cursor를 얻는다. 마지막으로, hive 구문을 실행한다. 연결과 cursor가 있으면 .execute() 메서드를 통해 SQL 쿼리를 감쌀 수 있다. 다음 코드를 사용해 HDFS의 CSV에서 데이터를 테이블로 로드한 다음 모두 선택한다.

```
c.execute("LOAD DATA INPATH '/samples/sample.csv' OVERWRITE INTO TABLE FromPython")
c.execute("SELECT * FROM FromPython")
result=c.fetchall()
```

앞의 코드는 데이터를 로드하기 위해 execute() 메서드를 두 번 이상 사용한 후 모든 데이터를 가져온다. fetchall()을 사용하면 result 변수에 전달되고 결과는 다음과 같다.

```
[(40, ' Paul'), (23, ' Fred'), (72, ' Mary'), (16, ' Helen'), (16, ' Steve')]
```

Pyhive와 함께 작업하는 것은 PostgreSQL에 연결하기 위해 파이썬 라이브러리 psycopg2를 사용하는 것과 같다. 대부분의 데이터베이스 래퍼 라이브러리는 연결하고 cursor를 얻고 구문을 실행한다는 점에서 매우 유사하다. 결과는 모두, 하나 또는 그다음(반복 가능)을 검색할 수 있다.

▌ 요약

16장에서는 하둡 환경을 설정하는 방법을 배웠다. 호튼웍스(현 클라우데라)에서 이미지를 다운로드하기 위해 리눅스와 도커를 설치하고, 그 환경의 장점을 배웠다. 16장의 대부분은 제공된 GUI 도구를 사용해 공간 쿼리를 수행하는 방법과 환경에 관해 이야기했다. 하둡 환경은 복잡하고 제대로 이해하지 않으면 파이썬과 함께 사용하는 방법을 완전히 이해하기 어렵기 때문이다. 마지막으로 파이썬에서 HDFS와 하이브를 사용하는 방법을 배웠다. 하둡, 하이브 및 HDFS와 함께 작업하기 위한 파이썬 라이브러리는 여전히 개발되고 있다. 16장에서는 이러한 라이브러리가 개선될 때 새로운 파이썬 라이브러리를 구현할 수 있는 하둡과 관련 기술에 관한 충분한 지식을 갖도록 기초를 제공했다.

| 찾아보기 |

파이썬을 활용한 지리공간 분석 마스터하기

GeoDjango, CARTOframes, MapboxGL-Jupyter를 활용한 GIS 프로세싱

발 행 | 2020년 10월 19일

지은이 | 폴 크릭커드 · 에릭 반 리스 · 사일러스 톰스
옮긴이 | 김 동 호

펴낸이 | 권 성 준
편집장 | 황 영 주
편 집 | 이 지 은
디자인 | 박 주 란

에이콘출판주식회사
서울특별시 양천구 국회대로 287 (목동)
전화 02-2653-7600, 팩스 02-2653-0433
www.acornpub.co.kr / editor@acornpub.co.kr

한국어판 ⓒ 에이콘출판주식회사, 2020, Printed in Korea.
ISBN 979-11-6175-450-5
http://www.acornpub.co.kr/book/geospatial-python

이 도서의 국립중앙도서관 출판시도서목록(CIP)은 서지정보유통지원시스템 홈페이지(http://seoji.nl.go.kr)와
국가자료공동목록시스템(http://www.nl.go.kr/kolisnet)에서 이용하실 수 있습니다.(CIP제어번호: CIP2020042775)

책값은 뒤표지에 있습니다.